Das Buch

Diese Bayerische Geschichte will die natürliche Verflechtung von Gesellschaft und Kultur, Wirtschaft und Herrschaft im Lande Bayern aufzeigen. Sie behandelt die gesamte Entwicklung von den Anfängen in keltisch-römischer Zeit bis in unsere Tage. Die bayerische Gegenwart wird als Ergebnis eines langen Geschichtsprozesses gesehen. Unter Bayern werden Raum und Menschen des heutigen bayerischen Staatsgebietes verstanden; die Geschichte der Altbayern, Franken und Schwaben, der Stammes- und der Staatsbayern sowie der Landeshauptstadt München wird darum gleichmäßig behandelt. Diese Bayerische Geschichte gibt den neuesten Stand der Forschung wieder, sie deutet die historische Entwicklung unter neuen Aspekten.

Der Autor

Prof. Dr. Karl Bosl, geb. 1908 in Cham, war zunächst im Schuldienst tätig, lehrte seit 1953 mittelalterliche und Landesgeschichte in Würzburg und von 1960 bis 1976 Landesgeschichte an der Münchner Universität. Er ist Vorsitzender der Kommission für bayerische Landesgeschichte bei der Bayerischen Akademie der Wissenschaften. Veröffentlichungen u. a.: ›Die Reichsministerialität der Salier und Staufer‹ (2 Bde, 1950/51); ›Geschichte des Mittelalters‹ (1950); ›Franken um 800‹ (1959); ›Frühformen der Gesellschaft im mittelalterlichen Europa‹ (1964); Herausgeber des ›Handbuchs der Geschichte der böhmischen Länder‹ (3 Bde).

Mit diesem Titel wird die Reihe List Taschenbücher im
Deutschen Taschenbuch Verlag weitergeführt

Karl Bosl:
Bayerische Geschichte

Deutscher
Taschenbuch
Verlag

Die Register erstellte Erika Bosl

Im Text ungekürzte Ausgabe
Mai 1980
Deutscher Taschenbuch Verlag GmbH & Co. KG,
München
© 1976 Paul List Verlag, München
Umschlaggestaltung: Celestino Piatti
Vorlage: Wappen des Herzogtums Bayern
(gez. v. Paul Ernst Rattelmüller)
Gesamtherstellung: C.H. Beck'sche Buchdruckerei,
Nördlingen
Printed in Germany · ISBN 3-423-01541-1

Inhalt

»Der Mensch im Lande Bayern« ist der Gegenstand dieses Buches. Der anthropologische Akzent dieser historischen Strukturanalyse des bayerischen Menschen und des Bayerischen als
»Gesellschaft und Kultur« trägt der Tatsache Rechnung, daß im
Zeitalter der sich vollendenden Teilung Deutschlands die Bundesrepublikaner noch kein ihrem gesellschaftlich-politischen
»Kleide« angepaßtes historisch-staatliches Bewußtsein haben
und haben können, worauf sie der Philosoph Karl Jaspers sehr
früh aufmerksam gemacht hat; sie leben deshalb noch immer
aus der Idee und Ideologie des zertrümmerten Nationalstaates
und werden es in der älteren Generation wohl noch länger tun.
Hält man Umschau nach den möglichen Elementen einer neuen
bundesrepublikanischen Staatsidee, so bleiben nur die historischen Landschaften oder die neugebildeten Regionen der Bundesstaaten mit ihren integrierten historischen Räumen. Ob man
das gerne sieht oder nicht, Tatsache ist, daß eine »Deutsche
Geschichte« aus vielen Gründen immer schwieriger wird und
auf schwindende Resonanz in den jüngeren Generationen stößt;
es fehlen lebendige Anschauung und Modelle, und die Erfahrungen wirken sehr stark nach. Das breite Interesse hat sich
deshalb in der Bundesrepublik der »Landesgeschichte«, in der
Deutschen Demokratischen Republik mit wachsender Intensität der »Regionalgeschichte« zugewendet.

Im westlichen Deutschland hat allein Bayern als Land und
Staat wie als Gesellschaft und Kultur nicht nur seine Gestalt in
den historischen Grenzen, sondern auch seine historische Bewußtseinslage und seinen Halt deutlich spürbar bewahrt; es
besitzt darum Eigengewicht und Eigenart, die Nichtdeutsche
wie Deutsche sehr stark erfahren und erleben. Man sagt deshalb
nicht zu Unrecht, daß München die »heimliche Hauptstadt« der
Bundesrepublik sei, man hat das romanisch-gotische Regensburg neu entdeckt, man kommt wieder nach Bayreuth, man
liebt das barocke Würzburg, strömt zu den Königsschlössern
Ludwigs II. und läßt sich vom lieblichen Reiz altbayerischer
Lande immer wieder anziehen. Der bayerische »Mensch« ist ein
besonders geschlossenes und geprägtes exemplarisches »Modell« für Staat, Gesellschaft und Kultur der Bundesrepublik und
darüber hinaus auch des östlichen Teildeutschlands, er hat da

neben und zuvörderst Eigenwert und findet deshalb auch Eigeninteresse. Aus diesem Grunde wirken sich die Verdünnung der geistigen, wirtschaftlichen und politischen Trennwände zwischen den Völkern Europas, den westlichen wie den östlichen (trotz ideologischer und politischer Vorhänge) und das erzwungene europäische Gleichgewicht nach dem Erlöschen der Möglichkeiten hegemonialer Politik einzelner Nationen und Staaten auch dahin aus, daß die Teilhabe an Europas Gesellschaft und Kultur immer sichtbarer und stärker betont wird. Der Bayer ist nicht nur ein Deutscher, sondern auch ein Europäer, Bayern ist ein deutsches und europäisches Land. Und – nicht zum Lachen – der »Bayer« hat in seiner Geschichte auch eine besondere Art und ein Modell der »Species« Mensch ausgeprägt. Sich selbst zu kennen und kennenzulernen ist das ureigenste Anliegen des Menschen, und »Geschichte« ist trotz Soziologie und Politik der menschlichen Natur wesenskonstitutiv. Je »hautenger« Geschichte ist, desto verbindlicher bietet sie sich an und wirkt sie, desto anschaulicher und optischer ist sie erfahrbar. In unserer deutschen Situation kann der »Mensch in seinem Lande«, kann die Landesgeschichte die nächste und wirksamste sein; dazu verengt sie nicht den Blick und erweckt nicht Eigendünkel, weil sie heute auf den »Menschen« ausgelotet ist.

Da in der bisherigen Geschichtsschreibung die großen Staatsaktionen und politischen Ereignisse oder die Werke des Geistes, der Kunst und Wissenschaft, fast kaum Wirtschaft, also Arbeit, Produktion, Handel und Verkehr, im Vordergrund der Darstellung standen, ist es nicht müßig, zu sagen, daß hier der Versuch gemacht wird, den »ganzen« Menschen als Subjekt und Objekt des Geschehens vorzustellen. Da das »Wesen« des Menschen im funktionalen Zusammenhang zwischen Leib und Seele besteht, eines die Funktion des anderen ist, verbietet es sich, so zu tun, als ob die Ideen nur im luftleeren Raum ohne Menschen existierten. Ohne die natürliche Tätigkeit des physiologischen menschlichen Gehirns werden »Ideen« nicht gedacht, existieren also im Leben des Menschen nicht. Die geringschätzige Behandlung der materiellen Kräfte oder ihre Nichtbeachtung durch die Intellektuellen und in ihrer Weltanschauung hat sich in den Krisen, Revolutionen, Kriegen und Verwicklungen des 19. und 20. Jahrhunderts bitter gerächt. Der Sieg der Naturwissenschaften und der Technik hat die sogenannten Geisteswissenschaften und den Kulturhumanismus in den Schatten gestellt; zum Schaden des Menschen, wie wir erleben, ist dadurch das Mechanisch-Rationale überbetont worden, wesentlich andere Seiten des Menschlichen sind verkümmert, vor allem der Bereich der Emotionen zwischen Körperlichkeit und Vernunft. Wo es um den »ganzen« Menschen in der Geschichte geht, da muß man die Einzelheiten zu Strukturen = Gesamtbezügen zusammenfassen, die nach Raum, Situation und Entwicklungsprozeß einen besonderen Charakter aufweisen, der es ermöglicht, den ganzen Geschichtsprozeß in verschiedene Phasen = Strukturen aufzugliedern und ihre jeweils wirkenden Kräfte und Trends aufzudecken. Es wird sich dabei zeigen, daß trotz aller individuellen Eigenart die Grundvorgänge bayerischer Geschichte wohl eingebettet sind in fränkisch-deutsche und europäisch-globale Strukturen. So wird neben der »Totalität« auch die »Universalität« des geschichtlichen Menschen sichtbar, auch in einer bayerischen Geschichte.

Da der Mensch ein gesellschaftsgebundenes Einzelwesen ist, wird der gesellschaftliche Aspekt für alle historische Deutung unabweisbar. Alles menschliche Tun hat eine gesellschaftliche Funktion. In diesem Buch sollen alle Glieder der historischen Gesellschaft, die Ober- und die Unterschichten, die Könige, Herzöge, der Adel und die Kirchenhäupter, die Bauern, Bürger, Handwerker, Händler, Arbeiter und Intellektuellen an ihrem Ort in der jeweiligen Gesellschaftsstruktur und in ihrer jeweiligen Funktion aufscheinen. Das bedeutet Abschied von der in Bayern so beliebten rein dynastisch-etatistischen Geschichtsschreibung. Das ist auch keine reine Rückkehr zu einer Geschichte von Land und Volk im Sinne von Wilhelm Heinrich Riehl, sondern knüpft an den zuletzt in München lehrenden historischen Nationalökonomen und Soziologen Max Weber an. Dieser Versuch, die Deutung und Analyse bayerischer Geschichte dem Erfahrungs- und Erlebnisstand des Menschen von heute anzupassen oder danach zu orientieren, schafft naturgemäß auch ein rationales, komplexes Wert- und Bezugssystem, das nicht mehr der Mythologien, Ideologien und Imperative bedarf, das den Alten vielleicht zu sachlich-rational und nüchtern erscheint, das tatsächlich vielleicht der Wärme und Leidenschaft, der Emotionen entbehrt, aber doch nicht die Beteiligung, das Engagement vermissen läßt, da es ja auf den »bayerischen« Menschen in den historischen Bezügen seines heutigen Seins bezogen ist. Mancher Ballast ist abgeworfen, man wird manches Klischee nicht mehr finden, und Politiker werden sich auf manches nicht mehr berufen können, was als »Ideologie« entlarvt ist. Die notwendige Entmythologisierung und Entzauberung der bayerischen Geschichte bedeutet keine Verarmung, sondern nur Korrektur und zeigt auf, wie sich in Wahrheit der bayerische Mensch kontinuierlich durch alle Phasen seiner Entwicklung zu seinem jetzigen »Bild und Gleichnis« verwandelt und geformt hat.

Dieses Buch will nicht verleugnen, daß es von einem Altbayern aus dem Bayerischen Wald geschrieben ist, der seine menschliche und wissenschaftliche Bildung und Ausbildung am bayerischen Donaustrom und in der Landeshauptstadt empfangen hat, der im evangelischen und katholischen Franken heimisch wurde und über dieses Land forschte und schrieb, der auch in Schwaben lebte und arbeitete und über Augsburg schrieb, der auf Vortragsreisen in Japan, den USA, Kanada und Ostmitteleuropa anderes Menschsein und verschiedene Gesellschaftskörper und Kulturen erlebte und studierte, der auch über Gesellschaft und Kultur Europas und Deutschlands arbeitet und schreibt. Menschliche Erfahrung und wissenschaftlicher Vergleich der historischen Schicksale und Geschichtsprozesse zwischen Arber und Wendelstein, Säuling und Spessart haben historisches Verständnis und gesamtbayerisches Bewußtsein des Autors geprägt. Er würde sich freuen, wenn sein Buch ihn als echten Altbayern mit fränkisch-schwäbischen Neigungen und einem weltoffenen Herzen ausweisen würde.

I.
Stamm und Herzogtum der Bayern im Frankenreich

1.
Kelten, Römer und Germanen auf dem alten Boden Bayerns
Das Ursubstrat bayerischer Gesellschaft und Kultur

Als die Stiefsöhne des römischen Kaisers Augustus, Drusus und Tiberius, im Jahre 15 v. Ch. das raetische Alpenland und das ihm vorgelagerte vindelikische Gebiet, also die heutige Ostschweiz, die schwäbisch-bayerische Hochebene und Tirol dem Römerreich als militärisches Glacis des seit Jahrhunderten von Kelten bedrohten Oberitalien eingliederten, da wohnten in diesen Räumen seit langem die indogermanischen *Kelten*, deren gallische Stämme auf dem Boden Frankreichs Caesar vierzig Jahre vorher schon besiegt und unterworfen hatte. Kampflos fielen den Siegern auch das keltische Königreich Noricum östlich des Inn bis über die Enns, Südostbayern, Österreich südlich der Donau und Kärnten (Ausgrabungen auf dem Magdalenenberg) in die Hände. Ein römisches Denkmal in La Turbie bei Monaco kündet von dem Sieg und zählt die Namen von 45 unterworfenen raetischen und vindelikischen Stämmen auf. Kelten saßen auch im heutigen Nordbayern, wichen aber bereits um Christi Geburt vor dem harten Druck elbgermanischer Wanderstämme zurück; in der Maingegend saßen schon längere Zeit Markomannen (und Mainsueben), die ihr König Marbod in der Zeit des Kaisers Augustus nach Böhmen = Boiohemum führte, das seinen Namen von den keltischen »Boiern« hatte. In die leer gewordenen Räume rückten die Hermunduren ein, die Vorläufer der Thüringer, die bis zum Ende des Römerreiches (476–530) siedelnd und herrschaftsbildend sich bis fast an die Donaulinie vorschoben. Im 3. Jahrhundert n. Chr. saßen die Alemannen am unteren Main und führten von dort aus den Sturm auf die römische Grenze. Die Widerstandskraft der Kelten zwischen Rhein und Donau war durch die Germanen schon gebrochen (Ariovist, Sueben).

Die Kelten, deren Jugend von den Römern in das Heer in anderen Provinzen gesteckt wurde, hatten in den Süddonaulanden und am Strom eine beachtliche Kultur mit stadtartigen Siedlungen, Volksburgen, kultischen Heiligtümern (Viereckschanzen) und ausgedehntem Handel mit dem Römerreich entwickelt. Bis zum Jahre 113 v.Chr. war die Donauzone (zwischen mitteldeutscher Gebirgsschwelle und Alpen) unbestritten keltisch gewesen, und ihr Siedelraum hatte als nördliche Schutzzone des Mittelmeerraumes gewirkt. Ihr Rückzug vor dem germanischen Druck (Helvetiereinmarsch in der Schweiz als Abschluß) zwang die Römer, nördlich der Alpen Grenzprovinzen des Reiches zum Schutze der mediterranen Kultur zu errichten. Dadurch wurde das Keltenland nördlich der Alpen ein Glied des römischen Weltreiches im Süden und seiner Weltkultur, Donau und Rhein wurden Grenzströme, deren römisches Zwischenland man später durch die »Chinesische Mauer« des Limes gegen die germanische Welt, gegen Einbrüche abzusichern und zu schützen suchte. Diese Militär- und Reichsgrenze wurde zu einer mehr oder minder durchlässigen Kulturscheide, die noch lange nachwirkte und schwer überwunden wurde. Eine imposante Kette keltischer Siedlungen säumte die Donau von Ingolstadt bis Linz; im Westen lag die erst jüngst ausgegrabene keltische (Handels-) Stadt bei Manching (südlich Ingolstadt) mit einem Durchmesser von 2 bis 2,3 km. Der Ringwall von Stepperg (Ldkr. Neuburg a.D.) auf dem nördlichen Donauufer stand wenig nach. Nicht weit östlich davon erhob sich auf dem Michelsberg bei Kelheim zwischen Altmühl und Donau die großartige Anlage des oppidum Alcimoenis. Größere Anlagen befanden sich auf dem Frauen- und Würzberg bei Weltenburg sowie dem Ringberg südlich der Donau bei Untersaal (Ldkr. Kelheim). Regensburg, der mittelalterliche Zentralort Bayerns, ist der Nachfahre des spätkeltischen Radasbona (Ratisbona). Diese Kette setzte sich fort in Serviodurum auf dem Ostenfeld bei Straubing und gegenüber auf dem Bogenberg nördlich des Stroms, zu Unternbuch unterhalb Pleinting (Ldkr. Vilshofen), in Boiodurum (Beiderwies), der Ursiedlung von Passau südlich des Inn, bis zum oberösterreichischen Lentia = Linz und auf der Kürnberghöhe westlich davon. Die Donau war im wahrsten Sinne ein keltischer Strom, auch dem Namen, nicht nur der Siedlungsdichte und Kultur nach. Es ist bezeichnend, daß die Römer sich von der Standortgunst dieser Siedlungen zu eigenen Wehrsiedlungen im Anschluß daran anregen ließen. Das Keltenland nördlich der Donau war mit Kallmünz Obpf. (Eisenvorkommen), Johannesberg bei Freudenberg, Wolfberg bei Dietfurt an der Altmühl, Michelsberg bei Kipfenberg, der Gelben Bürg auf dem Hahnenkamm bei Dittenheim,

Hesselberg, Ipf bei Bopfingen, Hohentrüdingen und Heroldingen besetzt. Auch die Mainlande waren keltischer Siedelraum mit den oppida auf dem Turmberg bei Kasendorf (Ldkr. Kulmbach), auf dem Staffelberg über Staffelstein, auf der Ehrenbürg = Walberla unweit Kirchehrenbach (Ldkr. Forchheim), auf den Burgställen von Tauberscheckenbach (Ldkr. Rothenburg), Bürgstadt (Wannenberg) und Miltenberg (Greinberg) am Main. Das bayerische Voralpenland von Salzburg (Rainberg) und Hallein (Dürrnberg) bis zur Altstadt von Bregenz (Brigantium) am Bodensee war mit Keltensiedlungen zu Burghausen, über der Mangfall gegenüber Valley (Weyarner Lintl), auf der »Birg« zu Hohenschäftlarn, auf dem Auerberg im Ldkr. Schongau, auf der Burghalde bei Kempten an der Iller = oppidum Campodunum besetzt. Man muß diese relativ dichte keltische Besiedlung an den Hauptlinien des gesamtbayerischen Raumes vor den Alpen, an der Donau, entlang dem Jura und im Maintal kennen und würdigen, wenn man die Entstehung des Bayernstammes und Bayernnamens später begründet finden will. Man geht nicht fehl, wenn man aus dem Vorbild des freien keltischen Gallien und den Ausgrabungen auf der Heuneburg im württembergischen Donautal schließt, daß auch in Bayern eine feudale, landbegüterte, adelige Oberschicht zusammen mit einer einflußreichen Priesterschaft (Druiden, Kultzentren = Viereckschanzen oder in denselben) Träger der keltischen Kultur und der Herrschaft war (Kleinkönigtum), die auf einer agrarischen Grundlage ruhte, deren Wirtschaft von einer breiten Masse ökonomisch und persönlich abhängiger Menschen betrieben wurde.

Das Römerreich organisierte die bayerisch-österreichischen Süd-Donaulande militärisch und verwaltungsmäßig in den beiden Grenzprovinzen *Raetien* (Vindelicien vor dem Gebirge) und *Noricum*, deren Grenzfluß der Inn war. In den fünf Jahrhunderten der Römerherrschaft ist die keltische Bevölkerung, die im Lande blieb, romanisiert und mit germanischen Veteranen, Wehrsiedlern und Foederaten, wie auch anderswo (Gallien, Belgien), vermischt worden. Dazu kamen römische und andersstämmige Soldaten, Kaufleute und deren Angehörige. Urbanes Zentrum war die Hauptstadt Raetiens Augusta Vindelicum = Augsburg, das offenbar kontinuierlich in das frühe Mittelalter hinein überlebte (Augustaburg). In diese »splendidissima Raetiae provinciae colonia« (= glanzvolle Stadt der Provinz Raetien) hatten auch die germanischen Hermunduren zum Einkauf und Tausch Zutritt, wie überhaupt in friedvollen Zeiten der Austausch zwischen der römischen und germanischen Welt rege und befruchtend gewesen sein muß. Grenzmauern sind nicht nur Herrschafts- und Kulturscheide, sondern auch Stätte friedlichen Austausches, der Begegnung, der Distanz und Sehnsucht zugleich, wenn der Niveauunterschied sehr groß ist. Das älteste Römerlager Oberhausen bei Augsburg verödete, als die römische Bürgerstadt Augusta Vindelicum aufblühte, die zeitweilig auch der Zentralort für das schweizerische Wallis (vallis Poenina) war. Das keltische oppidum Campodunum auf der Burghalde in Kempten wurde zu einer einfachen römischen Provinzstadt, wo sich die Straßen von Augsburg, Bregenz, Epfach, Illermündung und vom Fernpaß kreuzten. Augsburg lag an der wichtigen Heerstraße, die Raetien mit Oberitalien verband und nach Kaiser Claudius (41–54) via Claudia Augusta benannt war. Ihr nördlicher Endpunkt war das Kastell Sumuntorium = Burghöfe bei Mertingen (südl. Donauwörth); sie führte über Fernpaß und Reschenscheideck in das Etschtal; noch in der Stauferzeit besaß sie eine überragende Verkehrsbedeutung und setzte sich über Nördlingen und Dinkelsbühl bis Aub am Main und weiter nordwärts fort (heute Romantische Straße). Die Donau wurde in den folgenden Jahrhunderten wechselweise stark befestigt; doch erstieg die römische Grenze auch die Höhen der Schwäbischen Alb, jedoch nicht die Vorberge des Bayerischen Waldes. Seit Hadrian (117–138) schloß der Limes = Grenzmauer auch die Eisenerzgebiete des Jura ein und stieß bei dem Kastell Eining an die Donau. Regensburg = Castra Regina am Scheitelpunkt der Donau in Bayern gegenüber der Regenmündung wurde zu einem mächtigen Legionskastell mit unbezwingbaren Mauern ausgebaut. Oberstimm = Vallatum (südl. Ingolstadt), Kösching = Germanicum, Pföring = Celeusum (später Kelsgau), Eining = Abusina, das Kohortenlager auf dem Königsberg bei Kumpfmühl, auf dem Ostenfeld bei Straubing, Quintana südlich Künzing und Castra Batava = Passau auf dem raetischen Innufer markieren den römischen Verteidigungsgürtel an der bayerischen Donau, der sich in Österreich von Lauriacum = Lorch an der Enns über Favianis = Mautern bis Carnuntum (Petronell) auf dem Marchfeld östlich Wien fortsetzte. Diese Militärstationen waren nicht immer gleichmäßig besetzt. Hauptstadt der Provinz Noricum war »Virunum« nördlich Maria Saal bei Klagenfurt. Die zwei Hauptgrenzpunkte der norischen Donaulinie Carnuntum und Lauriacum waren durch zwei wichtige Heerstraßen mit Aquileja verbunden, die östliche verlief entlang dem Südostrand der Alpen, die andere quer durch das Gebirge. Juvavum = Salzburg, eine alte Keltensiedlung (Rainberg), Endpunkt der Alpenstraße über die Radstädter Tauern, war ein bürgerliches municipium (= Stadt) der Provinz Noricum von den Ausmaßen Augsburgs, an das die mittelalterliche Bischofsstadt anschloß. Den Heeresnachschub auf den großen Alpenstraßen beim Austritt in das Flachland schützten befestigte Orte wie Pons Aeni (bei Pfaffenhofen am Inn nördl. Rosenheim), Teriolos (Zirl in Tirol) und Foetibus (Füssen am Lech). Bayern war zur Römerzeit militärisch zeitweise gut organisiert; doch prägten nicht nur Kastelle und Lager das Siedlungsbild der römischen Grenzprovinzen Raetien und Noricum; die Lage vieler Römerorte, auch zahlreicher Gutshöfe (villae rusticae) ist noch nicht ermittelt. Durch die Reichsreform des Kaisers Diokletian (284–303), den ein Denkmal in Augsburg »Begründer des ewigen Friedens« rühmte, wurde die Provinz geteilt in Raetia Prima mit der Hauptstadt Chur (Schweiz) und Raetia Secunda mit dem alten Vorort Augsburg, sie beide aber der Diözese Italien mit der Hauptstadt Mailand zugeteilt. Das selbständige militärische Oberkommando führte ein dux (Herzog) mit dem vermutlichen Dienstsitz in Regensburg, dessen Funktion im mittelalterlichen Zentralortcharakter dieser Stadt fortlebte. Das in Ufer- und Binnen-Noricum gegliederte Noricum wurde der Diözese Illyricum zugeordnet (Aquileja).

Für die Beurteilung des *Ursubstrats* des bayerischen Stammes ist es wichtig festzustellen, daß der Großteil der einheimischen Keltoromanen ein agrarisches Dasein in persönlicher Abhängigkeit und Schollegebundenheit führte. An der Spitze standen römische Militärs und Beamte in den Städten und Lagern, Grundbesitzer und Unternehmer, Adelige und Bürger, daneben die Soldaten, ihre Angehörigen und die Zahl der Marketender und Händler. Auf dem Lande saßen, wie in anderen Grenzprovinzen, mit Land begabte Veteranen römischer, germanischer und anderer Abkunft als Bürger, die mit der Zeit genauso schollegebunden wurden wie germanische Wehrsiedler (laeti), die halbfrei waren, oder an den Grenzen durch Vertrag angesiedelte, wohl meist germanische Völkergruppen, wie wir das vom österreichischen Donauraum sicher wissen. Beim Untergang der Herrschaft des Weströmerreiches (476) wanderten mit der großen Rückführungsaktion Odoakars nur die Militärs, hohen

Beamten und Großgrundbesitzer aus, wie wir das von der Kaiserstadt Trier am Anfang des 5. Jahrhunderts wissen, vermutlich auch einige hohe Geistliche. Aber die Masse der Bevölkerung ist geblieben, da sie in der Emigration ein noch härteres Los erwartete und weil sie nichts zu verlieren hatte. Wir haben es ja selber erlebt, wie viele Hunderttausende selbst bei Zwangsaustreibung in ihrer alten Heimat bleiben; wir haben auch gesehen, daß hauptsächlich die Intelligenz, schon weniger die Grundbesitzer und die Unternehmer, freiwillig in die Emigration geht. Wirklich gefährdet waren die Militärs, Beamten und Geistlichen. Da seit Kaiser Konstantin das Christentum toleriert, seit Kaiser Theodosius (Ende des 4. Jahrhunderts) aber Reichsreligion war, hatten Märtyrer in den Städten, wie Afra in Augsburg, einen besonderen Kult gewonnen und waren auch Bischöfe und ihre Mitarbeiter in eine politische Funktion hineingewachsen. Das Reichsvolk war offiziell christlich. Beim Untergang der Römerherrschaft verlegte man die Diözesanfunktionen in das Alpengebiet, wo schon Keltoromanen saßen, wohin aber wegen Ernährungsschwierigkeiten nicht viele ausgewandert sein können. So wurden Chur im Hochrheintal, Säben (Sabiona) im Eisacktal, Lavant im Lavanttal Fluchtbistümer (wie Venasque in der Provence). Aber in Zentren wie Augsburg, Regensburg, Passau, Lorch, Salzburg ging das Leben, wenn auch in dünnen Formen, weiter, wie uns Ausgrabungen zeigen, z. B. die in der Friedhofskirche St. Afra vor der Domburg Augsburg oder in Regensburg, wo in St. Emmeram die alte Friedhofskirche St. Georg aufging und der Friedhof weiter belegt wurde (durch neueste Ausgrabungen in der Niedermünsterkirche wurden Siedlungsschichten gehoben), oder in Lauriacum/Lorch, wo selbst die römische Quadraflur sich weiter hielt und die Märtyrerverehrung nicht unterging. All die Namen und Einrichtungen überlebten nur, wenn Leute blieben, die sie aussprachen und weiter pflegten. Freilich muß man auch sagen, daß die Städte, Lager, Siedlungen einem großen räumlichen und zahlenmäßigen Schrumpfungsprozeß unterlagen, wie das an gallischen Städten ganz offenkundig ist. Kontinuität muß nicht immer punktuell sein, es genügt oft räumliche Nähe. Daß auch *Germanen* in großer Zahl bereits von den Römern in den Provinzen Raetien und Noricum angesiedelt wurden (als Wehrsiedler und Grenztruppen), das haben neueste Ausgrabungen von Reihengräberfeldern (in der Mitte des 5. Jahrhunderts beginnend) bei Altenerding, bei Bittbrunn (Neuburg/Donau) und zuletzt bei Mühldorf erwiesen. Es wird hohe Zeit, daß die Chronologie der »Reihengräberzivilisation« in Ordnung gebracht wird, damit man endlich über die Siedlungs- und Gesellschaftsstruktur des archaischen Bayern vom 5. bis 7. Jahrhundert auch von der Archäologie her die möglichen Informationen erhalten kann. Am Ende der Römerzeit lebte in den römisch besetzten Gebieten zwischen Limes und Alpen eine keltoromanisch-römisch-germanische *Mischbevölkerung*, die mehr oder minder assimiliert, auf jeden Fall *provinzial-römisch* geprägt war (wie in Gallien) und Züge der Reichs- und Weltkultur trug.

Zahlreiche Gutshöfe aus Stein (villae rusticae) in den Süddonaulanden, im Fränkischen Jura, im Ries gaben dem Bild von Landschaft und Siedlung einen römischen Anstrich (schönste Hofanlage auf dem Mühlfeld von Burgweinting bei Regensburg). Bei Westerhofen (Ldkr. Ingolstadt), bei Tacherting und Erlstätt (Ldkr. Traunstein), zu Tittmoning oder in Baisweil bei Kaufbeuren wurden auch Prunkvillen (villa urbana) reicher Leute ausgegraben. Ein *Reichsstraßennetz*, das im Mittelalter weiter verwendet wurde, das die nördlichen Grenzprovinzen fest mit Oberitalien verband, überzog das Land. Sie sind uns bekannt durch die nach dem Augsburger Humanisten benannte Tabula Peutingeriana und durch das Itinerar (Straßenverzeichnis) des Antoninus. Wie die Straßen in Frankreich zogen sie schnurgerade durch das Land (Kunststraßen). Neben der oben genannten Via Claudia Augusta, die Augsburg noch im Mittelalter mit Verona und der Poebene verband, hatte der raetische Zentralort eine spätere Verbindung dorthin durch die Brennerstraße über Mittenwald, Teriolis = Zirl, Veldidena = Wilten bei Innsbruck. An dieser Straße bauten seit dem 11. Jahrhundert die bayerischen Andechs-Meranier vom Ammerseegebiet bis in das Eisack- und Pustertal ihren Herrschaftsraum auf. Eine große Ostwestheerstraße von der Seine zum Bosporus lief durch Gauting und überquerte südlich München die Isar und das Gleisental. Von Gauting zweigte eine Straße ab über Kempten nach Bregenz; diese kreuzte die Brennerstraße wie die Via Claudia. Die mittelalterliche Salzstraße schloß sich an die Römerstraße Augsburg–Salzburg an und überschritt die Isar südlich Freising und bei Landshut (Jovisura). Gerade diesen Straßen kam die größte Bedeutung als Hauptadern des Weltreiches, der Weltkultur, der Weltwirtschaft zu; auf ihnen vollzog sich die Völkermischung, auf ihnen rollten die germanischen Invasionen in das Reich und seine Provinzen. Bayern wurde nicht

berührt von großen Handelsstraßen aus dem Reich nach Inner-
germanien, wo die Germanen jenseits der Reichsgrenzen in der
mittleren und späteren Kaiserzeit ältere Höhensiedlungen aus
vorrömischer Zeit benützten. So sind sie im spätkeltischen oppidum auf dem oberfränkischen Staffelberg, im Ringwall Walberla bei Kirchehrenbach (Ofr.) oder auf der Gelben Bürg beim
mittelfränkischen Dittenheim, in der Houbirg bei Hersbruck
und auf dem Goldberg am württembergischen Rand des Ries
nachzuweisen. Der römische Herrschafts- und Kultureinfluß
hat Menschen und Land diesseits des Limes in Bayern ebenso
vorgeformt wie die österreichischen Süddonaulande, vor allem
Kärnten und Tirol, oder den Bodenseeraum. Man muß dies in
Rechnung stellen, wenn man erklären will, warum Bayern bis in
das 12./13. Jahrhundert eine so ausgeprägte kulturelle Stellung
im deutschen Reich hatte. Von anderen Gründen wird noch zu
reden sein.

2.
Die Entstehung von Stamm und Herzogtum der Bayern
500–750

Bis in unsere Tage hinein war es ein handfester Bestandteil alt-
bayerisch-bayerischer Stammes- und Staatsideologie sowie ein
Requisit der hier von Herders »Volksmythos« angeregten historischen Auffassung über die Anfänge von Stamm und Volk,
daß die »*Bayern*« ein Stamm der Völkerwanderungszeit gewesen seien, der unter der Führung eines Heerkönigs herizogo =
Herzog aus dem Osten in die Donauebene eingewandert, ein-
marschiert sei und durch bewußte oder geplante »Landnahme«
den Raum in mehreren Etappen in Besitz genommen habe. Die
Ortsnamen mit dem Grundwort -ing galten als Belege für die
älteste »Landnahme«. Diese Hypothese ist deshalb eine Legende, weil sich kein einziger Beleg dafür beibringen läßt, nicht
einmal ein archäologischer. Wie ist also der Bayernstamm wirklich entstanden, wie sein »Herzogtum« begründet worden? Die
hier vertretene und vertretbare Auffassung kann durch eine vor-
bereitende Parallele unterbaut werden. K. Hauck hat auf Grund
seiner Deutung von Goldbrakteaten aus Sievern im Lande Hadeln an der Außenweser und durch eine Neuinterpretation der
sächsischen Stammessage bei Widukind von Corvey (10. Jahrhundert) im Zusammenhang der schriftlichen Überlieferung die

überzeugende These jüngst formuliert, daß der »Stamm« der Sachsen, der immer als der germanischste unter allen deutschen Stämmen schon wegen seiner Kämpfe mit Karl dem Großen galt, erst eine Neubildung des 6. Jahrhunderts sei, die im engsten Zusammenhang mit der Beteiligung von Schwärmen von Händlergefolgschaften an der fränkischen Expansion in der Randzone der mediterranen Welt zwischen Weser, Elbe und Saale und an der Zertrümmerung des Thüringerreiches (Schlacht von Burgscheidungen 530/32) stehe.

In diesem harten Ringen verschmähten die Merowinger auch pagane Bundesgenossen nicht, die bis Karl dem Großen ihren Glauben beibehielten. Diese Gefolgschaften standen im Zusammenhang mit frühnormannischen Landungsgruppen in Hadeln, an der Großhadelner Außenweser aber war ein Stützpunkt des küstengebundenen Seeverkehrs; dort landeten die Kauffahrer, die an den fränkischen Expansionskriegen teilnahmen und den Kern des sächsischen Neu- oder Großstammes bildeten. Entscheidend war dabei der fränkische Einfluß und das Hereinreichen mediterraner Kultureinflüsse, die in den Goldbrakteaten von Sievern aufklingen.

Wir wissen nichts von einer bayerischen Einwanderung unter einem Heerkönig, auch nichts von einer Landnahme. Über ihre Abstammung (bzw. ihre germanischen Bestandteile) ist nichts bekannt. Lassen wir alle Hypothesen beiseite und gehen wir davon aus, daß der Bayernname erst seit ca. 550 belegt ist (Jordanes' Gotengeschichte, Reisegedicht des Venantius Fortunatus), dann bleibt keine andere Annahme als die, daß die Bayern im wesentlichen das keltoromanisch-römisch-germanische Mischvolk sind, das sich in den Süddonaulanden seit dem Abzug der Römer (um 480) noch mit germanischen Elementen angereichert haben mag, ein »Stamm« aber erst durch die Franken wurde, die nach der Zertrümmerung des Thüringerreiches um 530 den mittleren Donau- sowie den mittleren und östlichen Alpenraum ihrem Reiche einverleibten. Das hebt um diese Zeit auch der Merowingerkönig Theudebert mit Nachdruck in seinem Brief an den oströmischen Kaiser Justinian hervor; 526 war das ostgotische Reich praktisch zu Ende gegangen, wenn es auch noch etwas mehr als zwei Jahrzehnte weiter vegetierte. Um die Mitte des 6. Jahrhunderts marschieren die alemannischen Herzöge Leutari und Butilin in fränkischem Auftrag nach Oberitalien, wo sie untreu werden. Bald danach sitzen fränkische Bischöfe in den drei Bischofsitzen des Drautales Agunt,

Tiburnia (Teurnia) und Virunum; der Alpenraum war in seiner Mittelzone von West bis Ost in fränkischer Hand, die Donaulande von Italien abgeriegelt, wo Ostrom seine Herrschaft neu begründete; Pannonien (Ungarn, Jugoslawien) wurde nach dem Abzug der Langobarden 568 von Menschen entleert. Die Tochter Walderada des in Pannonien herrschenden Langobardenkönigs Wacho, die mit dem Merowingerkönig Theudebald verheiratet war, wurde um 555 vom Frankenkönig Chlothar I. (555–561) dem ersten Bayernherzog Garibald zur Frau gegeben. Da nun E. Zöllner mit guten Gründen für eine burgundische, K. F. Werner für eine fränkische Abstammung der Agilolfinger eintrat, was sich gar nicht widersprechen muß, bleibt keine andere Wahl, als daß das »Herzogtum« als Grenzorganisation an der Südostflanke des Merowingerreiches errichtet und mit einem fränkischen »Grenzherzog« = dux als Oberbefehlshaber besetzt wurde. Es gibt eindrucksvolle Belege für die Herzogeinsetzung durch den fränkischen König, den stärksten liefert die ›Lex Baiuariorum‹ = das sogenannte bayerische Stammesrecht für die Zeit zwischen 629 und 639.

Was besagt der Name, und wie konsolidierte sich der Stamm? Der Germanist Förste hat gezeigt, daß die Völkernamen mit dem Grundwort -varii Leute meinen, die sich im Verband um Herrschaftszentren oder Kultheiligtümer angesiedelt haben. Baio(v)arii, Boiovarii sind also Boier (Kelten), die sich in der vorbezeichneten Art angesiedelt haben. Der Ausdruck Boier = Baier kann nur das Mischvolk in den heutigen Süddonaulanden meinen; ihr Ursubstrat und Kern waren die Keltoromanen = Boier, die sich mit Römern und Germanen bereits assimiliert hatten oder schon länger zusammen siedelten. Ihre Sprache kann nur romanisch-römisch gewesen sein. Daß die Baioarii aber zum Althochdeutsch sprechenden Stamm wurden, ist die Folge der Überlagerung durch die Franken, die eine Art führenden Kern bildeten, der seine Sprache den Untertanen aufzwang. Dieser Umwandlungsprozeß vom keltisch-bestimmten Mischvolk zum Stamm der Bayern wird sachgerecht in der Vita des hl. Columban von Jonas von Bobbio um 624 mit dem Ausdruck wiedergegeben: »Boiae, qui nunc Baioarii vocantur« = die Boier, die jetzt Bayern genannt werden. An deren Spitze stand der vom Frankenkönig eingesetzte Herzog und seine Gefolgschaft, die man mit den in der ›Lex Baiuariorum‹ genannten fünf genealogiae (= Geschlechtern) der Huosi, Hahilinga, Fagana, Drozza und Aniona gleichzusetzen hat. Weder im ›Pactus Legis

Salicae‹, der in die letzten Lebensjahre des großen Merowingerkönigs Chlodwig zurückreicht, also im ältesten Recht der Sal-
franken, noch im ›Pactus Alamannorum‹ des 7. Jahrhunderts,
dem ältesten Alemannenrecht, ist über den Adel verfügt oder
von ihm die Rede. Dieser Stammesadel (potentes = Herrschaftsträger) steht gleichwertig und gleichberechtigt neben
dem Frankenkönig, Alemannen- oder Bayernherzog und kann
darum nicht Gegenstand königlicher Verfügung sein. Wenn
Herzog und fünf Geschlechter im Bayernrecht vom König
durch hohes Wergeld (Bußen bei Totschlag oder Verletzung)
geschützt werden, dann unterstehen sie seiner Herrschaft, sind
von ihm eingesetzt, sind seine »Beamten« oder »Kommissare«
und können kein bayerischer Stammes-Uradel sein. Genauso ist
es aber auch mit der ›Lex Baiuariorum‹ = dem Stammesrecht;
es ist schon lange fast unbestritten, daß es im wesentlichen Gesetze des fränkischen Königs, die in Bayern, im Land (= provincia) Bayern gültig waren, enthält, die im Auftrag des letzten
kraftvollen Merowingerkönigs Dagobert (629–639) von romanischen und germanischen referendarii, wohl vom Königshof in
Paris, die namentlich genannt sind und oberste Regierungsbe-
amte waren, zusammengestellt, kompiliert wurden. Dazu kamen auch schon im 7. Jahrhundert die Schutzgesetze für die
Kirche, die man früher in das 8. Jahrhundert setzte, weil man
irrtümlich glaubte, daß die Bayern erst um die Wende vom 7.
zum 8. Jahrhundert durch die sogenannten Iroschotten zum
Christentum bekehrt worden seien.

Wenn der erste belegte Bayernherzog Garibald und die Agilolfinger Franken/Burgunder waren, dann müssen sie bei ihrer
Einsetzung bereits christlich gewesen sein, da der Frankenkönig
Chlodwig mitsamt dem Stammesadel, d. h. dem ganzen Volk,
sich von Remigius in Reims taufen ließ. Das Christentum war
also »Reichsreligion«; eine Ausnahme bildete nur der lose ange-
gliederte Neustamm der Sachsen; St. Martin in Tours wurde der
merowingische Königs- und der fränkische Reichsheilige.
Wenn Walderada fränkische Königin war, war sie Christin, obwohl ihr Vater, der Langobardenkönig Wacho, noch paganen
oder arianischen Glaubens gewesen sein muß. Jedenfalls war
Theodolinde, die Tochter Garibalds und Walderadas, Christin,
die mit dem Langobardenkönig Authari vermählt wurde und die
arianischen Langobarden zum römischen Christentum führte;
ihr Bruder Gundoald war langobardischer Herzog in Asti. Ihrem zweiten Gemahl Agilulf, einem gebürtigen Thüringer, der

vorher Herzog in Turin war, brachte sie 590 durch Heirat die eiserne Krone der Langobarden zu. Die Bevölkerung der Provinzen Raetien und Noricum war schon im 5. Jahrhundert christlich, wenn dies auch nach dem Untergang des Römerreiches sich sehr verflüchtigt haben mag. Die Germanen, die möglicherweise nach 480 (Abzug der Römer) sich hier noch niederließen und pagan oder arianisch waren, mußten auf jeden Fall bei der fränkischen Expansion in diese Gebiete das fränkische Christentum annehmen, das natürlich bis in das 7. Jahrhundert sehr oberflächig und ungeformt blieb. Aus diesem Grunde veranlaßte der Bayernherzog die fränkischen Bischöfe Emmeram, Korbinian und Rupert (die aus Gallien oder Worms kamen), in seinem Land zu bleiben und das Christentum der Untertanen zu erneuern, da es sich nicht lohnte, ihr Missionsvorhaben bei den Avaren in der Donau-Theißebene und vermutlich in Niederösterreich erfolgreich auszuführen. Die drei fränkischen Bischöfe aus Poitiers, Melun an der Seine und Worms waren keine Missionare, sondern »Lehrer«, Reformatoren und kirchliche Organisatoren. Sie sollten den Boden für die Organisation einer Landeskirche bereiten, die Herzog Theodo 716 zusammen mit Papst Gregor II. aufzubauen gedachte.

Der große Abstand vom Zentrum des fränkischen Großreiches im neustrischen Paris und die politisch-militärische Aufgabe, die Südostflanke des Merowingerreiches gegen die um 600 durch die Donau-Theißebene westwärts vorrückenden Avaren und Slaven zu verteidigen, hatte zwei Folgen für die Herzogsmacht und das Herzogsgeschlecht der Agilolfinger; sie konnten eine weitgehend unangefochtene Autonomie entwickeln und eine starke Herrschaftskontinuität aufbauen; sie erschienen darum oft als Unterkönige des fränkischen Großkönigs. Der Verlust des spätantiken Eisenlandes Kärnten und der angrenzenden Gebiete um Ljubljana/Laibach seit 591/92 an die Slaven und Avaren brachte dem Bayernherzog die doppelte Aufgabe der Grenzverteidigung und Christianisierung im Südosten. Unterwerfung bedeutete in diesen Zeiten Annahme der Religion des Siegers und Herrn. Wohl in dieser Zeit bestellte nach der ›Langobardengeschichte‹ des Paulus Diaconus, der wir viele Einzelheiten zur frühbayerischen Geschichte verdanken, der Merowingerkönig Childebert II. Tassilo (I.) als »rex aput Baioariam« (Unterkönig bei den Bayern); 595 wurden 2000 Bayern bei einem Einfall in das Slavenland erschlagen, das der avarische Kakan verteidigte. Tassilos Sohn Garibald (II.) »princeps Baioariorum« (Fürst), der mit der Tochter des Langobardenherzogs Gisulf von Friaul vermählt war, wurde um 610 bei Agunt von den Slaven besiegt. Trotz allem blieb der geistige Zusammenhang mit dem fränkischen Gallien im 7. Jahrhundert lebendig. Abt Eustasius aus dem 591 von Columban am Westabhang der Vogesen gegründeten »Großkloster« Luxueil, Zentrum einer von König und Adel geförderten irofränkischen Reform- und Geistesbewegung, Pflanzstätte einer ersten christlichen Bildung des germanisch-fränkischen Adels in Nord- und Mittelfrankreich, besuchte nach 615 die »Boier, die damals Bayern hießen«, und organisierte dort die Seelsorge durch Priester. Wohl vor 626 zog ein anderer Mönch aus Luxueil, Agrestius, nach kurzem, erfolglosem Aufenthalt in Bayern nach dem frijulischen Metropolitansitz Aquileja, der gerade im Dreikapitelstreit gegen Rom Partei ergriffen hatte. Man muß annehmen, daß Königtum, Hof- und Provinzialadel des Frankenreiches an dieser Mission, Katholisierung und kirchlichen Organisation in Bayern interessiert und initiativ beteiligt waren; denn ein Synodalbeschluß aus den Anfängen der Regierung König Chlothars II., der 613 Alleinherrscher wurde und 614 im Edictum Chlothari sich mit dem fränkischen (Provinzial-) Adel über die Herrschaft im Reich und die Verwaltung in den Provinzen verständigte, gebot die Entsendung erprobter Männer in die benachbarten Gebiete zur Bekehrung der Haeretiker (Arianer) und zur Heidenmission. Der letzte bedeutende Merowinger Dagobert (629–639) baute eine lockere Grenzorganisation im Osten des Reiches gegen das erste »Slavenreich« des fränkischen Sklavenhändlers Samo in Böhmen/Mähren und Pannonien = Ungarn auf. Um 631/32 ließ er drei Heere gegen Samo aufmarschieren. Er kaufte sich dazu die Bundesgenossenschaft der Langobarden, deren Heer siegreich war, wie das des Alemannenherzogs Chrodebert. Der Name des letzteren verweist aber auf den um 624/25 ermordeten, reichbegüterten, fränkischen Agilolfinger Chrodoald, dessen Sohn Fara 641 auf dem Zug gegen den in Thüringen eingesetzten fränkischen Herzog Radulf wegen Verrats getötet wurde. König Dagobert ließ um die nämliche Zeit ein blutiges Massaker unter 9000 Bulgaren anrichten, die in Bayern über Winter angesiedelt worden waren. Sie hatten nach dem Sieg des avarischen Herrschaftspräsidenten über einen bulgarischen Rivalen mit Weib und Kind fliehen müssen. Etwa 700 Menschen entkamen dem Blutbad im slavischen Grenzland und wurden im langobardischen Herzogtum Benevent angesiedelt.

Bayern stand im ersten Drittel des 7. Jahrhunderts in engstem Kontakt und im Abhängigkeitsverhältnis zum Frankenreich, es bahnten sich aber auch meist feindliche Beziehungen zum Balkan, zu den Gebieten der Avaren und Slaven an. Politische und kirchlich-christliche Initiative und Aktivität gingen dabei Hand in Hand. In archaischen Kulturen herrscht eine »politische Religiosität« (bis in das 11. Jahrhundert). Das meint positiv wie negativ den Adel wie die breiten Unterschichten. An der Spitze des gentilen Personenverbandes standen Herzog (dux), Adel (primores, seniores nobiles), Richter (iudices) und Geistlichkeit (sacerdotes). Das Gebiet der Stammesherrschaft wurde noch im 8. Jahrhundert wie im Römerreich provincia = Provinz genannt, was das Frankenreich und seine Organisation deutlich als Erben und Nachfahren des Römerreiches und -staates ausweist. Mission und Seelsorge wenden sich in dieser frühen Zeit in erster Linie an die führende Schicht.

Nach 610 fehlen zuverlässige Nachrichten über einzelne bayerische Herzöge, erst am Ende des 7. Jahrhunderts setzt eine jüngere Reihe mit dem quellenmäßig belegten Herzog Theodo wieder ein. In seine Zeit fällt vor und um 700 die Ankunft der »Bayernlehrer« aus dem Frankenreich Emmeram, Korbinian und Rupert, die sich in Regensburg, Freising und Salzburg niederlassen, dort kirchliche Traditionen fortsetzen oder wiederaufnehmen und eine Organisation fördern oder begründen. Unterdessen hatten sich die Arnulfinger-Karolinger Hausmeier aus dem Maas-Moselraum im Frankenreich durchgesetzt und im Jahre 688 nach dem Sieg von Tertry (687) bereits die Alemannen und 691 vermutlich auch die Bayern mit Krieg überzogen. Um 680 ist im südlichen Grenzgebiet Bayerns gegen die Langobarden um Bozen mit seinen Befestigungen (castella) ein bayerischer Graf (comes, gravio) belegt, der sich in der Stadt (civitas) Trient gegen den Langobardenherzog Alahis verteidigen mußte. Daß Bayern damals feindliches Ausland für die Langobarden war, zeigt die Nachricht zu 702, daß Ansprat, der Erzieher des 701 von Aripert beseitigten langobardischen Königssohnes Liutprant, über Chiavenna und Chur (Maloja-, Septimer- oder Julierpaß) zum Bayernherzog Theutpert = wohl Theodo floh und neun Jahre blieb. Die im Verbrüderungsbuch von St. Peter in Salzburg (berühmte prosopographische Quelle!) aufgezeichnete jüngere Herzogsreihe seit Theodo muß nicht an die ältere anknüpfen, obwohl sie Agilulfinger heißen. Alle Namen, die in seiner engeren und weiteren Verwandtschaft begegnen, weisen in das Frankenreich und in die karolingische Kernlandschaft um Maas und Mosel, ihre Träger erweisen sich deutlich als Angehörige einer frühen fränkischen »Reichsaristo-kratie« in den »Teilreichen«, wie z. B. in Bayern, sie hängen auch mit den Hausmeiern und dem Adel in der karolingischen Kernlandschaft um Maas und Mosel, nur wenig mit dem schwachen merowingischen Königsgeschlecht zusammen. Herzog Theodo übertrug zu Lebzeiten seinem ältesten Sohn das Gesamtherzogtum (dux, ductor = Herzog hieß dieser), teilte es aber sehr wahrscheinlich in vier Teilherzogtümer für seine Söhne auf, deren Namen Theodebert, Theodebald, Grimoald und Tassilo typisch fränkisch sind und sich in Austrasien (= links des Rheins und Ostfrankreich) damals auch finden. Mittelpunkte müssen Regensburg, Freising, Salzburg und Passau, die führenden »alten« Städte gewesen sein; Freising macht eine Ausnahme, da wir auch archäologisch über seine Frühgeschichte nichts wissen und die Chance zu Ausgrabungen unter dem Dom 1945 nicht genutzt wurde, wie man das jetzt in Niedermünster in Regensburg getan hat. In Regensburg war eine Herzogspfalz, in Passau ist sie begründet im Zusammenhang mit Niedernburg zu vermuten, in Salzburg auch, jedoch in Freising ist sie nicht zu belegen.

Es entspricht ganz dem Verhältnis von Herrschaft, Kirche, Religiosität, daß politische Macht von Teilherzögen und »Gründerheilige« von Bistümern (Emmeram, Korbinian, Rupert) um einen Herrschaftssitz zusammenfallen. Da Regensburg die herzogliche Hauptpfalz war, muß auch der Gründerheilige Emmeram die Funktion eines »Landesheiligen« gehabt haben, ähnlich der etwas späteren Stellung von Wenzel in Böhmen und Stefan in Ungarn; freilich waren diese beiden »Gründer« der nationalen Herrschaft, deren Symbol die Wenzels- und die Stefanskrone wurden, während die bayerischen Herzöge aus fränkischem Blut und von des Frankenkönigs Gnaden trotz aller Selbständigkeit, die sie wahrten und errangen, keine »Gründer-« oder »Stifterfunktion« in Anspruch nehmen konnten. Fränkisch sind auch die Namen der zweiten Generation nach Theodo, nämlich Hugbert (Sohn Theodeberts), Uto, Otilo und vor allem Lantfried. Gerade der letzte Name vermittelt entscheidende Erkenntnismöglichkeiten, und zwar nicht nur deshalb, weil Theodo auch einen Sohn namens Landpert hatte, der in der Lebensgeschichte Emmerams eine Rolle spielte. Lantfried war ein Alemannenherzog, vielleicht der Klostergründer von

Benediktbeuern, sicher der Initiator der Schlußredaktion des sogenannten Alemannischen Stammesrechts, genannt ›Lantfridana‹, das dem aus dem 7. Jahrhundert stammenden ›Pactus Alamannorum‹ eine deutliche autonome Tendenz noch beifügte. Offenbar gab es kein Einherzogtum der Alemannen, es müssen mehrere Herzöge nebeneinander gewirkt haben, was seine Entsprechung in den bajuwarischen Teilherzögen, den Söhnen Theodos, gehabt haben kann. Wichtig ist aber die hohe Wahrscheinlichkeit der Abstammung des Herzogs Lantfried von dem Alemannenherzog Gotafred, von dem man seinerseits annehmen kann, daß er ein fränkischer »Reichsaristokrat« aus den karolingischen Kernlanden war.

Es haben offensichtlich seit der Wende vom 7. zum 8. Jahrhundert engere Beziehungen zwischen dem alemannisch-schwäbischen Raum und Bayern bestanden. Dies macht verständlich, warum Gerold, der Bruder der aus alemannischem Herzogsgeblüt stammenden Hildegard, die Karls des Großen Frau wurde, nach der Absetzung Tassilos zum praefectus Baioariae, zum Provinzstatthalter in Bayern vom König bestellt wurde. Im übrigen sind die Karolinger (damals Pippin, der Vater Karls des Großen, und sein Bruder Karlmann) um 745 mit dem alemannischen Adel nicht anders verfahren als Karl mit Tassilo 788; sie haben ihn liquidiert, wenn er ihre Herrschaft nicht anerkennen oder sich ihr nicht fügen wollte. Nach dem Blutbad von Cannstatt unter dem alemannischen (Stammes-) Adel schickten die Hausmeier zwei Adelige (Reichsaristokraten) aus dem Maas-Mosel-Raum, Ruthard und Warin, zusammen mit dem Kleriker Fulrad, dem späteren Abt von St. Denis, als Kommissare nach Alemannien, um dort die karolingische Herrschaft zu organisieren und zu sichern. Von Ruthard aber stammen nach den neuesten Forschungen Fleckensteins die Welfen ab, deren bayerische Abstammung zwar im 9. Jahrhundert geschichtlich behauptet wird, die aber aller Wahrscheinlichkeit nach nur austrasische Franken gewesen sein können. Das Bild fügt sich zusammen, wenn man weiter weiß, daß nach dem Tode (748) des Bayernherzogs Otilo, des Gründers der zwei bedeutenden Herzogsklöster St. Emmeram in Regensburg und Niederaltaich, der Hausmeier Pippin selber die Vormundschaft über den unmündigen Bayernherzog Tassilo III. übernahm.

Eine Frage für sich ist der Name der bayerischen Herzogsfamilie der »Agilolfinger«, der einen Agilulf als Stammvater der

Herzogssippe nahelegt. In der ›Lex Baiuariorum‹ sind die Herzoge mit diesem Namen bezeichnet. Der zweite Gemahl der Langobardenkönigin und bayerischen Herzogstochter Theodolinde hieß Agilulf, der durch diese Heirat 591 die eiserne Krone erlangte (616). Die langobardische Gründungsgeschichte (Origo) weiß, daß er ein Thüringer und vorher Herzog in Turin war. Auf ihn kann man die Herzogssippe nicht zurückführen, mangels Beweises auch nicht auf die oben genannten »fränkischen« Agilolfinger Chrodoald und seinen Sohn Fara. Der Hinweis auf den fränkischen Westen verdichtet sich aber noch mehr, wenn man von der damaligen Sitte der Namengebung in den Familien ausgeht, die uns weitgehende historische Schlüsse ermöglicht, wenn die »Besitzgeschichte« damit in Einklang zu bringen ist. Das Bestimmungswort Chrod im Personennamen Chrodoald kehrt wieder bei dem besitzmächtigen fränkischen Adelsgeschlecht der Robertiner am Mittelrhein (Chrodebert), ebenso bei der Gründersippe des elsässischen Klosters Weißenburg, den Chrodoinen, auch bei dem bedeutenden Bischof und Reformator der fränkischen Klöster, Chrodegang von Metz, der aus der Sippe der Gründer des Odenwaldklosters Lorsch stammte. Aus dieser mittelrheinischen Gegend kam Rupert, der diesen Sippen zugehörte, nach Bayern. Herzog Tassilo III. wurde 788 bei seiner Absetzung nach Lorsch verbannt. Im Prolog des Bayernrechts wird als letzter der vier Redaktoren dieser vom Merowingerkönig Dagobert angeordneten Gesetzessammlung ein Agilulf genannt; alle vier waren offensichtlich Gallorömer und Franken oder Burgunder. Alle vier tragen den Titel »illuster«, der der spätrömischen Ämterhierarchie entnommen war; auch Herzog Tassilo III. trägt ihn neben den ebenfalls antiken Prädikaten »eminentissimus« (Eminenz) und »summus princeps« (oberster Beamter oder Fürst), der auch bei den Langobarden gebräuchlich war. Bei der Dürftigkeit der Quellen sind auch die wenigen Aussagen, die wir den Namen, Titeln, Familienzusammenhängen, Besitzlagen, Heiligenlegenden und Kirchenpatrozinien entnehmen können, wertvoll. Wenn man auch vom Römischen Reich das Verwaltungsgerüst in Gallien und links des Rheins übernahm, so war im später rechtsrheinischen Deutschland, auch an der Donau, am Bodensee und im Alpenraum, wo sich stärkere Reste antiker Kultur und Staatlichkeit erhalten haben, doch die Frankenherrschaft vor allem auf Personen und die von ihnen geführten und repräsentierten Verbände gegründet. Deshalb sagen Personen und ihre Sippenzusammenhänge oft mehr über Herrschaft und Gesellschaft der archaischen Zeit aus als alle allgemeinen historischen Notizen.

Da sich weder bei den Alemannen noch den Thüringern und Sachsen Namen von alten Herzogssippen erhalten haben, bleibt als Analogon nur der Hinweis auf das tschechische Herzogsgeschlecht der Přemysliden, das sich auf einen nicht greifbaren Stammvater »Přemysl« zurückführt, dessen erster greifbarer Vertreter aber Bořiwoy heißt. Der Osten des tschechischen Siedellandes war in der zweiten Hälfte des 9. Jahrhunderts Einflußzone des Großmährischen Reiches unter Rastislav, Svatopluk und seinen Söhnen, offenbar stand auch der Burgberg in Prag unter dieser Herrschaft; das mittlere und westliche tschechische Böhmen aber war im 9. und 10. Jahrhundert Interessensphäre des ostfränkischen Reiches, vor allem von Regensburg aus, das damals »sedes ac metropolis ducatus Bavariae = Sitz und Mittelpunkt des Herzogtums Bayern«, aber zugleich auch Residenz Ostfrankens und Ludwigs des Deutschen war. In der ersten Hälfte des 9. Jahrhunderts wurde Böhmen von autonomen Burgherren in den einzelnen (Kleinstammes-?)Landschaften beherrscht. Diese, oder ein Teil von ihnen, kamen 845 nach Regensburg an den Königshof, unterwarfen sich und ließen sich taufen. Die Sippe der Burgherren in Prag, die Přemysliden, unterwarfen sich die anderen Burgherren und rotteten schließlich um 993/95 das letzte und mächtigste Herrengeschlecht der Slavnikinger aus. Die böhmischen Legenden machen sogar die Vermutung möglich, daß die Burgherren von Prag, also die Přemysliden, deren sagenhafter Stammbaum überliefert wird, Fremde waren, die aus West und (oder) Ost kamen und sich die anderen Lokalherzoge unterwarfen. Zusammen mit der Ausbildung der Přemyslidenherrschaft ist aus kleineren Herrschafts- und Stammesgruppen der »Großstamm« der Tschechen entstanden. Soweit der Analogiefall.

Ein Vergleich macht die Annahme möglich, daß in Raetien und Noricum nach dem Untergang des Römerreiches die schon vorher vorhandenen Grundherrschaften und Immunitäten, gleich ob ihre Inhaber keltoromanisch, römisch oder germanisch waren, autonom wurden, vielleicht auch den Herrn wechselten und germanisch wurden, daß aber die herrschaftliche Zusammenfassung zum Stamm und zur Provinz der Bajuwaren durch den fränkischen Herzog und seine mitgebrachte Adelsgefolgschaft = Reichsaristokratie erfolgte. Es standen sich dann alter Lokaladel = Oberschicht und zugezogener »Reichsadel«

gegenüber. Ersterer war dann kein Stammesadel, der auch nicht greifbar ist, wohl aber ein eingesessener »Uradel« verschiedener Herkunft, letzterer aber war mit dem Herzog der führende »Reichsadel«, die beide die eingesessenen wie die neuen Elemente zum »Stamm« verbanden. Uradel und Reichsadel mögen zusammengewachsen sein; die Spitze scheint aber bis in das 8. Jahrhundert hinein immer wieder von neuem frankisiert worden zu sein, wie wir oben gesehen haben. Träger des »Stammesbewußtseins« und der »Stammestradition« wurde der fränkisch geführte »Provinzadel«, der aus verschiedenen stämmischen Gruppen zusammenwuchs. Auf diese Weise ist auch das rätoromanisch-romanische Element allmählich germanisiert worden, wenngleich es bis in das 8./9. Jahrhundert sich hielt. Die Feststellung H. v. Fichtenaus, daß die ältesten bayerischen Herzogsurkunden im 8. Jahrhundert von Romanen geschrieben wurden, unterstreicht das lange Nachleben des Ursubstrats der Bevölkerung Bayerns. Das hat aber nicht verhindert, daß sich die germanische Sprache der führenden Schicht auch bei den Untertanen und selbst in der von der Kirche für Mission, Seelsorge und für die Belehrung des Adels (z. B. ›Wessobrunner Gebet‹, ›Muspilli‹ usw.) verfaßten Literatur durchsetzte und eine bayerische Volks- und Literatursprache entstand. Bei dem Fehlen aller direkten Nachrichten und auf Grund der gegebenen Indizien und berechtigten Schlüsse erweisen sich Stammeswerdung und Herzogtum in Bayern als ein identischer und zusammenfallender Vorgang der Überschichtung und Überlagerung von Räumen und Menschen, als ein Akt der Herrschaftsbildung und Herrschaftsorganisation im Rahmen des Ausbaus des merowingischen Frankenreiches und merowingischer Expansion seit der ersten Hälfte des 6. Jahrhunderts. Dieser Prozeß dauert aber bis in die 2. Hälfte des 8. Jahrhunderts an. Sein Vollzug und Ende zeigt sich im Weiterleben des Stammesherzogtums nach Beseitigung Tassilos III. auch unter der Führung von Statthaltern und des fränkischen wie später deutschen Königs bis in das 11./12. Jahrhundert hinein.

3.
Kirche und Herrschaft – Mönchtum, Religion, Kultur in Altbayern, Franken und Schwaben
600–800

Herzog und einheimischer wie reichischer Adel, also die »Herrschaft«, bestimmen vom 6. bis 8. Jahrhundert und später primär Gesellschaft und Kultur in Bayern, besser gesagt deren Richtung und Trend. Die Unterschichten haben daran meist nur auf dem wirtschaftlichen Felde der Produktion Anteil, wenngleich sie auch Objekt und Subjekt der mit der Herrschaft gekoppelten Mission und Religion waren, die damals auch einflußreiche Träger geistig-religiöser Beeinflussung der Menschen aller Schichten und Helfer der Herrschaft wurden. Kirche und Religion traten in drei Formen den Menschen von damals gegenüber. Die »*Herrschaftskirche*« war geprägt von König, Herzog, Adel, Eigenkirchenherr und in gewissem Sinne Bischof und Abt, soweit sie selber Träger von Herrschaft waren. Der Herrschaftsträger war Eigentümer der Kirche, des Kirchenbodens, des Kirchengutes oder mindestens Kirchenvogt, Schutzherr; er bestimmte den Geistlichen, den Abt und Bischof; er machte sich durch diese die materiellen und geistigen Machtmittel und Kräfte von Geistlichkeit und Kirche zunutze; er beeinflußte die Seelsorge und sogar die Lehre, die den Gläubigen vorgetragen wurde; seine Herrschaft galt als gottgewollt und heilig = heilserfüllt, begnadet, seine Herrschaft war ein ministerium dei = ein göttliches Amt; er war in den Augen der Menschen Stellvertreter Gottes und Vermittler der Gnade in und über der Kirche. Germanische, alttestamentarische = jüdische und apostolische = kirchenväterliche Auffassungen von Herrschaft, Macht und Amt flossen hier zusammen. Das Bild der Gesellschaft, wie es die Psalmen wiedergeben und wie es Grundschema der archaisch-feudalen Gesellschaft seit dem 7./8. Jahrhundert war, kannte nur potentes = Herrschaftsträger, König und Adel, und pauperes = impotentes = Beherrschte, Nichtherrschaftsfähige. Die »Herrschaftskirche« stand in keinem oder nur in losem Zusammenhang mit der Patriarchenkirche des römischen Bischofs = Papstes. Der Herrschaftskirche entsprach die »politische Religiosität« der archaischen Gesellschaft, die der Reformpapst Gregor VII. im 11. Jahrhundert zu entwerten begann.

Neben der Herrschaftskirche begann seit dem 8. Jahrhundert

in zunehmendem Maße die »*Heilsanstalt*« der römisch-katholischen Kirche sich außerhalb Italiens wieder zu rühren. Sie hatte aus ihrer Stellung als *die* Reichskirche und Repräsentantin der Staatsreligion im geeinten und geteilten römischen Weltreich nach dem Untergang des Westreiches (476) den Universalitätsanspruch für alle Menschen und Gläubigen gerettet und übernommen, sich dadurch in die Position der weltlichen Herrschaft gesetzt, aber diesen Anspruch allein und mit eigener Kraft und bedrängt von weltlichen Gewalten wie dem Reich von Byzanz und den Langobarden nicht mehr durchsetzen oder aufrechterhalten können. Sie war allerdings selber Träger weltlicher Herrschaft im alten Dukat von Rom »südlich und nördlich« der Ewigen Stadt von der adriatischen Pentapolis bis nahe an den Golf von Neapel. Nur dadurch konnte sie überhaupt überleben. Die Schwäche des durch den Bilderstreit zermürbten Reiches von Byzanz und die dadurch gewachsene langobardische Gefahr führten den römischen Bischof zum Bund mit der erneut aufsteigenden Kraft der karolingischen Franken, die sich gewinnen ließ als Schutzmacht, da sie der religiösen und universalen Legitimation vor der Welt und den Gläubigen und einer geistigen Idee für ihren inneren Bestand bedurfte. In Bayern unternahm die römische Kirche die ersten Versuche einer Expansion; durch Bonifatius gelang es ihr, »romverbundene Landeskirchen« aufzubauen und eine »römische« Reform der fränkischen Reichskirche anzuregen oder einzuleiten, was erst unter Ludwig dem Frommen wirklich in Gang kam, da sein Vater Karl der Große selber sogar die Lehre der Kirche zu bestimmen suchte. Seit dem Ende des 8. Jahrhunderts (Hadrian I.) war die römische Kirche eine vom römischen Adel bestimmte Institution und blieb »Adelskirche« bis zur Reform des deutschen Kaisers Heinrich III. (Synode von Sutri). Der Bund mit den Karolingern gab dem römischen Bischof die Möglichkeit, eine Teiluniversalität im Karolingerreich und an seinen Rändern aufzubauen, zu behaupten und zu erweitern, vor allem seinen jurisdiktionell-organisatorischen Einfluß langsam und allmählich, aber stetig auszuweiten und auf ganz Europa auch außerhalb der Grenzen des Frankenreiches auszudehnen.

Träger der Seelsorge und Mission, der religiösen Praxis und Askese, der geistigen und menschlichen Bildung und Stätte religiöser Selbstheiligung waren das *Mönchtum und die Klöster* wie in allen großen Kulturen und Gesellschaftskörpern. Das Mönchtum trat schon vor dem Untergang des Römerreiches in

Überwindung der »Selbstentfremdung« des spätantiken Menschen mit einer neuen, aus Pessimismus durch Askese und Sammlung wiedergewonnenen schöpferischen und aktiven Kraft in die Welt des »Übergangs« ein und siedelte sich, aus dem Osten kommend, an der provençalischen Mittelmeerküste (Lerins, Marseille, Lyon, Tours), im griechischen Süditalien (Monte Cassino), in Irland und Schottland an und gestaltete von dort in verschiedenen Wellen den Geist der neuaufkommenden archaischen Gesellschaft des Westens. Diese Wirkung reichte, wie wir gesehen haben, über die Luxueilklöster mit ihrer irofränkischen Mischregel bis nach Bayern und über das angelsächsische Benediktinertum und die Niederlande nach Bayern und Mitteldeutschland. Klöster wie Weißenburg und Echternach (Luxemburg) waren die Träger der Seelsorge und Mission in Mainfranken bis nach Thüringen hinein; Klöster wie St. Emmeram in Regensburg, St. Peter in Salzburg, Kremsmünster, Innichen und das Domkloster in Freising wirkten in Böhmen, Mähren, der Slovakei, in Ungarn und Slawonien als Wegbereiter einer westlich-europäischen Zivilisation. Die Herrschaftskirche prägte das lokale, regionale, stämmische und reichische Bewußtsein, ihre Symbolfiguren waren die Reichs- (Martin, Kilian), Stammes- (Emmeram, Korbinian, Rupert, Valentin), die Kloster- (Mauritius in Niederaltaich, Quirin in Tegernsee), die Kirchenheiligen oder später die Kronheiligen (Wenzel, Stefan, Karl der Große). Die Verbindung zwischen Herrschaftskirche und römischer Heilsanstalt verkörpern allgemeine Heiligenfiguren wie Maria, die besonders beliebt war als Patronin in Pfalzkapellen (Alte Kapelle in Regensburg, Niedernburg in Passau) oder St. Salvator und St. Peter, die wir vor allem als Patrozinien in Domkirchen (St. Salvator in Würzburg, Regensburg, St. Peter in Würzburg, Salzburg) antreffen. Mönchtum und Kloster waren sowohl die eigentlichen Stätten religiösen Lebens, die Zentren von Seelsorge und Mission, die Orte von Schreibschulen, Bildung und Geist wie auch die einzigen Punkte der menschlichen Begegnung der Ober- und Unterschichten, eines allgemeinen gesellschaftlichen Ausgleichs, die einzige Chance einer geistigen und personalen Emanzipation des Unfreien aus den Fesseln der archaischen Feudalgesellschaft. Und Altbayern wie die Mainlande waren klosterreiche Gebiete rechts des Rheinstroms.

Zu den frühen bedeutenden Ereignissen bayerischer Herrschafts- und Geistesgeschichte, die weit über die Grenzen hinausgriffen, zählt der Versuch der Herzogs-, also Herrschaftskirche, konkret des Herzogs Theodo, eine Stammes- und Landeskirche zu begründen im Benehmen mit dem römischen Bischof. Päpstliche Anweisungen, das Buch der Papstbiographien (›Liber Pontificalis‹) und die hagiographischen Viten Emmerams und Korbinians aus der Feder des Huosier-Bischofs Arbeo von Freising sind unsere Hauptquelle dafür. Der Emmeramslegende zufolge bot Herzog Theodo dem Heiligen die Stelle eines pontifex provinciae = Landesbischofs oder eines Generalabtes der Klöster an und wies ihm Regensburg, die mauerbewehrte Hauptstadt, als Bischofssitz an. Theodo wollte seinem Lande eine Kirchenorganisation geben, die zugleich die Herrschaft unterbaute; das Land war seit Jahren christlich, wenn auch sein Christentum eine Mischform oder häretisch war; diese sollte der Bischof im Sinne einer westlich-fränkischen Rechtgläubigkeit reformieren, an deren Stelle später die römische Orthodoxie treten sollte. Die Rupertsvita berichtet fälschlich von einer Bekehrung des Herzogs Theodo und des Adels zum Christentum, die immer wieder bis heute nachgeschrieben wurde. Theodo handelte bei einem Rombesuch mit Papst Gregor II. (715–731) den Ausbau einer »romverbundenen Landeskirche« in der »Provinz« Bayern aus. Der römische Bischof beauftragte 716 einen Bischof Martinian, einen Presbyter Gergius und einen Subdiakon Dorotheus, alle drei von der curia Romana wohl, mit der Errichtung einer kirchlichen Ordnung. Der Provinzherzog (dux provinciae), der Provinzadel (primarii), die Priester und Beamten (iudices) sollten auf einem Hoftag (conventus) gemeinsam mit den römischen Unterhändlern die kanonischen Voraussetzungen für die Errichtung einer Kirchenprovinz prüfen und bestätigen. Vermutlich beabsichtigte der Herzog durch diese selbständigen Verhandlungen mit Rom über einen eigenen Landes-Metropolitenverband seine kirchliche und politische Unabhängigkeit im Frankenreich zu stärken, dessen Herrschaft von den karolingischen Hausmeiern wieder durchgesetzt wurde. Das Wirken der drei Frankenapostel (nicht Iroschotten) Emmeram, Korbinian, Rupert, das vorherging, hatte zweifellos die Bindung Bayerns an die fränkische Monarchie und Kirche zu festigen versucht oder verfestigt, vielleicht sogar in höherem Auftrag. Theodo hatte kein Glück und mußte seinen Versuch aufgeben. Der Aufstieg der Hausmeier hat einen Riegel vorgeschoben. Trotzdem gelang es dem päpstlichen Legaten Bonifatius im Einvernehmen mit dem Herzog Otilo 739 Bayern zur eigenen Kirchenprovinz zu erheben, und zwar gegen den Willen des Hausmeiers Karl Martell. Es wurden die Bistümer Regensburg, Freising, Passau, Salzburg kanonisch errichtet, aber erst ein halbes Jahrhundert später Salzburg 789 zum Erzbistum = Haupt der Stammes- und Landeskirche erhoben. Die Bestellung des irischen Abtes Feirgil-Virgil zum Bischof von Salzburg (Ausgrabung des Virgildomes auf älteren Grundlagen) um die Mitte des 8. Jahrhunderts entsprang der Initiative des Frankenkönigs, der die herzoglich-bonifatianische Initiative hemmen wollte. Die Bischöfe und der Adel wurden die Hauptverfechter fränkischer Königsmacht in Bayern gegen herzogliche Autonomie.

In die vom Papst gewünschte Neuordnung wurden auch die Mainlande, Thüringen und Hessen einbezogen; dort errichtete Bonifatius nach dem Tode Karl Martells (741) die Bistümer Würzburg, Erfurt und Büraburg; die zuletzt genannten konnten sich nicht behaupten; es scheint, daß dort die Klöster, vor allem Fritzlar, Hersfeld, Fulda, Erfurt (Michelsberg) weiter die führende Rolle spielten und Mainz neben einem bescheidenen Anteil Würzburgs die Oberaufsicht übernahm. Bonifatius berief als Würzburger Diözesan seinen angelsächsischen Landsmann Burkard, der königlicher Gesandter in Rom war, um die Allianz zwischen Hausmeier und Papst vorzubereiten. Burkard hatte vorher von Fritzlar aus bei den Thüringern missioniert. Hausmeier, fränkischer Reichs- und Provinzialadel, früher auch das merowingische Königtum, wirkten in der Förderung von Organisation und Mission zusammen. Würzburg wurde bei seiner Gründung von den Hausmeiern so reich mit Königshöfen, Königskirchen und Königssteuern (bzw. Abgaben) ausgestattet, daß man annehmen muß, daß es nicht nur kirchliche, sondern vor allem herrschaftlich-politische Funktionen zwischen Nekkar und Thüringer Wald erfüllen sollte. Fränkische Amtsherzoge, Radulf in der ersten, die Hedene in der zweiten Hälfte des 7. Jahrhunderts, hatten den Weg bereitet. Radulfs Herzogssitz muß in Erfurt gewesen sein, aber die Hedene faßten die Mainlande und Thüringen in einer Hand mit dem Hauptsitz in der alten Keltenstadt Würzburg (Uburgis) zusammen. Hier wirkte der Ire Kilian (Chilena, Killena) und fand Ende des 7. Jahrhunderts den Martertod, weil er sich wie so viele dieser Wanderprediger und Lehrer in die Eheangelegenheiten der herrschenden Familien, des Herzogs, eingemischt hatte. Doch ist in den Mainlanden und in Thüringen der Einfluß der schon genannten

Klöster Weißenburg i. E. und Echternach zu spüren. Die Hedene sind fränkischer »Reichsadel«, und der mainländisch-thü-
ringische Provinzialadel ist zweifellos aus dem Rheingau und
den Gebieten links des Rheins gekommen. Die Mainlande aber
waren ebensowenig wie Bayern ein Gebiet der volksmäßigen
Einwanderung, hier der Franken, sondern ein Raum, den fränkische Herrscher und Adel durch »Staatskolonisation« besiedelten und ihrem Herrschaftsgefüge einordneten. Das Gebiet
kann nur schwach besiedelt und herrschaftlich nur oberflächlich
organisiert gewesen sein. Das heutige Franken war seit Christi
Geburt ein Durchgangsland verschiedenster Germanenstämme
gewesen, von denen im besten Fall kleine Splitter hier haften
blieben. Das Bistum Würzburg umfaßte ganz Ostfranken vom
Neckar (Heilbronn, Lauffen) bis an den Obermain und zum
Thüringer Wald; es hatte nach Osten eine offene Grenze und
griff darum zeitweise bis nach Böhmen aus. Das 1007 gegründete Reichsbistum Bamberg hat Würzburg gegen Osten und
Böhmen abgeriegelt. Ein Netz von Königshöfen und Königskirchen überzog schon vor 740 den ganzen Raum der sich »neu
formenden Königsprovinz«, deren Ausbau vor 800 abgeschlossen war und von Karl dem Großen mit der Errichtung der Pfalz
Salz an der fränkischen Saale nach 790 vollendet wurde (wohl in
Neustadt aufgegangen oder mit Salz identisch). Die fränkischen
Königshöfe inmitten von Orten mit dem Grundwort »heim«
und häufig in der Nähe von Kastellen = Befestigungsanlagen
waren die Stützpunkte der Herrschaft, Wirtschaft, Seelsorge in
diesem Land gewesen. Die nach Himmelsrichtungen orientierten heim-Namen (Nord-, Ost-, West-, Sontheim) oder die
»Königshofen« zeigen die Planmäßigkeit der Anlage. Die Bä-
che, an denen die Königshöfe lagen, wurden namengebend für
die ostfränkischen Kerngaue (Verwaltungsgebiete).

Es gibt Gründe für die Annahme, daß das mit dem von Rom
und Monte Cassino kommenden Angelsachsen Willibald besetzte Bistum Eichstätt erst um 745 errichtet wurde. Es erscheint als fränkische Zweckorganisation, das die ostschwäbi-
schen Gebiete des *Ries* mit dem alten *»Nordgau«* (nordwestlich
Regensburg zwischen Jura, Altmühl, Rednitz und Pegnitz) zu
einer kirchlich-herrschaftlichen Machtstellung im Grenzraum
des damaligen »Ostfranken« gegen Bayern und seine Herzog-
stadt Regensburg zusammenfaßte. Nicht minder bedeutsam
muß für das Frankenreich schon des 7. Jahrhunderts *Augsburg*
und der Raum des heutigen Bayerisch-*Schwaben* zwischen Iller

und Lech geworden sein. Die Kontinuität der Siedlung und des Lebens ist in der römischen Provinzhauptstadt von Raetia Secunda heute erwiesen; wenn auch die Stadt auf den mittelalterlichen Dombezirk = Domburg zusammenschrumpfte, in dem sich auch ein Königshof oder eine Pfalz befanden. Es ist kein Zufall, daß gerade hier der Name des letzten kraftvollen Merowingerkönigs Dagobert (629–639) im Nekrolog von St. Afra haften geblieben ist und daß sein enges Zusammenwirken mit Amandus von Gent in den Heiligenkalendarien des Augsburger Domstifts sichtbar wird. Perwelf, der erste Augsburger Bischofsname, erscheint im Schenkungsbuch von St. Peter in Gent (Belgien), das der Amandusschüler Bavo gegründet hat. Es ist möglich, daß Perwelf und der Amandusschüler im Zuge einer Ostmission nach Süddeutschland und die Donaulande, die schon für Amandus berichtet wird, an den Lech kamen und in Augsburg einen Stützpunkt merowingisch-fränkischer Mission und Seelsorge errichteten, ohne daß schon ein kanonisches Bistum gegründet wurde. Der Lech war immer eine Barriere für ein westliches Ausgreifen des bayerischen Herzogs, der Raum zwischen Lech und Isar war im wesentlichen von frankophilen oder fränkischen Adeligen Bayerns, vor allem von der Adelssippe der mächtigen »Huosier« beherrscht, ohne daß der Herzog hier ausgeschaltet war. In dieses Gebiet des »Lechrains« stießen später von Oberschwaben und Mittelschwaben her die Welfen vor und trafen hier seit dem 11. Jahrhundert auf die Nachfolger der Huosier in vielen Positionen, auf die Andechs-Meranier (= Grafen von Diessen). Daß Augsburg um die Wende vom 8. zum 9. Jahrhundert ein stark ausgebauter Zentralort fränkisch-karolingischer Reichsherrschaft gewesen ist, zeigt die Massierung von über 2000 Königshufen in Mittelschwaben um Augsburg in den auf ein Reichsurbar (Güterbeschrieb) zurückgehenden ›Brevium exempla‹. Franken und Schwaben im besonderen Maße, aber auch Bayern, waren Gebiete fränkischer Staatskolonisation und Aufnahmeländer für deportierte Stammesgruppen (Schwaben, Sachsen, Friesen, Nordalbinger). Fränkische Herrschaft, kirchliche Mission und Organisation wirkten aufs engste zusammen bei der Ausbreitung und Intensivierung des fränkischen Reiches rechts des Rheins. Dabei hatte Bayern schon seit dem 6. Jahrhundert eine besonders starke Stellung und Herrschaftsintensität, die sich in seiner ganzen Geschichte auswirken sollte; nur darf man nicht übersehen, daß es als Südostflanke des Frankenreiches diese frühe Konzentration der Kräfte gewann, daß es kein autonomes Gebilde der endenden Völkerwanderung gewesen sein kann, das erst 788 endgültig unterworfen und eingegliedert worden wäre.

4.
Tassilo III., der königliche Amtsherzog, und die Rückgliederung Bayerns in das Karolingerreich

Seit 756 bis kurz vor 788 hatte der Sohn des 743 von den Hausmeiern auf dem Lechfeld besiegten Bayernherzogs Otilo, Tassilo III., eine sehr unabhängige, fast königsgleiche Stellung in der »provincia« Bayern inne. Dies wie auch die harte Absetzung haben bis heute die Erinnerung an diese Situation wachgehalten und wesentlich zur bayerischen Stammes- und Staatsideologie von der ursprünglichen Selbständigkeit des »Stammesherzogtums« Bayern und seiner brutalen Entmachtung durch Karl den Großen beigetragen. Daß diese Legende in dieser Form nicht aufrechtzuerhalten ist, haben die bisherigen Darlegungen gezeigt.

Seit dem bedeutenden Hausmeier Karl Martell bauten die Karolinger systematisch eine neue monarchische Gewalt über den fränkischen Adel auf, der auch die Diözesen zu seinen Domänen gemacht hatte. An der Bistumsorganisation in Bayern (739) war Karl Martell nicht beteiligt, aber seine Söhne schwächten die erhebliche politische Wirkung dieser Institution ab, indem sie nicht nur um die Mitte des 8. Jahrhunderts den Iren Feirgil = Virgil zum Bischof von Salzburg machten, sondern überhaupt um eine frankenfreundliche Haltung des bayerischen Episkopats sehr besorgt waren; der Bischof Arbeo von Freising, Exponent einer fränkisch-römischen Bildung in Bayern und Schöpfer einer bedeutenden Schreibschule, war ein besonderer Vertreter dieser fränkischen Loyalität. Virgil förderte tatkräftig die Mission in Kärnten und bei den Alpenslaven.

Nach dem Tode Otilos 748 übernahm der Hausmeier Pippin die vormundschaftliche Regierung für Otilos Sohn Tassilo III.; hatte schon der Vater den Vasalleneid geleistet, so tat dies auch der Sohn 751 in der Königspfalz zu Compiègne. Der Hausmeier übernahm die Regierung sowohl wegen seiner Verwandtschaft mit der Herzogssippe als auch aus politischen Gründen zur Stärkung der Königsmacht im Südostgebiet des Frankenreiches, das zunehmend an militärischer und politischer Bedeutung in der defensiven und offensiven Auseinandersetzung mit den Avaren, Slaven und Langobarden gewann. Das war auch der innere Grund für die starke Stellung der (Amts-)Herzöge und ihrer stammesbildenden Kraft im Raume der provincia Baioariorum. Schon 756 huldigten die bayerischen Bischöfe Herzog Tassilo auf der Synode von Aschheim (östlich München) in Formen, die seine königsgleiche Stellung unterstrichen. So konnte er es riskieren, dem unterdessen zum fränkischen König aufgestiegenen und vom Papst gesalbten Hausmeier Pippin 763 die Heeresfolge zu verweigern, als dieser sich anschickte, Herzog Waifar von Aquitanien zu bekriegen, den wirtschaftlich bedeutenden Südteil der alten gallischen Provinz und der Provence zu unterwerfen und einen freien Zugang zum Mittelmeer zu gewinnen. Die Tatsache vasallischer Verpflichtung Tassilos zur Heerfahrt nach Aquitanien an der Seite des Frankenkönigs spricht für eine enge Bindung und Unterordnung des Herzogs unter die fränkische Monarchie; seine politische Haltung aber zeigt seine Unabhängigkeit, die ihm auch von der Obsorge um den Schutz der bayerischen Ostgrenze gegen Slaven und Avaren nahegelegt wurde. Tassilos Stellung war auch geschwächt durch die profränkische Haltung des bayerischen (Stammes- und Reichs-)Adels; überhaupt war die Herzogsmacht im Donau-, Inn- und Salzachtal zusammengeballt, dagegen schütter im Raum zwischen Lech und Inn, wo der klostergründende Adel vornehmlich begütert war.

Es war in einer Zeit relativer Ruhe in den vielfach gespannten Beziehungen zwischen Herzog und König, als 769 Tassilo zusammen mit dem bayerischen Adel an der Kreuzung von Straßen über die Dolomiten nach Friaul und über die Wasserscheide in das von den Slaven eroberte Drautal und nach Kärnten auf dem Campogelau und dem ehemals römisch besiedelten Toblacher Feld ein Herbergs-, Seelsorge- und Missionskloster im »locus India« = *Innichen* begründete. Westlich davon im Rienztal um den Schwerpunkt Bruneck hatten nach dem Ausweis der Ortsnamen die Agilolfingerherzöge selber im 8. Jahrhundert Wehrsiedler angesetzt und Herrschaft begründet. Im angrenzenden Eisacktal südlich des Brennerpasses war Vipitenum (Sterzing) inmitten eines großen Gutskomplexes Zentrum ihrer Stellung. Sie haben hier auch eine ansässige romanische Oberschicht in diesem Gebiet mit Fiskalgut betraut.

Es zeigt sich also, daß es in diesem Zentralalpengebiet noch im 8./9. Jahrhundert romanische Grundherren und eine roma-

nische Ober-(und Unter-)Schicht gab. Die Interessen der Agilolfinger im altbesiedelten Pustertal gehen sicher auf die am
Ende des 6. Jahrhunderts beginnenden harten Kämpfe mit den
Slaven und Karantanen zurück; Herzog Otilo hatte die letzteren unterworfen. Karantanien (Kärnten) selber aber wurde erst
772 nach einem nationalen und religiös-heidnischen Aufstand
endgültig dem bayerischen Herzogtum einverleibt. Die besondere Bedeutung der Gründung Innichens besteht darin, daß
dabei die bayerische Herrschaft über das spätere Land (Grafschaft) *Tirol* endgültig begründet erscheint. Der in *Bozen* bei
der Rückkehr von einem Zug des Herzogs und des Adels in das
langobardische Italien (König Desiderius) ausgestellte Schen-
kungsbrief wurde Abt Atto vom Huosierkloster Scharnitz (763
gegründet) übergeben, bei dessen Gründung Tassilo III. mitgewirkt hatte. Einer der Gründer, Irminfried, hatte einen Sohn
Lantfried; Lantfried hieß aber auch der Bruder des Bayernherzogs Otilo, des Vaters Tassilos III. Scharnitz bekam als Schen-
kungsgüter die Höfe Polling und Flaurling und die befestigte
Siedlung (oppidum) Imst im Oberinntal = pagus Vallenensium,
dazu noch Güter in Schlehdorf (Weilheim), Pasing und Gräfel-
fing bei München und zu Schöngeising bei Fürstenfeldbruck.
Das Kloster Scharnitz (vermutlich beim heutigen Klais) wurde
772 nach Schlehdorf verlegt und wie Innichen in ein Eigenkloster des Bischofs von *Freising* umgewandelt, dessen Bistum man
mit Fug ein Huosibistum nennen darf; denn Bischof Arbeo
(s. o.) war vorher Abt von Scharnitz (764), sein Nachfolger Atto
(s. o.), wie Arbeo ein Huosier, war 785–811 Bischof zu Freising,
und dessen Nachfolger Hitto war sicher ein Huosier. Der zwin-
gende Schluß aus der Gründung Innichens ist, daß das Puster-
und Rienz-, das Eisack- und Unterinntal und der Raum um
Bozen, also das spätere Tirol, im 8. Jahrhundert der Herrschaftsraum des bayerischen Herzogs und Adels war, dessen
Verbindungslinien alte Römerstraßen waren. Da ging eine Verbindung von Innichen zum Brenner und über Veldidena =
Wilten (vor Innsbruck, gegründet 1180) und den Zirler Berg (Teriolis; davon vielleicht der Name Tirol) nach Scharnitz und weiter über Partenkirchen (Partanum) nach Augsburg. Das war die
wichtigste Querachse Bayern–Tirol. Innichen beherrschte auch
die Nachfolgerin der alten Römerstraße (Via Claudia Augusta
Altinate) über den Kreuzbergsattel in das Piavetal und nach
Altinum. Das Hochstift Freising hatte hier seit dem 8. Jahrhundert eine wichtige Herrschaftsfunktion im königlichen Auftrag

zu erfüllen; denn es besaß nicht nur die Grafschaft Pustertal, sondern bekam im 10. Jahrhundert auch die Grafschaft Cadore mit ihren wichtigen Straßen und Paßverbindungen nach Friaul und dem nordöstlichen Oberitalien. Die Pässe südlich Innichen und der Rienz-, Puster-, Draulinie spielten in der Italien- und Kirchenpolitik der Ottonen und Salier eine Rolle. Die Ottonen wollten entlang der Piave eine größere Herrschaft in den Händen Freisings aufbauen; denn neben der Eisack- (= Norital; Vallis Norica) und Etschroute vom Brenner her neben Reschenscheideck = Vintschgau-Etschtal (= Via Claudia Augusta von Augsburg über Fernpaß und Unterengadin zur Finstermünz) sollte für die Könige und Kaiser noch ein dritter Weg nach Oberitalien über Puster- und Cadoretal offenstehen, der im Investiturstreit für Heinrich IV. zeitweise sehr wichtig wurde. Die Klostergründung zu Innichen macht deutlich, daß das Pustertal in der Politik Tassilos und der folgenden fränkisch-deutschen Könige eine entscheidende Verkehrs- und Herrschaftsfunktion zwischen Lech, Isar und Inn und dem ganzen Dolomitenmassiv mit Cadore- und Piavetal bis nach Friaul und Aquileja hatte und in zunehmendem Maße bekam. Im 11. und 12. Jahrhundert war entlang der bayerisch-tirolischen Querachse vom Ammerseegebiet ins Unterinntal und in das ganze Eisacktal bis Bozen das mächtigste bayerische Adelsgeschlecht der Andechs-Meranier reich begütert und durch den Besitz der Hochstiftsvogtei von Brixen in diesem Raum tonangebend. Das Bistum Brixen entstand erst später durch Übertragung des alten Fluchtbistums Säben (Sabiona), dessen Domkirche heute noch hoch über der Eisack und Klausen thront, nach hierher. An der Gründung von Innichen war auch der wohl romanische Bischof von Säben Alim, ein fränkisch-bayerisch orientierter Geistlicher, beteiligt. Er leitete auch die Lösung seines Sprengels aus dem Metropolitanverband von Aquileja ein und führte ihn in die römisch orientierte Landeskirche Bayerns über, die erst am Ende des 8. Jahrhunderts ein fränkisch orientierter Metropolitanverband mit Salzburg als Erzsitz wurde, an dessen Spitze der bei Erding gebürtige Freund und Berater Karls des Großen Arn trat. Wieder gehen kirchliche und herrschaftliche Maßnahmen Hand in Hand bei der Eingliederung des Zentralalpengebietes, des späteren »Tirols«, in die provincia Bayern und den bayerischen Herzogsverband.

Das altbayerische Voralpengebiet zwischen Lech und Salzach und bis zur Enns war seit dem 8. Jahrhundert ein Klosterland

(»Pfaffenwinkel«) und ist es bis in die Moderne geblieben. Der Mönch war gerade in der archaischen Zeit der Prototyp des Geistlichen, Seelsorgers, Missionars, aber auch des Gebildeten, der das Bildungsgut der Spätantike und der frühen Kirche bewahrte und vermittelte. Klöster, wie in Bayern vor allem St. Emmeram in Regensburg, das Domkloster in Freising, St. Peter in Salzburg, im ostfränkischen Raum das Domkloster in Würzburg und das Großkloster Fulda, waren Ausbildungsstätten für Seelsorge- und Missionsgeistliche, Träger von Herrschaft über Land und Leute, Organisatoren von Landesausbau und Besiedlung. König, Kaiser, Herzog, Adel, Bischof stellten ihnen aber auch höhere politische Herrschaftsaufgaben und -pflichten und bedachten sie deshalb als Entschädigung mit reichen Schenkungen. Die alten Herzogs- und Adelsklöster gingen sämtlich in die Hand des Königs über – Zeichen ihrer großen Bedeutung –, und im 10./11. Jahrhundert gab es auch in Bayern nur Königsklöster. Erst im Zusammenwirken mit der Hirsauer Reformbewegung wurden seit dem Ende des 11. Jahrhunderts wieder Adelsklöster meist in den Stammburgen der Geschlechter gegründet. Es kam nicht von ungefähr, daß die Klöster als Herbergsstätten und Versorgungsorte für den reisigen Heerbann von König, Herzog, Adel, Bischof, wie Innichen, an wichtigen Straßenpunkten und vor Pässen angelegt wurden. Im Voralpenland war das besonders der Fall bei dem ursprünglichen Adels- und späteren Reichskloster *Benediktbeuern* am Kochelsee, vor dem Kesselberg. Dasselbe sehen wir bei Scharnitz (Klais) vor dem Paß über den Zirler Berg und dem Inntal. Ähnliche Funktionen hatten die Klöster Polling vor dem Fernpaß, auch Schäftlarn und Schliersee, ganz besonders das Adels- und spätere Reichskloster *Tegernsee* vor dem Achenpaß, dessen Straße gegenüber dem Zillertal, der Nordgrenze des alten Bistums Brixen, in das Unterinntal hinabsteigt. Und dieses Unterinntal ist vollgestopft mit Gütern des Klosters (Frauen-)*Chiemsee*, einer Agilolfingerstiftung, die gerade für dieses breite Einfallstor zum Brenner (vgl. auch Samerberg!) neben dem Erzstift Salzburg eine gewichtige Aufgabe zu erfüllen hatte.

Einen besonderen Platz nimmt in dieser Kette von frühen Klöstern im Voralpengebiet und Alpenraum, östlich St. Peter in Salzburg und Nonnberg, Bischofshofen (Pongau), Mondsee und Mattsee, *Kremsmünster* ein, das Tassilo III. vor 777 gründete. Keines dieser Klöster wurde in unbesiedeltem Land errichtet, alle (Benediktbeuern, Polling, Tegernsee, Chiemsee,

St. Peter, Mondsee und Kremsmünster) entstanden in Altsiedel-
räumen mit keltoromanischer Bevölkerung (= Walchen), mit
germanischen Altsiedelungen und Slavenorten, die von Herzog
und König als Wehr- und Rodungssiedler angesetzt und erfaßt
wurden. Kremsmünster, im Raum zwischen Traun und Enns,
war wie Innichen gedacht als Herrschaftszentrum in einem vor-
geschobenen Altsiedelland mit slavischer Bevölkerung und als
Herbergsstation und Sammelzentrum an der Straße zum
Phyrrnpaß; es tendiert nicht nur nach Osten, sondern auch
nach Süden. Genau wie Innichen war auch dieses Kloster eng
mit dem Hauptstammland verbunden, und zwar durch drei ihm
geschenkte Kirchen im oder um das Donautal: die Martinskirche in Alburg bei Straubing (Ndb.), vielleicht eine agilolfingi-
sche Pfalzkapelle, dann die Kirche »ad Nordfilus«, die man am
besten in Vilshofen westlich Passau sucht, und Sulzbach, das
schwer identifizierbar ist, vielleicht aber im Rottal lag. Diese
Kirchen waren Wegstationen vom Kloster zum Großherr-
schaftszentrum, der Herzogs- und Königspfalz in Regensburg.
Kremsmünster ist also nicht als Bollwerk gegen den Osten,
sondern als Herrschafts-, Herbergs- und Kulturzentrum in der
Etappe und im Altsiedelland errichtet worden. Das Gebiet zwischen Enns, Wienerwald und Marchfeld war das eigentliche
Vorfeld gegen das avarische Zentrum in Pannonien. Die Ost-
orientierung Bayerns tritt stärker erst im 8. Jahrhundert in den
Vordergrund und wird nach 788 entscheidend; älter war in archaischer Zeit seine Süd- und Südostorientierung (seit dem
6. Jahrhundert), wie sich an Innichen besonders zeigte. Gerade
diese letztere Orientierung macht es verständlich und sinnvoll,
daß Otto I. seinem Bruder Heinrich, den er als Herzog in Bay-
ern eingesetzt hatte, um die Mitte des 10. Jahrhunderts die Mar-
ken Istrien, Friaul und Verona übertrug, die bis zum Ende des
Jahrhunderts zum bayerischen Herzogsverband gehörten. Der
Alpenraum zwischen dem Nord- und Südrand war ja in dieser
Zone in den Händen des bayerischen Herzogs, der bayerischen
Reichskirche (Freising), des Adels und der Klöster.
Etsch- und Eisack-, aber auch das Pustertal waren die starken
Verbindungslinien des bayerisch-schwäbischen Raumes nach
Oberitalien und zugleich die Wanderwege des norditalienischen
Kulturstromes in das nördliche Voralpenland. Verona war am
Südrand die große Metropole (Schreibschule, San Zeno Mag-
giore), und nordwärts folgten Trient und Bozen. Zeugen dieses
Einflusses sind Kirchenpatrozinien wie St. Zeno in Reichenhall

und St. Zeno in Isen. Es gibt Gründe für die Annahme, daß der bedeutende Bischof Arbeo in Mais bei Meran geboren wurde. Vermutlich bildete er sich an der Hofschule im langobardischen Pavia und im Columbanerkloster Bobbio; sein mit Vulgarismen und Romanismen (Volkssprache) gefülltes Latein zeigt, daß in der Oberschicht Latein fortlebte. Es wird berichtet, daß Bischof Corbinian von Freising in Kuens am rechten Ufer der Passer (Passeiertal zum Etschtal) eine Zelle gegründet habe. Wichtig ist, daß Klöster und Zellen im Süd- und Westalpenraum die gleiche Funktion wie die nördlich gelegenen erfüllten und daß sie zugleich Zentren intensiver *Kulturwanderung* aus dem Süden waren. Da ist Müstair im Tauferertal, vor dem Ofen- und Umbrailpaß zu nennen, berühmt durch seine Fresken, seine karolingischen Schranken, seine Statue Karls des Großen aus der Stauferzeit; dann ist erst jüngst durch Entdeckung von Fresken San Benedetto in Mals südlich des Reschenscheideck- und Finstermünzpasses bekannt geworden. Im unteren Vintschgau haben die Fresken von St. Procolus in Naturns schon lange Rätsel aufgegeben. Diese Kunstwerke wie die noch schöneren zu Castelseprio bei Mailand und zu S. Salvatore in Brescia sind zusammen Zeugnisse einer byzantinisch beeinflußten portraithaften Malerei und Freskokunst Oberitaliens (Byzantinische Emigration nach Italien während des Bilderstreites), die von einmaliger Vollendung ist und im 8./9. Jahrhundert in Klöstern Stätten ihrer Zurschaustellung fand. Diese hohe Kunst wanderte über die Pässe nach Norden bis Frankreich. Bayern besaß enge Kontakte persönlicher Natur zum Süden; hier lebten in Restbeständen wie auch in Neubelebung lateinische Sprache und Kultur weiter und schufen wie im ›Abrogans‹ des Arbeo von Freising Anknüpfungspunkte für eine zunächst rezeptive literarische Bildung. Hier überlebte auch nördlich der Alpen eine starke (kelto-)romanische Bevölkerung bis in das 8./9. Jahrhundert, deren Oberschicht noch belegbar ist. Herzog Theodo schenkte um 700 an die Salzburger Kirche 80 »Romani« (= Walchen) mit ihren abgabepflichtigen Höfen. Romanen waren Notare des Herzogs wie der Bischöfe. Lantfried, Abt und Mitbegründer des Klosters Benediktbeuern (Huosier), stand in engen Beziehungen zu Autbert von St. Vinzenz am Volturno in Unteritalien; die Gegend um Isen ist die Heimat zweier Bischöfe in Vincenza (Oberitalien). Hier wurde auch geboren (er ist im Freisinger Domklerus groß geworden) Arn, der zuerst Abt des niederländischen Klosters Elno und dann erster Erzbischof von Salzburg war; vielleicht war er ein Halbromane. Das Weiterleben von Romanen in relativ großer Dichte, gemessen am allgemeinen Bevölkerungsstand, und die intensivere Pflege von Beziehungen zu Italien und der lateinischen Schreib- und Schriftkultur verstärken in erheblichem Maße die Grundthese von der Neubildung des Bayernstammes vom 6. bis 8. Jahrhundert in einem langsamen Prozeß der Verschmelzung, in dem unter fränkischer Oberhoheit und unter Führung eines fränkischen und germanischen Adels das Germanische allmählich neben dem Romanischen dominant wurde. Dies zusammen begründete den spezifischen Charakter bayerischer Geschichte und Kultur, bayerischer Eigenart, in der Keltisches, Romanisches, Germanisches verschiedener Herkunft, besonders Fränkisches, zusammenklingen, wie sonst im Rheinland und bei Teilen der Alemannen in der Schweiz und im Elsaß.

Wie uns Kremsmünster gezeigt hat, darf man im östlichen Bayern die *Slaven* nicht vergessen. Die Langobarden überließen 568 bei ihrer Auswanderung nach Italien ihr letztes Siedelgebiet in Pannonien den Avaren und den von ihnen beherrschten Slaven. Diese drangen über Save und Drau nach Binnennoricum vor und stießen 592 bei Agunt mit dem Bayernherzog Tassilo zusammen. Zwischen 623 und 660 waren Böhmen, Kärnten, Steiermark Teile einer slavischen Großherrschaft unter Führung des fränkischen Sklavenhändlers Samo. Das Kernland slavischer Besiedlung begann an der Adria östlich Monfalcone und folgte dem Isonzolauf. Im 7. Jahrhundert saßen Slaven im südlichen Niederösterreich von Steyr bis zum Wienerwald und auch westlich davon. Melk, ein slavischer Name, bedeutet »Grenze«. Der Böhmerwald hinter Pilsen, Budweis, Znaim bis zur Donau trennt zusammen mit dem Enns- und Dunkelsteinerwald südlich der Wachau die Nord- und Alpenslaven. In Nordostbayern sind seit 600 Slaven ohne Widerstand eingesickert und haben eine Linie von Coburg südwärts entlang Itz und Main bis zur Regnitzmündung, sodann die Regnitz aufwärts bis zur Wiesentmündung mit einer Ausbuchtung in den Steigerwald erreicht. Die Linie verläuft weiter von Forchheim bis Wiesent aufwärts über die Quellgebiete von Pegnitz, Rotem Main und Creussen zur Heidenaab und die Naab aufwärts und abwärts (bis Kallmünz), vor allem zum Schwarzachtal bis zum Chamb, der bei Cham in den Regen mündet. Die Linie Schwandorf-Roding –Cham ist frei von slavischen Ortsnamen, dagegen nicht die östlichen Ränder des Chamer Beckens. Diese Slaven waren nicht Untergebene des Merowingerreiches. Ihr Siedelraum war größtenteils Rodungsgebiet. Von dieser ersten *slavischen Westbewegung*, die wir in den Ortsnamen auf -itz oder -gast (Döllnitz, Trebgast) und in slavisch-deutschen Siedlungsnamen vom Typ Draisdorf (slavischer Personenname und deutsches Grundwort) aus der Zeit fränkisch-bayerischer Kolonisation greifen, ist die Epoche slavischer *Zwangssiedlungen* im 8. Jahrhundert vor allem im Zuge fränkischer Staatskolonisation zu unterscheiden. Charakteristische Belege dafür sind die Ortsnamen mit dem Bestandteil Winden = Wenden, Slaven oder Windisch, also Ratzenwinden = bei den Wenden des deutschen Grundherrn Razzo oder Windisch-Eschenbach. Diese Orte lagen häufig verstreut im deutschen Gebiet außerhalb der Zone autonomer Slavensiedlung. Auf Grund geglückter Bestimmung slavischer Keramik konnte man ermitteln, daß die Dorf- oder Hofsiedlungen um den karolingischen Königshof Hallstatt nördlich Bamberg slavische Kolonistenorte gewesen sein müssen. Das dichteste Netz von Winden-Orten haben wir um das adelige Grundherrnzentrum Onoltspach = Ansbach, wo ein Kloster von Gumbert errichtet wurde, das Karl der Große vereinnahmte und an das Hochstift Würzburg schenkte. Die Winden-Orte sind von Deutschen organisierte Rodungssiedlungen, die mit gekauften, gefangenen oder geworbenen Slaven angelegt und betrieben wurden. Sie entstammen der großen Rodungsperiode seit dem Ende der Merowingerzeit und sind ein Parallelfall zu den Siedlungen, die Karl der Große von und für deportierte Sachsen (Nordalbinger), Friesen, auch Schwaben in Franken und Schwaben anlegen ließ (Sachsen bei Ansbach). Im ›Diedenhofener Capitulare‹ Karls des Großen von 806 wird ein Straßenzug von Bardowik bei Hamburg über Erfurt nach Hallstadt bei Bamberg, die Regnitz aufwärts in das Lauterach- und Naabtal bis Regensburg sichtbar, der als Embargo- und Sperrlinie für den Waffenhandel mit den Slaven, also nicht als Grenzlinie gegen die Slaven festgelegt wurde. Oberfranken, das östliche Mittelfranken sowie die Oberpfalz nördlich der Linie Kallmünz–Schwandorf–Roding–Cham haben also ein slavisches Ursubstrat der Bevölkerung.

Die heutige *Oberpfalz* selber gehörte mit Ausnahme der südlichen und südwestlichen Teile, dem *Ur-Nordgau,* gar nicht zum bayerischen Herzogtum; sie war großenteils ein Rodungsland, dessen intensivere Besiedlung im 8. Jahrhundert nur im Chamer Becken mit seiner Verbindung nach Straubing über

Stadewanga (Stallwang), durch das Regental nach Regensburg und über die Further Senke nach Böhmen festzustellen ist. Eine bis heute behauptete Einwanderung von Bajuwaren durch die Further Senke in Richtung auf Regensburg ist weder archäologisch noch historisch belegt und belegbar. Es ist ebensowenig eine karolingische Markgrafschaft auf dem »bayerischen« Nordgau zu finden, der ja nur den Südwesten der heutigen Oberpfalz und Mittelfranken östlich der Regnitzlinie Fürth –Weißenburg ausmachte. Deshalb lag Nürnberg im Weißenburg (am Sand) am bayerischen Nordgau. Der Begriff »Nordgau« hat sich geweitet und ist gewandert, und zwar nicht im Zuge einer »bayerischen«, sondern einer königlichen Expansion. Seit dem 10. Jahrhundert ist der größte Teil der Oberpfalz bis zur Regenlinie und unteren Naab bis zur Konradinischen Erbschaft (1268) Königsland bzw. Reichskirchenland (Bamberger Vogteien). Stefling am Regen ist noch im 12. Jahrhundert Sitz einer kaiserlichen Landgrafschaft, die ein Zweig der kaiserlichen Burggrafen von Regensburg innehatte, während der andere Zweig, die Herren von Riedenburg, im Zentrum des Ur-Nordgaus saßen. Die eigentliche Oberpfalz ist nur in der kurzen Zeitspanne von 1268–1329 während des sogenannten Mittelalters Teil des bayerischen Territorial-, niemals vorher aber des Stammesherzogtums gewesen. Im 10., 11. und 12. Jahrhundert waren die fränkischen Babenberger von Schweinfurt, dann die Rapotonen/Diepoldinger königliche Kommissare und erst seit Kaiser Heinrich III. Markgrafen auf dem Nordgau.

Die nördliche Querlinie des bayerischen Herzogslandes seit Otilo und Tassilo war wie am Anfang und am Ende der Römerherrschaft die *Donau* von Regensburg bis Passau und Linz. Sie war Etappenlinie für die Expansion nach Norden wie für eine Defensive gegen die fränkische Oberherrschaft von Norden her. Ingolstadt und Lauterhofen im Lauterachtal waren fränkische Königshöfe in der Zeit Karl Martells. Eichstätt war als fränkisches Bistum um 745 gedacht. Westermannmark und Kelsgau (vom Römerort Celeusum hergeleitet) waren vielleicht Grenzbezirke autonomer bayerischer Herzogsmacht gegen die Räume unmittelbarer Frankenherrschaft im Main-, Rezat-, Rednitz/Regnitz- und Altmühlgebiet, die Karl der Große in einer Königsprovinz zusammenfaßte, deren Zentren die Königspfalzen und -höfe Salz, Hallstadt, Forchheim und die Bischofssitze Würzburg, Eichstätt und, an der alten Römerstraße Via

Claudia Augusta nordwärts ansetzend, Augsburg, im Ries bis in die Gegend von Feuchtwangen. Vom Westen her drang das Königtum in die Oberpfalz, von der Donaulinie der herzoglich-königliche Einfluß in die Gebiete des Vorwaldes und Böhmerwaldes. *St. Emmeram* in Regensburg errichtete eine Zelle am Einfluß des Chamb in den Regen (cella apud Cambe), den Vorläufer des heutigen Chammünster, das im 9. Jahrhundert ein großes Forstgebiet erhielt, das der Regensburger Bischof Baturich (Pireisa) in seinen Grenzen umschreiben ließ. Der vordere Bayerische Wald wurde aber auch von Straubing aus durch die Zelle (Pfaff-)Münster kirchlich-herrschaftlicher Erschließung geöffnet. Der Zentralpfalz in Regensburg und dem Dom- und »Pfalzkloster« St. Emmeram war der Forst Sulzipach, der heutige Thurn- und Taxissche Forst nördlich Wörth an der Donau bis Falkenstein, zugeordnet. Eine wichtige Funktion war dem Donaukloster *Niederaltaich* (St. Mauritius), Gründung Herzog Otilos, wie Cham, mit einem Forstgebiet nördlich des Stromes und seiner vermutlichen Bindung an die nahe Herzogs- und Königspfalz Osterhofen südlich der Donau zugewiesen. Das Adelskloster St. Michael in *Metten* kam in die Hände Karls des Großen und wurde ebenfalls mit einem Waldbezirk bis Viechtach ausgestattet. In diesem Kloster ist die Erinnerung an den großen Karl bis in unsere Tage in Kultfeier und Tradition wach geblieben. Das fruchtbare Gäuland südlich des Stromes scheint um große Herzogs- und Königshöfe bzw. Pfalzen organisiert gewesen zu sein, als deren Zentren wir sehr wahrscheinlich Orte wie Aiterhofen mit Alburg und Altstadt St. Peter zu Straubing, (Langen-)Isarhofen bei Plattling, Osterhofen, die Pfalz mit dem Kloster Niederaltaich und Vilshofen ansprechen dürfen. In *Passau*, wo ein Domkloster nicht belegt, aber vermutlich vorhanden gewesen ist, muß eine Herzogs- und Königspfalz zu Niedernburg (im Gegensatz zur Obernburg = Domburg = Römerlager) bestanden haben, die später in ein Königskloster umgewandelt wurde. Passaus große Aufgabe wurden Kirchenorganisation und Kirchenherrschaft in der Bayerischen Ostmark, im Lande ob und unter der Enns, in den habsburgischen Erblanden Ober- und Niederösterreich bis in das 18. Jahrhundert; es ist seiner historischen Funktion nach aus dem eigentlichen bayerischen Raum hinausgewachsen. Man erkennt also eine herrschaftliche Organisation des bayerischen Kernlandes an der Donau seit der Agilolfinger- und Karolingerzeit, die um Pfalzen, Bischofskirchen, Klöster, Fiscalhöfe aufgebaut war und bis in die Zeit Kaiser Heinrichs II. bestand, der gerade diese Kernstücke herausbrach und das von ihm 1007 gegründete Reichsbistum Bamberg großenteils damit beschenkte und ausstattete.

Die Großreichspolitik des karolingischen Königs Pippin und seines bedeutenden Sohnes Karl zielten auf großräumig-expansiven Ausbau des Merowingerreiches vor allem östlich des Rheins und in Oberitalien. Das führte zur harten kriegerischen »Schwertmission« unter den seit dem 6. Jahrhundert mit den Franken verbündeten, aber pagan gebliebenen und als solche geduldeten Sachsen in einem dreißigjährigen Ringen. Am Aufbau des ersten sächsischen Bistums in Paderborn haben das *Mainbistum Würzburg* und daneben Klöster Mainfrankens mitgewirkt (Kilianskirchen). Pippin hatte das alemannische Herzogtum bereits liquidiert, den alemannischen Adel durch das Blutbad von Cannstatt zur »Räson« gebracht und die königlichen *Kommissare* Ruthard, Warin und Fulrad zum Ausbau einer Königsprovinz dorthin entsandt. Die Hausmeier hatten am Anfang des 8. Jahrhunderts bereits das »Herzogtum« der *Hedene* in Mainfranken und Thüringen mit dem Zentralort Würzburg eingehen lassen, und Karl der Große baute dort eine Königsprovinz mit dem *Pfalzort Salz* auf, deren Schwerpunkt sich im 9. Jahrhundert nach der *Pfalz Forchheim* ostwärts verlagerte. Karl beseitigte auch die Selbständigkeit des Langobardenreiches und setzte sich selber die Eiserne Krone aufs Haupt; er beseitigte damit einen Unruheherd für die Beziehungen des Karolingerreiches mit der römischen Kirche und schuf damit »Reichsitalien«, das von fränkisch-burgundisch-alemannisch-bayerischen »Reichsaristokraten« verwaltet und im königlichen Auftrag beherrscht wurde. Möglicherweise war einer der Gründer von Tegernsee, Otgar, auch erster Abt dieses Klosters, identisch mit einem fränkischen Reichsaristokraten Autgar, und vermutlich war er an der Gründung Innichens und am Zug Herzog Tassilos zum Hofe seines Schwiegervaters, des Langobardenkönigs Desiderius, 769 beteiligt; die Richtigkeit der Vermutung vorausgesetzt, haben wir in diesem Adeligen einen wichtigen fränkisch-langobardisch-bayerischen Verbindungsmann vor uns; denn der Franke Autchar reiste 753 und 756 in diplomatischem Auftrag König Pippins nach Italien; er war ein Vertrauensmann des Königssohnes Karlmann, des Bruders Karls des Großen, und darum seit 768 mit letzterem verfeindet; er ging deshalb zu König Desiderius, dem Schwiegervater Tassilos, ins Exil, lieferte sich aber zu Verona mit Karlmanns Witwe Gerberga und ihren Kindern Karl aus.

Alle Herrschaft und alle Politik ist in dieser archaischen Epoche personal und vollzieht sich im Personalverband; man darf sich die archaische Monarchie nicht als modernen Staat mit einem genau umgrenzten und administrativ organisierten Staatsgebiet vorstellen. Es gab nur Zentren der Herrschaft, denen die Räume lose zugeordnet waren. Auch der stärkste König beherrschte die Gebiete nur durch seine *Reichsaristokraten* als Kommissare und Kontrollorgane sowie durch *Provinzial- und Stammesadel,* die ihm treu ergebene Vasallen oder sich unterordnende Helfer mit eigenen Herrschaftsrechten über Land und Leute waren. Sie alle suchte er durch das moralische Band der Lehens- und Vasallentreue und durch Lehensgut und Herrschaftsrechte als Entlohnung für die Dienste an sich zu binden. Otilo und sein Sohn Tassilo, höchstwahrscheinlich fränkische »Reichsaristokraten«, deshalb Lehensleute und Vasallen des Frankenkönigs, hatten eine sehr autonome, königsgleiche Stellung an der Südostflanke des alten Merowingerreiches ausbauen und behaupten können, da der schrittweise und überlegte Ausbau der Karolingerherrschaft die Könige zuerst in Südfrankreich, in Oberitalien und in Norddeutschland voll in Anspruch nahm. Als sich Karls des Großen Monarchie aber konsolidiert hatte und ihre ersten expansiven Ziele erreicht waren, da verlangten Sicherheit und Machtpolitik auch die Ein- und Rückgliederung des zu selbständig gewordenen Stammesherzogtums der Agilolfinger in eine Provinz und ein Amtsherzogtum des Großreiches, zumal es bereits völlig eingekreist war. Tassilo suchte sich dem König seit 781 wieder zu nähern. Man warf ihm vor, daß er mit den Avaren im Bunde stünde, die er doch selber nicht befrieden konnte. Über seine Absetzung auf dem Tag zu Ingelheim 788 ist genausoviel Dunkel gebreitet wie über das Verschwinden der Hedenenherzöge in Mainfranken und der Alemannenherzöge nach 740. Er wurde zunächst im Odenwaldkloster Lorsch, einer Stiftung der Robertiner, die dann karolingisches Reichskloster wurde, gefangengesetzt. Tassilo mußte auf dem Reichskonzil zu Frankfurt (794) noch einmal erscheinen und auf sein Herzogtum verzichten.

Ein Herzog wurde nicht wieder eingesetzt, sondern Bayern als *fränkische Provinz* von einem Provinzstatthalter verwaltet und regiert. Auf diesen Posten berief Karl der Große seinen Schwager Gerold, den Bruder seiner schwäbisch(-fränkischen)

Gemahlin Hildegard (s. o.). Die herzogliche Landeskirche mußte sich als das bedeutendste Regierungsorgan vor allem unterwerfen und ihre von den Herzögen gewidmeten Machtmittel dem König und seinen Organen zur Verfügung stellen. Diese Schenkungen stellten Erzbischof Arn von Salzburg im sogenannten Indiculus Arnonis (Güterbeschrieb) und Abt Urolf von Niederaltaich im Breviarius Urolfi zusammen und hinterließen uns darin eine Vorstellung von Herrschaft und realer Macht von Herzog und König in diesem Lande; sie berichten auch über Siedlung, Wirtschaft und Gesellschaftsstruktur des archaischen Bayern, über die Menschen, die hier arbeiteten, herrschten, kämpften, die Kleinen wie die Großen. Eine noch instruktivere Quelle ist das Traditions- (= Schenkungs-)Buch des Hochstifts Freising. Dürftig fließt diese Quellenart für Regensburg, Passau, Salzburg und Augsburg. Die Beseitigung des unsicheren Agilolfingerherzogs mag wohl auch ihren Grund in Absichten des Großherrschers gehabt haben, den Südosten gegen die steten Invasionen der Avaren offensiv zu immunisieren. Solche Absichten entnehmen wir schriftlichen Äußerungen seines Hoftheologen und politischen Beraters, des Angelsachsen Alkuin. Karl führte dieses Unternehmen bald nach Tassilos Absetzung durch. Er mag auch an die möglichen Kontakte mit Byzanz auf dem Balkan nach einem Sieg über die Avaren gedacht haben; denn in jenen Jahren ließ er auch sein Programm in dieser Richtung in den ›Libri Carolini‹ formulieren. In drei Heersäulen setzte er den Angriff konzentrisch gegen das avarische Herrschaftszentrum in der Donau-Theißebene an und errang einen vollen Sieg. Die Reste gingen in den dortigen Völkern auf. In Westungarn östlich Wien scheinen Restavaren angesiedelt worden oder verblieben zu sein (Deserta Avarorum).

5.
Bayern als Zentralland des ostfränkischen Reiches und das »jüngere« Stammesherzogtum der Luitpoldinger

An eine Zerschlagung des bayerischen Herzogtums dachte Karl der Große nicht und konnte nicht daran denken, da dessen Grenze nach Osten offen und gefährdet, also expansive Operationsbasis und defensive Etappenstellung war. Es war ein politischer Akt, daß er die Landeskirche zum Metropolitanverband unter dem Erzstift Salzburg zusammenfaßte und diesem den

Südosten als Missionsfeld zuwies. Die vier bayerischen Hochstifter wurden im Osten reich begütert. Regensburg setzte sich im 9. Jahrhundert im Burgenland fest und griff in die südliche Slovakei aus, in deren Hauptburgort Nitra eine Emmeramskirche stand. Freising erhielt 816 das Kloster Innichen übertragen und drang nach Kärnten und in das Dolomitengebiet ein. Passau wurde jetzt in Etappen der kirchliche Mittelpunkt zwischen Inn und Wienerwald über Traun und Enns hinaus; es erwarb 833 Besitz im niederösterreichischen Schönabrunn, später in Mödling bei Wien und erhielt um 900 die Abtei Kremsmünster als Eigenkloster. Rupertkirchen in Kärnten und die Steiermark zeugen von der Leistung des Erzstifts Salzburg, das missionarisch und organisatorisch weit nach Pannonien, bis in die südliche Slovakei ausgriff. Klöster wie Mondsee, Tegernsee, das in St. Pölten schon im 8. Jahrhundert ein Filialkloster gründete, Niederaltaich, Metten oder das mittelfränkische Herrieden (Hasareod, nördlich Eichstätt) erhielten großen Besitz in den neuerschlossenen und gesicherten Ostgebieten jenseits der Enns. Der bayerisch-fränkische Adel hat sich hier intensiv an Rodung, Landesausbau und Herrschaftsbildung beteiligt, wie zum Beispiel in der Wiener Gegend die Orte Sievering, Grinzing, Ottakring oder die eingedeutschten Döbling und Mödling zeigen, die ihre Urorte im oberbayerischen Voralpengebiet haben oder nach Adelssippen genannt wurden, die in dem Gebiet zwischen Inn und Salzach begütert waren (Ottakare). In diesem Raum entsteht im 9. Jahrhundert ein machtvoller reichsaristokratischer Markadel, der im 10. Jahrhundert dann wieder im bayerischen Raum erscheint. Die Akten der bayerischen Synode von Reisbach von 800 zeigen, daß im ganzen bayerischen Erzbistum das fränkische Reichskirchenrecht galt. So entstand eine neue westliche Kulturbewegung in Südosteuropa, die auf dem Balkan auf eine byzantinische und eine römisch-italienische im pannonischen Raum und Bulgarien stieß und mit ihnen rivalisierte. Das fränkische Königtum, die bayerisch-fränkische Reichskirche, die bayerisch-fränkische Reichsaristokratie und die Klöster sowie bayerische Bauern vermischt mit Slaven waren die Träger dieser Bewegung.

Das eigentliche politische Zentrum dieses Ausgriffs wurde die Zentralpfalz *Regensburg* mit dem geistig bedeutenden Domkloster St. Emmeram. Zunächst amtierten hier die Provinzpräfekten Gerold und Audulf, die aus Schwaben bzw. dem Taubergau und Franken kamen. Nach des letzteren Tod um 817/18 übernahm der Sohn Kaiser Ludwigs des Frommen, Ludwig der Deutsche, die Leitung und wurde bei den Teilungen mit seinen Brüdern König des Ostfrankenreiches, dessen Hauptstadt nun die »sedes ac metropolis ducatus Bavariae« (Sitz und Hauptstadt des Herzogtums Bayern) Regensburg wurde. Von hier aus hat der Karolinger seine Ostpolitik betrieben und gelenkt. Hier erschienen 845 vierzehn böhmische duces = Burgherren, unterwarfen sich und ließen sich taufen. Böhmen war bis zur Errichtung eines böhmischen Landesbistums mit dem Sitz in Prag zwischen 973 und 976 Missionsland der Diözese Regensburg und seines Domklosters St. Emmeram. Man hat Grund zur Annahme, daß am Hofe zu Regensburg die Mährer Rastislav und Svatopluk ihre Jugend als Geiseln verbrachten (Cibulka); in St. Emmeram wurde auch die Fortsetzung der zuerst in Fulda abgefaßten Reichsannalen geschrieben. Hier huldigten nach dem Tode des Großmährischen Herrschers Svatopluk 895 böhmische Magnaten Kaiser Arnulf von Kärnten. Hier wurde um 870 wenigstens zeitweise der als päpstlicher Legat nach Pannonien und Mähren zum Aufbau eines pannonisch-mährischen Metropolitanverbandes entsandte Methodius (aus Thessalonike), der Slavenlehrer, vom bayerischen Episkopat mit Zustimmung des Königs gefangengehalten; das geht daraus hervor, daß der Kirchenmann bei seiner auf Intervention des Papstes erfolgten Befreiung in der Bibliothek von St. Emmeram die ihm vom Papst bei der Bischofsweihe geschenkte kanonistische Handschrift, die in Verona geschrieben war, zurücklassen mußte. Das heute in der Handschriftenabteilung der Münchner Staatsbibliothek verwahrte Manuskript enthält slavische Randglossen, die von der Hand des Methodius stammen, der mit seinem Bruder Kyrill eine slavische Kultsprache schuf. Die Bibliothek von St. Emmeram bewahrte auch in einem Erbauungsbuch für den jungen Ludwig den Deutschen das ›Muspilli‹ (= Erdvernichtung), ein literarisches Zeugnis des Ringens zwischen altnordischem Mythos und Christenglauben. Die Bedeutung dieser klösterlichen Bildungsstätte für den Reichsklerus enthüllen Glossare wie die von einem Freisinger Kleriker geschriebene ›Samanunga‹, ein berühmtes althochdeutsches »Wörterbuch«.

Regensburg war im 9. Jahrhundert auch Zentrum eines Karawanenhandels mit Böhmen, Mähren, Ungarn. Es gab dort Händler, die einem »Hansgrafen« = subvicarius unterstanden, der sie auf kriegerische Handelsfahrt begleitete. Der Donau-

raum zwischen Linz und Wien war um Maut- und Handels-
grenzstationen wie Linz, Eparesburg (Ybbs; der Name ist an
sich der gleiche wie beim oberbayerischen Ebersberg) und Mautern bereits herrschaftlich-wirtschaftlich organisiert. Diese Donauburgen sind am Ende der Regierung Ludwigs des Deutschen
und unter König Karlmann erbaut worden. Die älteren Zentral-
punkte der ersten Hälfte des 9. Jahrhunderts, Tulln und Trais-
mauer, beide Krongut, wurden an Regensburg (859) und Salzburg (860) vergeben. Die drei Donauburgen waren die zentralen
Marktorte eines aufblühenden Donauhandels (Salz), zugleich
auch Mittelpunkte von drei Grafschaften (tres comitatus), die
noch später das Kernland der Bayerischen Ostmark ausmach-
ten. Diesen drei Sprengeln ging eine Zweiteilung in eine Grafschaft im Traungau und eine zwischen Enns und Wienerwald
voraus; beide waren in den Händen der Grenzgrafenbrüder En-
gelschalk und Wilhelm, die im Kampf gegen den Mährerfürsten
Svatopluk fielen. Danach wurde das ganze Gebiet zusammen
mit der Grafschaft Oberpannonien in der Hand des Markgrafen
Arbo zusammengefaßt, wie das damals auch in Karantanien
geschah. Seit Karlmann König geworden war, war kein eigener
Präfekt des Ostlandes mehr eingesetzt worden; es entstanden
aus dem ehemals einheitlich verwalteten Markengebiet zwei
umfassende Grenzschutzgebiete; Arbo befehligte das eine an
der Donau, das eine Mark (praefectura) war, die in die obengenannten
drei Grafschaften um Linz, Eparesburg und Mautern
untergegliedert und vicarii (= Grafen) unterstellt war. Dieses
ganze Gebiet aber war wirtschaftlich der urbs regia (880/85) =
Königsstadt Regensburg zugeordnet, die neben Mainz und
Köln mit Abstand der bedeutendste Handelsplatz des ostfränkischen Reiches war und eine für damalige Verhältnisse starke
Bevölkerungsdichte aufwies. Den engen Zusammenhang zwischen dem Markengebiet an der Donau und der Pfalzstadt Regensburg legt das sogenannte Zollweistum von Raffelstetten
(OÖ) nahe, eine Quelle von unschätzbarem Wert aus der Zeit
zwischen 903 und 906, vor allem auch für den Handel mit den
Slaven.

Nach Ludwig dem Deutschen wurde sein Sohn Karlmann im
bayerischen Raum König, sein fränkischer Schwiegervater
(Mark-)Graf Ernst war unter Ludwig dem Deutschen Präfekt
gewesen. Der illegitime Karolinger Arnulf von Kärnten war
nicht Amtsherzog, sondern Präfekt im karantanischen Grenzraum gewesen, bevor er den letzten karolingischen Gesamtherr-

scher Karl III. stürzte (887). Unter seiner Regierung war Regensburg *die* Hauptstadt des Ostfrankenreiches. St. Emmeram, seine und seines Sohnes Begräbnisstätte, in der auch die Gemahlin Hemma Ludwigs des Deutschen bestattet war, wurde zu einer besonderen Weihe- und Kultstätte karolingischer Herrscher- und Familientradition im Ostfrankenreich, an die die jüngeren Stammesherzöge anknüpften. Arnulf der Böse, Sohn des Markgrafen Luitpold, ist hier ebenfalls beerdigt. Unter Ludwig dem Kind, dem schwachen Sohn Arnulfs von Kärnten, brachen die Magyaren in Pannonien ein, zerstörten das Großmährische Reich, vernichteten 907 bei Bratislavaburg = Preßburg den bayerischen Heerbann und töteten mit dem Markgrafen Luitpold die Blüte des bayerischen Adels und Episkopats. Die Ostlande wurden ein stets für Invasionen offenes Grenzgebiet auf fünfzig Jahre, und die Aufbauarbeit blieb unterbrochen.

Daß sich in Zeiten schwacher Königsherrschaft, vor allem unter Ludwig dem Kind, und stetig drohender Magyareneinfälle der Adel des Landes und der Marken, dem die Verteidigung zufiel, nicht nur nach einem starken Führer umsah, sondern sich auch dem Mächtigsten unterordnete, ist ganz natürlich. Das war die Chance für den Aufstieg der Luitpoldinger, eines wohl fränkisch-bayerischen Reichsaristokratengeschlechtes; dessen erster Repräsentant Luitpold, der Markgraf in Kärnten und in den Donaugrafschaften gewesen war, besaß auch durch seine Versippung mit Kaiser Arnulf von Kärnten Legitimation und Prestige, er erscheint zu Beginn des 10. Jahrhunderts als »dux Boemannorum« = als königlicher Kommissar in Böhmen. Entscheidend für ihn und seine herzogliche Stellung war die Zustimmung des Adels, der die Last des Kampfes trug und seine Führung anerkannte. Sein Ansehen war so groß, daß dieser Adel nach Luitpolds Tod vor Preßburg dessen Sohn Arnulf zum »Herzog« wählte, der so königsgleich regieren konnte, daß er sich stolz in den Urkunden wie ein König titulieren ließ (Arnulfus divina ordinante providentia dux Baioariorum et etiam adiacentium regionum = Arnulf durch Gottes Fügung Herzog der Bayern und der angrenzenden Gebiete). Er beherrschte wie ein König die Landeskirche und setzte Bischöfe und Äbte nach Gutdünken ein; er zog wie hundert Jahre vorher Karl Martell Klostergüter ein und verlieh sie an Vasallen als Lehen zur Entlohnung für Kriegsdienste (beneficia verbo regis = Kirchenlehen in königlichem Auftrag). Die Klöster wie Tegernsee, das diese Güter sogar aufzeichnete, gaben ihm dafür den Beinamen der Böse. Am Ende seines Lebens war seine Stellung so gefestigt, daß er sogar auf einem Teillandtag zu Reichenhall 935 seinen Sohn Eberhard vom Gebietsadel zum Nachfolger designieren lassen konnte. Und der fühlte sich so fest im Sattel, daß er dem neuen König Otto I. sogar den Lehenseid verweigerte und dafür aus seinem Herzogtum vertrieben wurde, das 938 als Amtsherzogtum seinem königstreuen Bruder Berthold übergeben wurde.

Die Salzburger Reichsannalen aber berichten ein Ereignis, das mehr als alles andere die königsgleiche Stellung Herzog Arnulfs beweist, deren Ansehen weit über den engeren bayerischen Rahmen hinausging. Der bayerische und Teile des schwäbischen Adels wählten 919 ihren Herzog, der sich im Krieg als »heilsbegabter« Heerführer erwiesen hatte, zum »rex in regno Teutonicorum« = zum König im Reich der Deutschen. Der sterbende letzte »Franken«-König Konrad hatte den Sachsenherzog Heinrich verbindlich zu seinem Nachfolger designiert und ihm zum Zeichen seines Vorschlags die heilige Lanze, das Königssymbol, übersandt. Beide, Arnulf und Heinrich, waren in den Augen ihres Adels und Volkes als die wehrhaften Verteidiger des Landes gegen die Invasion der Magyaren gleichermaßen »heilserprobt«. Aber der eine war designiert und zugleich vom sächsischen und fränkisch-alemannischen Adel gewählt. Er hatte nicht nur ein moralisch-politisches, sondern auch ein machtmäßiges Übergewicht. Daß er den Kampf mit dem »süddeutschen« Rivalen Arnulf aufnahm und diesen zwar in seiner Pfalzstadt mehrmals belagerte, dann aber doch den Weg maßvollen Ausgleichs beschritt und dem Bayernherzog wesentliche Königsrechte (Kirchenherrschaft) beließ, hat entscheidend dazu beigetragen, daß das deutsche Reich als Nachfolger der Karolingerherrschaft in Ostfranken sich durchsetzte und eine einheitliche »Monarchie«, besser eine vom Adel der Stämme getragene »Aristokratie mit monarchischer Spitze« wurde und blieb. Das Auseinanderfallen in zwei oder vier Hauptstammgebiete war damit abgewendet. Daß die »Bayern« ihren Herzog zum »deutschen« König wählen wollten, ist Beweis genug dafür, daß schon vorher ein Zusammengehörigkeitsgefühl der Stammeslande im Ostfrankenreich erwacht und erstarkt war; das ist ein starker Beleg für die integrierende Kraft der ostfränkischen Königsherrschaft mindestens seit 843 (Vertrag von Verdun) oder schon vorher, aber auch für die bestimmende Kraft der herrschenden Adelsschicht, die weithin eine »fränkische« Führungsgruppe war. Dazu kommt die Tatsache, daß sich damals in Sachsen, Schwaben und Bayern eine kräftige und anerkannte autonome Herzogsgewalt (jüngeres Stammesherzogtum) durchgesetzt hatte, deren Hauptvertreter um die Spitzenstellung kämpften und durch Sieg bzw. Kompromiß den unmittelbaren Ausschlag für eine Konsolidierung des gentil verfaßten neuen deutschen Reiches gaben. Die Stammesherzogtümer wurden so die neuen Großformen politischer Ordnung, mit denen der deutsche König sich auseinanderzusetzen hatte. Im mainfränkisch-hessischen Raum konnte sich kein Stammesherzogtum entfalten; hier tobten Kämpfe der führenden Adelsgeschlechter, der Popponen (= älteren Babenberger) und der Konradiner, die offensichtlich nicht klar entschieden wurden. Hier entstand deshalb im hohen Mittelalter eine ausgesprochene Königs- und Reichslandschaft; hier reicherte sich auch mit königlicher Unterstützung beim Bischof von Würzburg eine quasi-herzogliche Gewalt seit dem 11. Jahrhundert an. Tatsache ist, daß uns über das bayerische Herzogtum und seine Funktion das meiste überliefert ist, ein Zeichen dafür, daß es das ausgebildetste und stärkste neben und sogar vor dem sächsischen war.

II.
Bayerns Entwicklung vom Stammes- zum Territorialherzogtum
Sein Anteil an der europäischen Aufbruchsbewegung
936–1255

1.
Bayern als deutsches »Kronland« im 10. und 11. Jahrhundert

König Otto I. hatte 938 Berthold, dem Onkel Eberhards, Bayern als Amtsherzogtum und Amtslehen übergeben und damit kundgetan, daß er die Luitpoldingerfamilie, wenn sie königstreu war, zu schonen gedachte. Doch nahm er dem Herzog die Kirchenhoheit (= das Recht der Besetzung der Bischofsstühle) und übertrug die verwaltende Aufsicht über Kron- und Herzogsgut einem eigenen Pfalzgrafen, Arnulf II., Bruder Eberhards. Beim Tode Bertholds 947 verfolgte er aber wie anderswo die Politik, durch Angehörige seines eigenen Hauses Machtpositionen wie Bayern fest in seiner Hand zu haben. Er übergab deshalb das Herzogtum seinem Bruder Heinrich, den er durch Heirat mit Judith, der Tochter Arnulfs des Bösen, zu legitimieren suchte. Wie seit Ludwig dem Deutschen war Bayern damit wieder zum »Kronland« geworden, das besondere Aufgaben zu erfüllen hatte. Daß die Sippe und die Nachfolger des sächsischen Herzogs Heinrich aus der Reihe tanzten und sehr rasch ihre eigene Politik trieben, spricht nicht gegen die Tatsache der Unterstellung unter die Königsherrschaft und das Thema des Abschnitts. Die Übernahme Bayerns durch den Sachsen Heinrich ging nicht reibungslos vonstatten; denn Berthold hatte zweimal erfolgreich Invasionen der Magyaren abgewehrt und sich gegen den König loyal verhalten. Jetzt revoltierte der Adel, und die Opposition scharte sich um den Luitpoldinger Pfalzgrafen Arnulf, der Beziehungen zu dem rebellischen Stiefsohn des Königs, Liudolf, anknüpfte, der in Schwaben die königlichen Interessen vertreten sollte. Arnulf fiel 954 im Kampfe in der Nähe Regensburgs. Im folgenden Jahre 955 aber sandten alle deutschen Stämme und die Böhmen »in êhafter Landesnot« = zur Reichsverteidigung ihre Heeresaufgebote gegen Augsburg und brachten als »Reichsheer« unter Führung des Königs den Magyaren die entscheidende Niederlage auf dem Lechfeld bei (Laurentiustag). Diese stellten allmählich ihre Angriffe ein, wurden in der Donau-Theiß-Ebene endgültig seßhaft, begründeten ein institutionelles Königtum und wurden zu einer führenden nationalen Kraft auf dem Balkan. In den stets gefährdeten Grenzgebieten im Osten kehrten stabile Verhältnisse zurück und es begann nun eine rege Siedeltätigkeit. Auch setzte der König um 973 einen Mann seines Vertrauens an die Spitze der »Ostmark«, den fränkischen (Schweinfurter) *Babenberger* Luitpold, dessen Familie bis 1246 die Geschicke der Ostmark und Österreichs leitete. Seinem Bruder Berthold übertrug er um 939 schon den Nordgau und die nordostbayerischen Gebiete.

Seit dem Anfang des 10. Jahrhunderts waren Herzog und Stamm die Mitträger und Kronvasallen des Reiches geworden; die Herzöge nahmen an der Wahl des Königs teil und standen an der Spitze der feudalen Gesellschaft nach dem König; der König, der keine feste Residenz hatte (Wanderkönigtum), erkannte die stämmische Gliederung seines Reiches dadurch an, daß er nach Wahl und Krönung (in Aachen und Frankfurt) beim Königsumritt sich im Bereich der Stämme noch einmal huldigen, sich vom Stammesadel seine Wahl bestätigen ließ. Herzog und Stamm traten auf den Stammeslandtagen oder -versammlungen zusammen, die vielfach an Herzogspfalzen oder besonderen Orten tagten. Wie die Franken in Fritzlar, die Sachsen in Werla, die Alemannen in Zürich und Ulm an alten Herzogspfalzen zusammenkamen, so die Bayern in Regensburg, wo Arnulf von Kärnten neben der alten Pfalz bei der heutigen Alten Kapelle am Kornmarkt noch eine zweite vermutlich bei St. Emmeram erbauen ließ, in Ranshofen (bei Braunau) und Dingolfing (932). Für das Zusammentreten des Stammes und seiner Magnaten war die Initiative des Herzogs, wie bei Hof- und Reichstagen die des Königs, entscheidend. Für das ältere deutsche Reich war es grundlegend, daß ein Stammesherzog König wurde.

Der Liudolfingische Aufstand in Schwaben belehrte König Otto I., daß die archaische Form der Verwandtenpolitik die Selbständigkeitstendenzen der Teile nicht parallelisieren konnte. Der Monarch wich deshalb, da feste Institutionen sich noch nicht gebildet hatten, auf eine starke Beteiligung der Kirche an den Herrschaftsaufgaben aus. Er zog Bischöfe, Äbte, Hofkapläne als die obersten ausführenden Organe der »Reichsverwaltung« und Reichspolitik heran. Die Reichskirche hatte Hoffahrt-, Heerfahrt-, Herbergs- und Kanzleidienst zu leisten.

Das setzte voraus, daß sein Recht der Einsetzung der Bischöfe und Äbte unbestritten war, daß sein Einfluß auf das Papsttum stärker wurde, daß der deutsche König nicht nur 962 Kaiser in Nachfolge der Karolinger, sondern auch oberster Schutzherr der Kirche und »Vicarius Christi« = Stellvertreter Christi auf Erden war und wurde (besonders unter Heinrich II.). Das ging so lange gut, wie in Rom ein Adelspapsttum herrschte, das in seine lokalen Probleme verstrickt war und einen Universalanspruch nicht durchzusetzen vermochte. Das erneuerte fränkische Kaisertum begründete keine Vorherrschaft, aber eine weithin in Zentral- und Südeuropa anerkannte Vorrangstellung des deutschen Königs. Deutschlands Herrschaftsordnung war damals am festgefügtesten in ganz Europa; sie wurde darum am tiefsten in ganz Europa durch den sogenannten Investiturstreit erschüttert.

Der erste sächsische Herzog in Bayern, Heinrich I., starb bald nach dem Ungarnsieg 955. Die Herzogin Judith und Bischof Abraham von Freising führten die vormundschaftliche Regierung während der Unmündigkeit Heinrichs II. Seit 952 hatte das bayerische Herzogtum seine größte räumliche Ausdehnung und erstreckte sich bis zur Adria, da die Marken Friaul, Istrien und Verona damals dazu geschlagen wurden. Kaiser Otto II. aber ging wieder dazu über, den in den Händen der mächtigen Herzogsfamilie gefährlichen bayerischen Machtblock zu zerschlagen. Burchard, der Schwager der Herzogsmutter Judith, hatte die königliche Burggrafschaft in Regensburg und die bayerischen Ostmarkgrafschaften inne. Der alte schwäbische Herzog Burchard (973) war der Gemahl der Judithtochter Hadewig. Heinrich, der Sohn des Markgrafen Burchard, war Bischof in Augsburg. Wir sehen, wie im Zeitalter des Personenverbandsprinzips die Machtmittel der Landschaften in den Händen adeliger Clans sich ballten. Kaiser Otto II. sprengte diesen Familienblock durch die Erhebung seines Neffen Otto, eines Sohnes des obengenannten Liudolf, zum Herzog von Schwaben, durch die Übertragung der Burggrafschaften Regensburg an Papo, den Stammvater des vor 1200 ausgestorbenen Burggrafengeschlechts, die Ostmark aber verlieh er, wie erwähnt, an den jüngeren Babenberger Luitpold von Schweinfurt (um 973), dessen Bruder Berthold bereits die ostfränkischen Grafschaften Radenzgau und Volkfeld und den »bayerischen« Nordgau innehatte; das bedeutet, daß das ganze heutige nordostbayerische Gebiet fest in der Hand des Königs war.

Heinrich II., zubenannt der Zänker, der Sohn Herzog Heinrichs I., erhielt 973 das Königsgut Bamberg, verlor es aber wieder, weil er sich gegen den kaiserlichen Vetter erhob; er wurde des Herzogtums neun Jahre lang entsetzt. Die Babenberger übten neben der Ostmarkgrafschaft auch die Grafschaft im östlichen Donaugau zwischen Isar und Inn bzw. Ilz aus. Der bayerisch-böhmische Wald nördlich der Donau bis zur Großen Mühel (Mühlviertel) war Königsforst, der an den Rändern schon besiedelt, also nicht völlig ungerodet war. Der Babenberger Berthold und seine Nachkommen walteten bis 1057 auf dem Nordgau; damals starb der Mannesstamm mit Otto von Schweinfurt aus, der damals Herzog in Schwaben war. Ein Fürstengericht entsetzte den Zänker seines Herzogtums 976, das dann der Liudolfsohn Otto (s. o.) zusammen mit seinem Herzogtum Schwaben führte. Im gleichen Jahre wurde aber auch Karantanien mitsamt den Marken im nordöstlichen Italien aus dem bayerischen Verband gelöst und als selbständiges Herzogtum errichtet. Der Luitpoldinger Heinrich, der Sohn des Herzogs Berthold, wurde zum Herzog in Kärnten bestellt. Doch verband er sich mit dem unruhigen, entsetzten Heinrich dem Zänker und mußte selber in das Exil gehen. Der rheinfränkische Graf Otto von Worms, ein Salier und Schwiegersohn des auf dem Lechfeld gefallenen Schwiegersohnes Kaiser Ottos I., Konrads des Roten, trat in seine Nachfolge ein. Ihm folgte der Luitpoldinger Heinrich III. für die kurze Zeit von 983 bis 989 als Herzog von Bayern und Kärnten. Bayern erhielt der Zänker 985 wieder zurück und behielt es nun in Ruhe bis 995. Nach dem Tode des luitpoldingischen Herzogs Heinrich (989) wurde Kärnten für kurze Zeit wieder zu Bayern geschlagen. So konnte der Sohn des Zänkers, der nachmalige Kaiser Heinrich II., das Amtserbe seines Vaters 995–1004 in Ruhe verwalten. Nach dem Tode Kaiser Ottos III. (1002) war er der einzige legitime Thronkandidat des sächsischen Königs- und Herzogshauses. Mit Unterstützung des Erzbischofs von Mainz und des von ihm geführten fränkischen, oberlothringischen und bayerischen Adels wurde der Bayernherzog zum deutschen König gewählt. Jetzt aber wurde Karantanien endgültig von Bayern getrennt und dem Grafen Otto vom Wormsgau zurückgegeben (1002); 995 aber waren Verona und Aquileja endgültig ausgeschieden worden. Der stete Wechsel von Gebietszugehörigkeiten und Herrschaftsträgern ist nicht nur ein Zeichen der inneren Unruhe und Krise im deutschen Südosten gerade nach dem Ungarnsieg, sondern auch des Königsprovinzcharakters Bayerns, seiner Ostgebiete und Marken, die der König fest in der Hand behalten und mit loyalen Amtsherzogen nicht nur seiner selber unsicheren Familie besetzen wollte. Kaiser Heinrich II. zog nach seiner Königserhebung sogar noch viel weitergehende Konsequenzen im Kernland des Herzogtums. Er löste z. B. im ganzen Donautal die alte Herzogs- und Königsgutsorganisation auf und übertrug im ganzen Gebiet bis Österreich und Tirol wesentliche Teile des alten Königsgutes dem von ihm 1007 neu gestifteten Reichsbistum Bamberg am Obermain.

2.
Schwaben und Franken in der deutschen Königspolitik des 10. und 11. Jahrhunderts

Das schwäbische Land zwischen Iller und Lech bis in den Lechrain hinein war im Grunde eine typische Königslandschaft des 9., 10. und 11. Jahrhunderts, in der Bischof, Klöster und Adel im Namen des Königs Herrschaft übten. Der Südwesten, der zum Bodensee hin orientiert war, stand schon seit langem unter dem starken Einfluß des Klosters St. Gallen und des mit ihm verbundenen Adels. In der Mittelzone, die sehr waldreich war, wirkten der Bischof, der in der Domburg Augsburg residierte, und die Königsklöster Kempten und Ottobeuern zusammen mit dem Adel. Dieses Gebiet wurde auch zur Interessenzone der älteren Welfen, die im 10. Jahrhundert im Besitz des großen oberschwäbischen Königsgutbezirks Schussengau waren und von da ihren Herrschaftseinfluß in den Ammergau und das Ammerseegebiet, aber auch entlang der Römerstraße Claudia Augusta über Fernpaß und Reschenscheideck in den Vintschgau und das Etschtal stetig vorschoben. Im nördlichen Gebiet um die Donau, im Ries und den angrenzenden Gebieten saßen alte bayerische und fränkische Reichsklöster und Reichsadel. Als bedeutende Bischofsgestalt des 10. Jahrhunderts ragt in Augsburg *Ulrich*, aus dem Hochadelsgeschlecht der Augstgaugrafen hervor, dessen Bruder Diepold 955 auf dem Lechfeld fiel. Das Geschlecht besaß auch die Brenzgaugrafschaft und hatte wohl auch zum Dillinger Gebiet Beziehungen. Diesem Sippenverband ist auch die Familie der Rapotonen = Diepoldinger, der späteren Markgrafen von Cham-Vohburg, genealogisch zuzuordnen. Herzog Burchard von Schwaben und andere Verwandte hatten 924 bei König Heinrich I. die Erhebung Ulrichs auf den Bischofsstuhl von Augsburg durchgesetzt. Wir sehen an diesem Beispiel, wie stark der deutsche Adel personal die Reichskirche beherrschte, aber auch, wie eng versippt die politische Führungsschicht seit den Anfängen war, welche engen Beziehungen zwischen Bayern und Schwaben seit dem 7./8. Jahrhundert bestanden. Eine hauchdünne Schwert und Krummstab tragende feudale Oberschicht beherrschte mit dem König an der Spitze Land und Reich. In der Auseinandersetzung Ottos I. mit seinem aufständischen Sohn Liudolf stand Bischof Ulrich auf der Seite des Monarchen, und seine Sippe beendete 953 den Streit militärisch und diplomatisch. Ulrich spielte eine führende Rolle in der Ungarnschlacht von 955 vor den Toren seiner Domburg, er war auch ein Vorkämpfer gegen das adelige Eigenkirchenwesen bei Klöstern und Niederkirchen. Der König übertrug ihm die beiden Reichsklöster Kempten und Ottobeuern mitsamt der Immunität (= ausschließlichen Herrschaft in einem umgrenzten Gebiet). Ulrichs Biographie ist eine der individuellsten Persönlichkeitsschilderungen der frühen Zeit. Wir finden ihn als reichen, prachtliebenden, sippenbewußten und adelsstolzen, aber auch gewandten, im Sinne seiner Zeit frommen Reichsbischof und adeligen Feudalherrn gezeichnet. Nach seiner Heiligsprechung 973 wurde er der Landes- und Volksheilige des ganzen schwäbischen Gebietes, ähnlich wie es Kilian und Burchard in den mittleren Mainlanden wurden. In beiden Landschaften aber gab es keine herzogliche Gewalt, die sich durchgesetzt hätte.

Als Heinrich II. deutscher König wurde, machten sich die jüngeren Babenberger in *Nordostbayern* Hoffnungen auf das bayerische Herzogtum. Sie hatten den Königen bislang treu gedient und besaßen eine bedeutende Machtstellung; die Burgen Ammerthal (bei Amberg) und Creussen (Ofr.) erscheinen als Zentren großer Babenbergischer Grundherrschaften und Rodungsländer; sie waren um Banz am Obermain, auf dem Nordjura und im Zweimainland begütert, hatten zahlreiche Vasallen und Ministerialen. Dem König mochte darum eine Machtballung in babenbergischen Händen vom Obermain und Fichtelgebirge bis zum Inn und Eisack als schwere Belastung für die Königsherrschaft im Südosten nach den vorausgegangenen Krisen und Erfahrungen erscheinen. Der Babenberger suchte Unterstützung bei König Boleslav von Böhmen und Polen und verlor daraufhin Ämter und Lehen, die geteilt wurden.

Der König hielt das Strafgericht in dem von ihm bevorzugten Bamberg. Die Schweinfurter Erhebung machte eine politisch-administrative Neuordnung im bayerischen Nordosten nötig. Als Vollender des ottonischen »Staatskirchentums« im süddeutschen Raum begüterte 1007 Heinrich II. das *Reichsbistum Bamberg*, das er durch ganz ungewöhnliche Schenkungen in Ostfranken (den ganzen Königsgutkomplex um die Pfalz Forchheim) und Bayern (s. o.) für die Übernahme der Reichsaufgaben in diesem Gebiet instandsetzte. Kein deutscher König hat die deutsche Reichskirche so entschieden zum Dienst am Reiche herangezogen wie Heinrich II. Daß religiöse und herrscherliche Motive hier Hand in Hand gingen, entspricht dem archaischen Charakter *»politischer Religiosität«*. Dem neuen Bistum wurde der östliche Sprengel der Diözese Würzburg und der Eichstätter Landstrich zwischen Pegnitz und Erlanger Schwabach (1016) zugeschlagen. Dazu kamen wenig erfaßte Gebiete im Nordosten, wo Bamberg Missions-, Siedel- und Rodungswerk leistete. Am Obermain und im Regnitzgebiet aber bestand schon ein ausgebautes Pfarr- (Zehnt-)system von 30 älteren Mutterkirchen, das ostwärts bis zum Rand des Frankenwaldes und Fichtelgebirges reichte. Die großen Forste im Osten und Norden waren aber ein Raum adeliger Herrschafts- und Besitzrechte, wo sich das Bistum erst seit dem 12./13. Jahrhundert durchsetzen konnte. Macht und Aufgabe eines »Reichsbistums« zeigt der Besitz des Hochstifts Bamberg. Die Erstausstattung lag innerhalb der Main-Rednitzlinie: die großen Königsgüter im Volkfeld mit Burg und Markt Bamberg, die Königsgrundherrschaften Hallstatt und Forchheim im Radenzgau und das Königsgut Fürth, auf dessen Boden später die Reichsstadt Nürnberg erwuchs. Hinzu kamen später die Königsländereien im Pegnitzgebiet bis Hersbruck und Velden mitsamt den zugehörigen Forsten bis Auerbach und Kemnath. Aus Babenberger Besitz flossen große Liegenschaften im ganzen Nordgau, besonders im Nordwesten zu, aus bayerischem Herzogsgut Kirchen und Güter um und in Regensburg, zwischen mittlerer Isar und Inn, im Voralpenland, Streugut in Schwaben, Thüringen, am Rhein, in der Ostmark und in Kärnten durch königliche Schenkung. Der Bischof erhielt die Grafschaftsrechte im Volkfeld und Radenzgau; im letzteren waren die späteren Hauptvögte des Hochstifts, die fränkischen Abenberger (Burg östlich Ansbach) begütert und die Grafen von Sulzbach bevogteten die Güter in dem sich auch siedlungsmäßig stetig ausdehnenden Nordgau.

Bamberg hatte die schwere Last königlicher Hofhaltung zu tragen; Kaiser Heinrich und seine Gemahlin Kunigunde, die zu Haupttheiligen des Bistums wurden, weilten jedes Jahr dort. Bamberg beherbergte nicht nur die »Privatbibliothek« der letzten Sachsenkaiser, deren Handschriften heute noch die größten Schätze der süddeutschen Geisteskultur neben den Beständen von Würzburg, St. Emmeram, der Reichenau und St. Gallen sind. Die Bamberger Domschule war im 11. Jahrhundert nicht nur eine weitberühmte Schule antiker Gelehrsamkeit, sondern auch zeitweilig Sitz der königlichen Hofkapelle; sie lieferte dem Reiche Diplomaten und Reichsbischöfe sogar für Oberitalien. Schon seit dem 10. Jahrhundert gingen aus der Domschule von Eichstätt zahlreiche oberitalienische Bischöfe hervor. Der Bamberger Bischof Suitger bestieg unter Kaiser Heinrich II. den römischen Stuhl als deutscher »Reichspapst«. Im Investiturstreit wie in den Auseinandersetzungen der Stauferkönige (Bischof Eberhard, die Andechser Bischöfe) mit dem Reformpapsttum bewährten sich Bambergs Bischöfe als Stützen der Reichsgewalt. Dieses Reichsbistum wurde ein Träger der Staats- und Reichstradition im deutschen und oberitalienischen Raum, eine Stätte abendländischer Bildung und mittelalterlicher Frömmigkeit.

Auf der ganzen Mainlinie vom Spessart bis zum Fichtelgebirge wurden so die Interessen des Königtums durch die zwei Reichsbistümer *Würzburg* und *Bamberg* vertreten. Den Würzburger Stuhl besetzten die Salierkaiser mit königlichen Verwandten. Die Würzburger Domschule genoß schon im 8./ 9. Jahrhundert (Bibliothek) neben der Schule des Großklosters Fulda einen hohen Ruf, der sich auch im 10. Jahrhundert erhielt. Die Würzburger Bischöfe, deren Gebiet im Osten auf die Machtkonzentration der Schweinfurter stieß, wuchsen seit den Anfängen des 11. Jahrhunderts immer mehr in die Rolle einer den König vertretenden und den fehlenden Herzog ersetzenden Gerichtsmacht hinein, die für die Territorienbildung am Mittelmain und für die Entwicklung des »Herzogtums« und Hochstifts der Bischöfe von Würzburg seit der Goldenen Freiheit von 1168 entscheidend wurde. In Ostfranken unterblieb die Bildung eines Herzogtums und setzte sich der Kronlandcharakter in allen Krisen deshalb durch, weil in den harten und blutigen Rivalitätskämpfen zwischen den mächtigen Adelssippen und fränkischen Popponen = Babenberger im Maingebiet (Grabfeld) und den hessischen Konradinern, die die Hilfe des

Erzbischofs Hatto von Mainz fanden, die ersteren unterlagen (Hinrichtung des Grafen Adalbert 906 nach der Einnahme seiner Burg Theres am Main) und die letzteren sich nicht ganz durchsetzen konnten. Das über ganz Ostfranken verstreute Gut der älteren Babenberger wurde eingezogen oder an die Bischöfe von Würzburg vergabt, Bamberg selber, ihre Burg (902 erstmals genannt), blieb in königlichem Besitz. Es scheint aber, daß im 10. Jahrhundert Popponen noch auf dem Würzburger Stuhl saßen.

Die Errichtung des Bistums Bamberg war ein Akt königlicher Herrschaftsorganisation am Obermain. Den bayerischen *Nordgau*, d. h. die Urzelle der späteren *Oberpfalz*, hat Kaiser Heinrich II. zerstückelt. Um seine ursprüngliche Lage in der südwestlichen Oberpfalz und im südöstlichen Mittelfranken von heute zu verstehen, muß man sich vor Augen halten, daß Kolonisation und Erschließung der Oberpfalz zur Agilolfingerzeit über das mittlere Vils- und Naabtal sowie über das Regental nordwärts noch nicht vorgestoßen war. Der letzte Sachsenkaiser übertrug den Urd = Nordgau zwischen Donaulauf, Bergen-Pföring und der Pegnitz östlich Fürth einem Grafen Berengar, dem Stammvater der mächtigen Grafen von Sulzbach; hier entstand später die Grafschaft (Landgericht) Hirschberg mit der Schwarzen Laber als östlicher Grenze. Der große Königsforst nördlich der Pegnitz wurde ostwärts bis Kemnath eine eigene Grafschaft. Im Südzipfel des Chelsgaues, der bei Kehlheim über die Donau springt, tauchte ein Graf Otto auf, der vermutliche Ahnherr der Scheyern-Wittelsbach. Nach seiner Unterwerfung 1004 erhielt Markgraf Heinrich von Schweinfurt die östlichen Gebiete zurück, das Gebiet der späteren, von Kaiser Heinrich III. begründeten Marken Cham und Nabburg, das Gebiet zwischen Schwarzer Laber und Regen quer über die mittlere Vils und Naab. Dieses Gebiet konnte er mit seinem immer noch staatlichen Gut um Kulmbach, Kronach und auf dem Nordjura an seinen Sohn Otto vererben, mit dem das Geschlecht 1057 ausstarb.

3.
Bayern in salischer Zeit

Das bayerische Herzogtum sollte nach dem Willen Kaiser Heinrichs II. und seiner Nachfolger in engster Verbindung mit dem Königtum, ja unter dessen Verwaltung stehen. Deshalb belehnte er mit Unterbrechung seinen Schwager Heinrich von Lützelburg damit; auch er rebellierte. Dieser stärkste Vertreter des auf Eigenkirchenrecht und Kirchenvogtei begründeten ottonischen »Staatskirchentums« setzte viele Bayern auf große Bischofsstühle. Diese Politik verfolgten die rheinfränkischen Salierkaiser weiter, ja unter Konrad II. und Heinrich III., die eine intensivere Königsgut- und sogar schon Königslandpolitik betrieben, war Bayern längere Zeit Königsprovinz, die der junge Heinrich III. selber regierte; er wurde sogar auf einem Tag zu Regensburg von den Magnaten formell gewählt oder bestätigt; es wurde dort auch durch ein Weistum derselben das Krongut in Bayern festgestellt. Das wurde nach den reichen Vergabungen Heinrichs II. an Bamberg dringend nötig. Auch nach seiner Königserhebung (1039) gab Heinrich III. das bayerische Herzogtum kaum mehr aus der Hand. Nur kurz amtierten zwei (stammesfremde) Herzöge, Heinrich (VII.) von Lützelburg (1042–1047) und der lothringische Pfalzgraf Konrad von Zütphen (1049–1053); nach des Herrschers Tod behielt seine Witwe Kaiserin Agnes zunächst die Herzogmacht in eigenen Händen. Das Königtum verhinderte dadurch eine dynastische Verbindung zwischen Stamm, Land und Herzogtum, ja es fügte das Stammesherzogtum immer intensiver dem System der Königsherrschaft ein und übertrug in zunehmendem Maße die Wahrung königlicher Interessen und die Administration den aus der qualifizierten »adeligen Unfreiheit« aufsteigenden Dienstmannen = Ministerialen. Diese enge Bindung Bayerns an das Reich fand ihren Niederschlag in der hierzulande geschriebenen *Literatur*. Das bezeugen vor allem die unter Heinrich III. im Domkloster Niederaltaich abgefaßten Jahrbücher des Reiches (›Annales Altahenses Maiores‹). Nach 1043 schrieb, vielleicht auf Veranlassung des Kaisers oder in Kontakt mit ihm, ein Tegernseer Adelsmönch (Tegernsee und Niederaltaich waren damals Reichsklöster) den ältesten deutschen Adelsroman ›Ruodlieb‹ in lateinischer Sprache, ein »Wundergebilde deutscher Hofkunst des 11. Jahrhunderts« (K. Hauck). Aus derselben Zeit stammen die Briefe des Abtes Froumund, die auch ein herrliches literarisches Denkmal des Geisteslebens in diesem bayerischen Reichskloster am See sind.

Kaiser Heinrich III. hat nicht nur dem römischen Adelspapsttum die Bahn zur Reform und zu geistiger Freiheit und Universalität mit Bewußtsein und Absicht, wenn auch zum Schaden der deutschen Königsherrschaft, geebnet (Synode von Sutri 1046), er war auch ein tatkräftiger Real- und Staatspolitiker, der gerade in Bayern sehr erfolgreich wirkte. Nach drei Ungarnfeldzügen setzte er nicht nur den Herrschern der Stefanskrone eine westliche Grenze ihres Machtbereiches, sondern gab ihnen auch auf ihre Bitten deutsches Recht in der Fassung des altbayerischen Stammesrechtes. Vajk = Stefan, der mit päpstlicher und kaiserlicher Mitwirkung sein Land zum römischen Metropolitanverband = zur Nationalkirche erhob, deren erster Erzbischof der Schüler Adalberts von Prag, Astrik, wurde, war mit der Tochter Gisela des bayerischen Herzogs Heinrich des Zänkers vermählt, die nach seinem Tode das Kloster Niedernburg in Passau mit reichen Schenkungen (Forst zwischen Donau, Böhmerwald, Ilz und Mühel) als Witwensitz erhielt. Nachdem Bulgarien sich im 9. Jahrhundert der byzantinischen Kirche zugewandt hatte, bedeutete die Begründung eines ungarischen Metropolitanverbandes um die Jahrtausendwende eine klare Scheidung gegenüber Ostrom und Entscheidung zugunsten des Westens. Heinrich III. hat im ganzen den bayerischen Ostraum »königsstaatlich« neu organisiert; das wurde notwendig, da *Ungarn* unter den Arpaden und *Böhmen* unter den Přemysliden sich herrschaftlich konsolidierten und intensivierten. Die Salierkaiser organisierten vier *Marken,* drei an der böhmischen, eine an der ungarischen Grenze. Je mehr die Siedlung von beiden Seiten in den Grenzwald (Nortwalt) eindrang, um so mehr verengte sich das Niemandsland, wurde der Grenzraum zum Grenzsaum und zur Grenzlinie. In der Karolingerzeit waren die Marken große Aufmarschgebiete und Bollwerke der Grenzverteidigung. Im 11. Jahrhundert wurden die Marken kleinräumige und intensive Herrschaftsgebiete mit militärischer Organisation. Um die Reichsburg Cham am Zusammenfluß von Chamb und Regen (Altenstadt) entstand die mit Burgen bewehrte und von Dienstmannen verwaltete und verteidigte *Mark Cham;* das militärische Kommando führte ein hochadeliger Markgraf (Diepoldinger). Die Hut wichtiger Straßen von Ostfranken (Nürnberg, das Heinrich III. ebenfalls als Reichsburg begründete) und die Betreuung des Südteils des alten Egerlandes waren Anlaß zur Organisation der Mark um die Reichsveste *Nabburg.* Von beiden Marken aus führte im 12. Jahrhundert Markgraf Diepold III. Siedlung und Herrschaftsaufbau im *Egerland* durch, bevor der Stauferkönig Konrad III. es wieder als Reichsland einzog. Eine typisch militärische Organisation war die marchia Boemia

= *Böhmische Mark* im nördlichen Niederösterreich zum Schutze des Pulkautales vom Mailbergwald bis zur Thaya gegen das mit Böhmen vereinte Mähren. Da der König Herr des besitzlosen wie des eroberten Bodens war, schuf er in dem von den Ungarn zurückgewonnenen Gebiet zwischen Fischa = Leitha und March die sogenannte *Neumark*, deren politisches Zentrum die Reichsburg Hainburg auf dem Marchfeld war. Bayerns *Ostgrenze* vom Egerland bis March und Leitha war damit im wesentlichen festgelegt. Für die Zukunft von Herrschaft, Wirtschaft und Kultur wurde die Gründung der *Reichsburg Nürnberg* vor 1050, ebenfalls durch Heinrich III., bedeutsam. Diese sollte das Zentrum der Verwaltung von Reichsgut werden, das Heinrich zum Teil vom Bistum Bamberg wieder zurücknahm, neu organisierte und vor allem in die Obhut von Königsministerialen legte (Forstgebiet zwischen Pegnitz und Erlanger Schwabach). Nürnberg wurde in der Stauferzeit der zentrale Mittelpunkt eines Reichsterritoriums in Franken. Seitdem die Steinerne Brücke in Regensburg den Handel und Verkehr von der alten internationalen Fernstraße Paris–Metz–Worms–Wien–Konstantinopel abzog, die bei Pföring über die Donau ging und bei Plattling wieder auf sie stieß, also Regensburg umging, wuchs Nürnbergs wirtschaftliche Bedeutung rasch an. Dadurch gewann die Straße Frankfurt, Würzburg, Nürnberg, Neumarkt, Regensburg europäische Bedeutung. Nürnberg wurde zur »Königsstadt des Reiches« schlechthin.

In der Zeit der Regentschaft der Kaiserinmutter Agnes erlitt die königliche Autorität und Macht schwere Einbußen; sowohl der Adel wie die Führer der Reichskirche erweiterten ihren Einfluß und ihre Herrschaftsrechte ganz bedeutend. Vom Westen und Süden her setzten sich Reform, neue Ideen, neue Menschen, eine neue Auffassung von Arbeit, Leben, Gott allmählich in Bewegung. Bayern nahm daran im 12. Jahrhundert kräftig Anteil. Der Repräsentant einer neuen Auffassung von Kirche und Welt, der religiöse und revolutionäre Genius des Papstes Gregor VII., eines Outsiders der feudalen Gesellschaft, wurde zugleich zum Herold einer neuen gesellschaftlichen und geistigen Mobilität in »Freiheit« (Libertas ecclesiae). In dem besonders in Deutschland harten und erfolgreichen Ringen zwischen Papst und König/Kaiser war durch die Einsetzung des dem südwestdeutschen, reformfreudigen Adel verbundenen Sachsen Otto von Nordheim (1061) in das Herzogtum in Bayern eine Vorentscheidung zwar getroffen, die noch dadurch Gewicht bekam, daß 1070 mit Welf IV. (1101) wieder ein »progressiver« süddeutscher Reformfreund das Ruder in Bayern in die Hand bekam; doch nur für kurze Zeit, denn der Welfe wurde bald und für lange Zeit entsetzt. Im Gegensatz zu den beiden Landfremden standen Adel und Kirche Bayerns loyal und helfend zu dem um seine Existenz ringenden Salierkönig Heinrich IV. bis zum Ende des 11. Jahrhunderts. Anders als der schwäbische Adel und Südwestdeutschland, die stark unter dem Einfluß der reformerischen Ideen des burgundischen Klosters Cluny standen, war Bayern eine *Bastion der salischen Königsherrschaft;* es zeigte sich die Wirkung der direkten Königsherrschaft im Süden und Südosten. Man sollte darum nicht von einem »Welfischen Zeitalter« der bayerischen Geschichte sprechen, einmal, weil die Welfen nur mit längeren Unterbrechungen Herzöge in Bayern waren, dann, weil im 12. Jahrhundert das Hauptfeld ihres Tuns im Herzogtum Sachsen und im Nordosten lag, und schließlich, weil man nur sehr wenig direkte welfische Einflüsse und charakteristische Zeugnisse belegen und feststellen kann. Die älteren *Welfen,* die vermutlich auf den Franken Ruthard (s. o.) zurückgehen, starben 1055 aus. Der älteste Graf Welf hatte von der Sächsin Eigilwih einen Sohn Konrad, auf den die burgundische (über Konrad d. J.) Welfensippe zurückgeht; ein dritter Sohn Welf war der Ahnherr des deutschen Welfenzweiges. Judith, die Tochter des ältesten Welf, war die Gemahlin Kaiser Ludwigs des Frommen; ihrer beider Sohn Karl der Kahle (Calvus) gab den unmittelbaren Anlaß zur Teilung des Ostfrankenreiches (823) und wurde selber der Begründer des (westfränkisch-)französischen Karolingerhauses. Hemma, die andere Tochter des ältesten Welf, wurde 827 mit Ludwig dem Deutschen, dem Begründer der ostfränkischen Karolingerlinie, verheiratet und liegt in St. Emmeram zu Regensburg begraben (Epitaph des 13. Jahrhunderts).

Die jüngeren Welfen, die 1070 mit Welf IV. Herzöge in Bayern wurden, waren väterlicherseits Lombarden. In Bayern war 1048 das besitzmächtigste Adelsgeschlecht der ganzen schwäbisch-bayerischen Hochebene, die *Grafen von Ebersberg,* ausgestorben, die zwischen Inn und Lech den Ton angegeben hatten. Auf ihren reichen Allodien und Lehen treffen wir seit etwa 1050 die ältesten Wittelsbacher in und um Scheyern. Der letzte Ebersberger, Adabero II., war mit Richlind, der Tochter Welfs II., (1030) verheiratet; sie brachte den alten Welfen ebersbergische Besitzungen ein. Der letzte ältere Welfe, Welf III., war 1047 Herzog in Kärnten und Markgraf in Verona geworden; kurz vor seinem Tode (1055) starb auch seine Schwester Kuniza, die mit dem Abertiner Markgrafen Azzo von Este verheiratet war. Beider Sohn ist der Stammvater des *jüngeren Welfenhauses*, Welf IV., der 1070 Herzog in Bayern wurde. Dieser benannte sich nach Altdorf, sah Altdorf, Weingarten, Ravensburg und das Land nördlich des Bodensees als sein Hantgemal = Stammgut an und betrachtete sich als schwäbisch. Diese Welfen tagten öfter auf dem Gunzenlê (= Hügel des Gunzo), einem burggekrönten Hügel zwischen Augsburg und Mering inmitten der welfischen Güter auf dem Lechrain (Peiting, Schongau). Welfs IV. zweite Gemahlin Ethelinde war die Tochter Ottos von Northeim, seines sächsischen Vorgängers unter dem bayerischen Herzogshut (1061–1070). Der kalte Rechner Welf verstieß sie, als 1070 ein Fürstengericht zu Goslar den Northeimer des Herzogtums entsetzte und er sein Nachfolger wurde. Dazu verhalf ihm der Schwager des Königs, der schwäbische Herzog Rudolf von Rheinfelden; dazu verhalf ihm auch die aus der savoyschen Sippe der Markgrafen von Susa stammende Königin Berta, Gemahlin König Heinrichs IV., die mit den jüngeren Welfen (von Este) versippt war. Welf IV. heiratete 1071 (Miniatur in einem Weingartner Evangeliar) Judith, die Tochter des Grafen Balduin (IV.) von Flandern, die Witwe des Earl Tostig von Northumberland, der kurz vor der Schlacht von Hastings (1066) im Kampf mit seinem Bruder, dem englischen König, gefallen war. Wir stellen fest, daß um die Mitte des 11. Jahrhunderts durch das Aussterben dreier besitzmächtiger Geschlechter im bayerischen Raum von heute, der Ebersberger (1055), der Schweinfurter-Babenberger, die zugleich Herzöge in Schwaben waren (1057), sich die Machtsituation in Süddeutschland verändert hatte und daß nun neuer Adel, der weniger Besitz und Macht besaß, sich in den Vordergrund schob, in Bayern die jüngeren Welfen, die Diessen-Andechser, die Eppensteiner, Formbacher, Bogener, die Rapotonen = Diepoldinger und die Wittelsbacher. Das bedeutete einen Strukturwandel der politischen Landschaft, zugleich eine Auflockerung der starken königlichen Machtstellung in Bayern, den Übergang zum Territorialherzogtum und Landesstaat und führte notwendigerweise zum institutionalisierten Flächenstaat. Doch noch war im 11. Jahrhundert der Personenverband das herrschende gesellschaftlich-politische System; dies aber zeigt sich auch an der zunehmenden »internationalen« Verflechtung der führen-

den Adelsschicht, für die nach den Welfen am Ende des
12. Jahrhunderts das eindrucksvollste Beispiel die bayerischen
Andechs-Meranier sind.

In dem harten Ringen, das Kaiser Heinrich IV. nach zwei
Seiten zu führen hatte, gegen den revolutionären religiösen Reformgeist und seinen Vertreter Gregor VII. und den führenden
Adel der deutschen Stämme, waren die drei oberdeutschen Herzöge seine Hauptgegner seit Ende 1072. Es waren dies Herzog
Rudolf von Schwaben (Rheinfelden), seit Forchheim (1077)
Heinrichs Gegenkönig, der Zähringer Herzog Berthold von
Kärnten, den der bayerisch-kärntnische Eppensteiner Markward an der Ausübung seines Amtes hinderte, und Herzog
Welf (IV.) von Bayern, der wichtige Pässe nach der Lombardei
(Fernpaß, Reschenscheideck, Brenner) lange oder zeitweilig beherrschte. Adel und hohe Geistlichkeit in Bayern aber standen
auf der Seite des Königs; eine Ausnahme machten die Formbacher, der babenbergische Erbschwiegersohn Heinrich von
Hildrizhausen, Altmann, der sich aber in seinem Bistum Passau
nicht halten konnte und in den Schutz des österreichischen Babenbergers floh (Göttweig), sowie Erzbischof Gebhard von
Salzburg, der nur mit Mühe wieder zurückkehren konnte. Regensburg war ein Zentrum der Königsgewalt, bayerische Kontingente schlugen Heinrichs Schlachten, der Abt von Niederaltaich gab dem König ein Darlehen aus dem Gold- und Silberschatz seines Klosters. Welf wurde rasch seines Herzogtums
entsetzt, das der König, wie früher sein Vater Heinrich III., bis
1095 in eigene Obhut nahm. Da die westlichen Alpenpässe in
den Händen des schwäbischen Adels und der schwäbischen
Kirche waren oder der Zugang dazu gesperrt werden konnte,
gewannen die Übergänge von Bayern aus, vor allem die durch
die Dolomiten östlich Eisack und Etsch nach Friaul, ein größeres Gewicht. Während der Abwesenheit des Herrschers in Italien (1081/84) konnte der Welfe kurz zurückkehren, mußte aber
schnell weichen, als ihm der Kaiser die Bischofsstadt Augsburg
entriß, die kaisertreu war. Erst 1096 söhnte sich Welf (IV.) mit
Heinrich IV. aus, nachdem das von Papst Urban II. (1088/99)
1089 vermittelte Projekt einer politischen Ehe zwischen seinem
Sohn Welf und der 43jährigen Markgräfin Mathilde von Tuszien mit dem Bekanntwerden der testamentarischen Übergabe
der Mathildischen Güter an Papst und Kirchenstaat geplatzt
war und die Ehe 1095 aufgelöst wurde. Fortan waren die Welfen längere Zeit loyal. Welf IV. starb 1101 in Paphos auf Zypern

auf einem Kreuzzug, seine Leiche wurde im Hauskloster Altdorf bestattet. Die sogenannte Verschwörung des Nordgauadels 1105/06 gegen den alten Kaiser und im Bunde mit seinem Sohn Heinrich V. verrät ein Übergreifen des Reformgeistes der Hirsauer Klöster nach Bayern, und zwar durch Einflußnahme und genealogische Verbindungen des schwäbischen Adels. Wiederum tritt die *enge Bindung Bayerns und Schwabens,* von uns seit den Anfängen festgestellt, in Aktion. Weiter kündigt sich darin die Umstrukturierung der Machtverhältnisse zugunsten des zur Landesherrschaft ansetzenden Adels an. An der Rebellion waren vor allem die Kastl-Habsberg-Sulzbacher und die Diepoldinger beteiligt, neben der Gründersippe von Petershausen beim schwäbischen Konstanz. Zentrum war das Hirsauer Reformkloster Kastl (bei Amberg) auf dem Nordgau, das der Babenberger Herzog Heinrich Jasomirgott mit reichem Gut beschenkte, das er wohl als Reichslehen von seiner Mutter Agnes, der Schwester Kaiser Heinrichs V., erhalten hatte.

In der archaischen Zeit hochfeudaler, agrarischer Adelsgesellschaft ist Reichs- wie Stammesgeschichte, wenn man sie verstehen will, sowohl Königs- wie Adelsgeschichte (Aristokratie mit monarchischer oder herzoglicher Spitze). Der abstrakte Begriff »Stamm« ist nur transparent in seiner führenden Adelsschicht, die das politisch handelnde »Volk« darstellt, obwohl das Volk = die Unterschichten als produzierender Teil der Gesellschaft, das der Adelsschicht ihr Sonderdasein dienend ermöglicht, indirekt doch nicht ohne Gewicht ist. Die Aristokratie war zu Anfang des 12. Jahrhunderts alarmiert durch den Aufstieg der aus der Unfreiheit kommenden Ministerialität, die nicht nur dienen, sondern mitsprechen und ihre gesellschaftliche Stellung gehoben wissen wollte. Graf Sighard von Burghausen war 1104 auf einem Hoftag in Regensburg in Anwesenheit des Kaisers von seinen Ministerialen ermordet worden. Gerade die Salier Heinrich III. und besonders Heinrich IV. hatten diese emporkommende Quasibeamtenschicht bei der Reorganisation der königlichen Machtmittel und beim Aufbau von Königsländern intensiv herangezogen und gefördert. Heinrich IV. hatte sich in der Auseinandersetzung mit dem sächsischen und schwäbischen Hochadel vor allem auf sie gestützt und sie für die Durchführung seiner Landfriedenspolitik eingesetzt. Diese aber sollte das städtische Bürgertum wie die rodende und arbeitende Bauernschicht schützen; denn der König füllte mit ihnen seine Heere, er nahm von ihnen Geld zu leihen und ließ sich von ihnen ernähren. Durch diese Politik traf er das adelige Fehderecht, das Recht des Adels auf legitime Gewaltanwendung, und löste eine Bewegung gesellschaftlicher Nivellierung und eine neue Stimmung (mentalité) unter den Menschen aus. Heinrich IV. fand Unterstützung in Regensburg, Passau und Augsburg, auch in Würzburg und vor allem in Nürnberg; er förderte dafür die Rechte der Kaufleute in Handel und Verkehr. Die Diepoldinger Markgrafen aber befehligten in den oberpfälzischen Marken und im Egerland (damals Nordoberpfalz) eine zahlreiche Königsdienstmannschaft, die auf festen Burgen saß, Grenzhut übte und Rodung organisierte. Darum also rebellierte die Hocharistokratie.

Die *Rechte des Herzogs* in seinem Stammesgebiet, die Adel und Kirche banden, waren 1077 Hoftags- und Steuerrecht, Heerfahrtsabgabe (Marchfutter im bayerisch-österreichischen Markengebiet; March = Pferd), Gebot und Verbot in einem weiten Rahmen. Die weltlichen und geistlichen Großen mußten den Hoftag des Herzogs besuchen, mußten ihm bei Landesnot für das allgemeine Stammesaufgebot eine Sonderabgabe (Sondersteuer) zahlen. Der Herzog übte über den Adel des Stammesverbandes und die Kirche eine Schiedsgerichtsbarkeit aus, die er durch sein Gebotsrecht durchsetzte; er besaß auch ein Heimfallsrecht beim Tode der großen Reichs-Lehensträger, was den Wittelsbachern nach 1180 besonders zugute kam. Von allen deutschen Stammesherzogtümern wissen wir am meisten über Bayern, und diese guten Informationen zeigen auch, daß es das geschlossenste und wirkungsvollste seit dem 8. Jahrhundert auf deutschem Boden war. Das war einer der Gründe, warum der Landesstaat der Wittelsbacher trotz aller spätmittelalterlichen Teilungen der gefestigtste mittlere Territorialstaat war und bis in das 19. Jahrhundert blieb. Im 11. Jahrhundert aber hat das salische Königtum alle Rechte und Einkünfte des bayerischen Herzogtums für sich in Anspruch nehmen können, indem es dieses lange selber in Händen behielt oder durch landfremden Adel kurzfristig verwalten ließ. Das ältere Herzogtum erlebte im Grunde dasselbe Schicksal wie das Königtum; es wurde durch das Königtum in seiner Macht ausgehöhlt, und Sieger wurde der herrschaftsbildende jüngere Hochadel. Der Kreis der Hoftagspflichtigen umfaßte noch im 12. Jahrhundert die Bischöfe der Landeskirche (Freising, Regensburg, Passau, Salzburg, Brixen); dem bayerischen Metropolitanverband gehörten nicht an, waren aber hoftagspflichtig die Bischöfe von Eichstätt und Bamberg (Mainz). Vor und nach 1156 erschienen die Markgrafen von Österreich, Steier, Istrien und Cham-Vohburg; ihre Erhebung zu Herzögen aber löste sie aus dem personalen Stammesverband.

4.
Welfen, Babenberger, Staufer in Bayern vor 1180

Die welfische Macht begann sich erst unter Welf V. (1101–1120) in Bayern zu verwurzeln. Sein Bruder und Nachfolger Heinrich IX., der Schwarze, (1120/26) verheiratete seine Töchter an bayerische Magnaten (Diepoldinger, Sulzbacher, Markgrafen der Steiermark), seine Tochter Judith gab er dem Staufer Friedrich IX., der Schwarze, (1120/26) verheiratete seine Töchter an selbst war mit Wulfhilde, einer Tochter des letzten Billunger Herzogs Magnus in Sachsen verheiratet, die seinem Hause das Eigengut dieser Familie einbrachte. Sein Sohn Heinrich X., der Stolze, (1126/1139) heiratete Gertrud, die Tochter Kaiser Lothars; damit gewann der Welfe auch die sächsischen Herzogslehen. Dazu kam noch die Markgrafschaft Tuszien. Im Besitz der wichtigsten beiden Herzogtümer erstreckte sich die welfische Macht von der Ostsee bis zur Adria und sprengte die territoriale Einheit des Reiches durch ihre Querlage. Wenn Bayern auch eine Art Brücke zwischen Norden und Süden war, wuchsen die Welfen doch aus Bayern hinaus, da ihre Hauptinteressen in Sachsen, im Nordosten und in Italien lagen.

Bei der Königswahl von 1125 hatte sich auch der Schwabenherzog Friedrich II. als Verwandter der Salier neben dem Sachsenherzog Lothar von Supplinburg um die Krone beworben, war aber unterlegen und weigerte sich, dem neuen König das salische Hausgut seines Oheims Kaiser Heinrich V. herauszugeben. Darüber kam es zum Reichskrieg und zu langen Spannungen zwischen Staufern und Welfen, die erst Friedrich Barbarossa nach seinem Regierungsantritt bereinigte. Heinrich der Stolze wurde 1139 seiner Herzogtümer entsetzt und in die Reichsacht getan. Der Stauferkönig Konrad III. versuchte die Welfen aus Bayern und Schwaben zu verdrängen, wo ihnen auch die Herzöge von Zähringen entgegenstanden, die über die heutige Mittel- und Westschweiz geboten. Gegen die Welfen errichteten die Staufer zusammen mit den verwandten Babenbergern eine starke Machtstellung. Konrad III. belehnte 1139 seinen babenbergischen Halbbruder von der Kaisertochter Agnes (s. o.) her, den Markgrafen Leopold IV. von Österreich, und 1141 dessen Bruder Heinrich Jasomirgott mit dem Herzogtum Bayern. Heinrichs X., des Stolzen, Sohn, Heinrich der Löwe, verzichtete auf Bayern, aber sein Onkel Welf VI., der mächtigste Fürst in Oberschwaben und in Bayerisch-Schwaben bis Welschtirol, seit 1152 auch Herzog von Spoleto, Fürst von Sardinien und Markgraf von Tuszien, gab nicht nach. Die beiden Babenberger Otto und Konrad wurden zu Bischöfen von Freising und Passau erhoben. Der Tod der Sächsin Gertrud 1143, die zuletzt mit dem Babenberger Heinrich Jasomirgott vermählt gewesen war, ließ den Streit von neuem aufflackern. Weil dies den Frieden und die Ordnung im Reich lähmte, suchte Barbarossa, selbst Sohn der Welfin Judith, Tochter Heinrichs des Stolzen, einen Ausgleich, den der Babenberger Heinrich Jasomirgott, Gemahl der byzantinischen Prinzessin Theodora, sehr erschwerte, der aber am 8. September 1156 doch zustandekam. Der letztere verzichtete auf das Herzogtum Bayern und wurde dadurch entschädigt, daß die bayerische Ostmark zum selbständigen (Territorial-)Herzogtum Österreich erhoben und er mit seiner Gemahlin damit belehnt wurde. Das berühmte ›Privilegium Minus‹, die Urkunde dieser Herzogserhebung, gewährte dem Träger dieses Reichsfahnlehens nicht nur das Privileg der weiblichen Erbfolge, sondern auch das Recht der Bestimmung des Nachfolgers beim Fehlen eines Erben.

Die Vereinigung der Herzogtümer Bayern und Sachsen in der Hand Heinrichs des Löwen sicherte ihm eine überlegene Machtstellung im Reich, die zu selbständiger Politik direkt anregte, besonders, wenn keine Gemeinsamkeiten der Interessen vorhanden und keine vertrauensvolle Zusammenarbeit zu erzielen war. Der Friede blieb so lange gesichert, wie der Stauferkönig in Reichsitalien voll beschäftigt war und der Welfe eine dynamische Politik im Nordosten ungehindert betreiben konnte. Durch die Erhebung Österreichs zum Territorialherzogtum neuen Stils war das bayerische Kerngebiet ein Binnenland ohne freien Weg nach Osten ins Donautal geworden und war in seiner Macht geschwächt worden. Barbarossa brauchte Ruhe für seine Auseinandersetzungen mit dem Papst, mit Sizilien und Byzanz. Durch eine intensive Königslandpolitik in Franken, wo sein Oheim Konrad III. bereits vorgearbeitet hatte, in Schwaben und in Bayern suchte er eine königliche Machtstellung im süddeutschen Raum aufzubauen. Es schien

sich eine Teilung der welfischen und staufischen Interessenge-
biete anzubahnen, ein norddeutscher Bereich für die Welfen,
ein süddeutscher für die Staufer. Auf die erfolgreiche Ostpolitik
des Welfen, die Gründung der späteren Hansestadt Lübeck
(1158 wie München) kann hier nur hingewiesen werden. Der
Löwe trieb eine autonome Kirchenpolitik und besetzte die
neuen Bistümer. Barbarossa sah im Welfenherzogtum eine
Ordnungsmacht des Reiches, unterstützte die Territorialpolitik
des Löwen 1168/69 gegen starke Widerstände des Adels und
übertrug ihm die wichtige Reichsburg Garda. Trotzdem neigte
sich das Übergewicht dem Welfen bis 1175 zu; deshalb wagte er
einen offenen Konflikt mit dem Kaiser und versagte ihm die
Heeresfolge nach Italien. Die kaiserliche Niederlage bei Le-
gnano 1176 machte die Gefahr für den Kaiser offenkundig; Barbarossa hatte 1167 durch Malariaepidemie sein Heer und führende Helfer vor Rom verloren. Der Löwe hatte außer seinem
ostelbischen kolonialen Machtgebiet reichen Besitz zwischen
Weser, Fulda, Saale und Elbe. Von einer »Territorialpolitik«
desselben in Bayern kann man nicht sprechen, jedenfalls war sie
nicht erfolgreich. Der Welfe betrieb selbständige Außenpolitik,
war der Schwiegersohn des großen englischen Königs Heinrich II.
  Da der Kaiser durch den Wechsel seiner politischen Taktik
und durch Kompromißbereitschaft die Einheitsfront von Papst,
lombardischen Städten und Normannenstaat aufsplittern
konnte, war er stark genug, unter dem Druck des sächsisch-
westfälischen Adels und der Kirche den gefährlichen Dualismus
zu beseitigen, der dadurch entstanden war, daß König und Herzog eine »moderne« Territorialpolitik betrieben. Dem Löwen
wurde 1180 der Prozeß gemacht; das land- (= königs-)rechtli-
che Verfahren versprach keinen Erfolg, deshalb wandte man das
lehnsrechtliche mit voller Wirkung an. Aber nicht der König
war der Gewinner, sondern der »Reichsfürstenstand«, der hier
erstmals handelnd auftrat. Der größere Teil des Herzogtums
Sachsen kam an den Erzbischof von Köln, der kleinere mit dem
Herzogstitel an Anhalt. Das wesentlich verkleinerte Herzogtum Bayern verlieh Barbarossa seinem getreuen Paladin Pfalzgraf Otto von Wittelsbach. Die Steiermark wurde zum selbständigen Herzogtum; das besitzmächtigste bayerische Dynasten-
geschlecht der Andechser wurde durch die Verleihung des Herzogtums Meranien (Dalmatien) in den Reichsfürstenstand erhoben. Barbarossa betrieb zielsicher eine Politik der Verkleine-

rung der Herzogtümer, die aber nur deren Zahl vermehrte, insgesamt aber die Kraft der territorienbildenden Herrengeschlechter nicht genügend schwächte, besonders dann nicht, wenn der Aufbau eines königlichen Territoriums nicht zu Ende geführt wurde. Die Wirkung der politischen Ereignisse von 1180 für Bayern war der Vollzug des Wandels vom ausgehöhlten und sich auflösenden Stammesherzogtum zum »Territorialstaat«. Der hohe Adel wurde durch das Lehnsrecht 1180 mediatisiert, die großen Reichsfürsten und Kronvasallen wurden die einzigen direkten Lehensträger. Fortan entschieden lehensrechtliche Stellung und politische Funktion über die gesellschaftliche und verfassungsrechtliche Position der Mitglieder der Feudalgesellschaft, nicht mehr allein Geburt oder Königsnähe. Das Privilegium Minus von 1156 und die Gelnhäuser Urkunde von 1180 haben die Territorialstaatsentwicklung in Deutschland rechtlich eingeleitet und fixiert. So wie vom hochmittelalterlichen Reich der Staufer ein Reichsbewußtsein und ein Reichsterritorialstaatsrecht bis 1803 wirksam geblieben ist und diese das Corpus des Reiches als »Staatsgebilde mit einer Kollektivsouveränität« trugen, schuf das alte Stammesherzogtum, das 1156 und 1180 in Bayern auszulaufen begann, ein Stammesbewußtsein, eine individuelle Stammeskultur, eine ausgeprägte Stammesart und Stammessprache = Mundart. Die Leistung des bayerischen Stammesherzogtums besteht darin, daß Österreich ein deutschsprachiger Staat ist und Südtirol noch deutsch spricht. Der alte Stamm war ein Personalverband, dem ein bestimmter Begriff von »Friede« und »Recht« eigen war. Dieser verband sich mit dem »Land«; daraus wurde in einem einfachen Rationalisierungsvorgang, den wir als institutionellen Flächenstaat bezeichnen, der Landesstaat, das Territorium, aus dem erst der moderne Verwaltungsstaat herauswuchs.

5.
Die salisch-staufische Königs- und Reichslandpolitik in Franken, Schwaben, Bayern und deren Struktur

Auf den von Salierkaisern geebneten Wegen und in deren Geist haben die Staufer den Ausbau von konzentrierten Königsgutkomplexen und Reichsländern zielsicher forciert. Barbarossa verleibte das Herzogtum Schwaben und seine Machtmittel dem staufischen Haus- und dann dem Königsgut ein. Das Aussterben südwestdeutscher Adelsgeschlechter im 12. Jahrhundert (Warthausen, Schwabegg, Bibra, Horningen, Schweinhausen, Bildertann, Donauwörth, Pfullendorf) ermöglichte den Staufern den Aufbau einer oberschwäbischen Machtstellung. Von dem Mutterbruder und Onkel Heinrichs des Löwen, dem Herzog Welf VI., kaufte Barbarossa dessen ganzes Eigengut (s.o.); dadurch setzten sich die Staufer in Bayerisch-Schwaben, auf dem Lechrain (Peiting, Schongau, Ammergau, Landsberg a.L.), im oberen Lech- und Inntal, im Vintschgau und im Etschtal fest. Bayerisch-Schwaben wurde fast zu einer »Domäne« der Staufer. Mit ihnen kamen und entfalteten sich die Reichsministerialen. Von den Wittelsbachern nahm Heinrich VI. das sogenannte »Moosamt«, das das ganze Dreieck zwischen Lech, Donau, Ilm und Paar ausfüllte und seinen Mittelpunkt in Neuburg a. Donau hatte. Er übertrug dieses Verbindungsstück zwischen Augsburg und den Forsten und Königsgütern im südöstlichen Mittelfranken (Tangrintel bei Hemau, Weißenburg am Sand) dem Reichsmarschall Heinrich von Kallendin = Pappenheim, seinem Feldherrn und vielfach verwendeten Diplomaten, wohl dem bedeutendsten Reichsministerialen nach Markward von Annweiler (Südpfalz). Das schlug eine Brücke von der neuen staufischen Stellung in Schwaben, die durch den Gewinn der Hochstiftsvogtei in Augsburg und staufische Stadtpolitik in der Bischofsmetropole besonders unterbaut war, nach dem werdenden Reichsland um die Salierveste Nürnberg inmitten zweier Forsten (Sebalder- und Lorenzerwald), dessen Organisation Konrad III. begonnen hatte. Auf der Reichsburg an der Pegnitz saß ein königlicher Burggraf als Kommandant, im 12. Jahrhundert aus dem Hause der niederösterreichischen Grafen von Raab, seit ca. 1200 dem der schwäbischen Zollern. Auf den Burgen im weiten Umkreis saßen mächtige und kleinere Reichsministerialenfamilien (Sulzbürg-Wolfsteiner um Neumarkt, Kammer- und Breitensteiner [b. Sulzbach], Gründlach und Eschenauer), in der Vogteistadt selber amtierten dienstmännische »Verwaltungspatrizier« mit dem Reichsbutigler für die Königsgutverwaltung und die Gerichtsbarkeit des Reichslandes und dem Reichsschultheißen als gesetztem Vertreter der Bürger und Untertanen in der Stadt selber an der Spitze. Konrad III. hatte das bisher von den Diepoldingern befehligte Egerland wieder zum Reich eingezogen; um die Reichsburg Eger bauten ihre Ministerialen ein geschlossenes Reichsterritorium mit einem iudex provincialis = Reichslandrichter als Oberbeamten auf. Barbarossa erwarb beim Aussterben der Grafen von Sulzbach deren ausgedehnte bambergische Vogteilehen in der nordwestlichen und mittleren Oberpfalz bis an den Regen (Nittenau). Das heutige nördliche Oberfranken wurde als Königsgutskomplex um die heutige Stadt Hof, damals Curia Regnitziana, zentralisiert. In diesem oberpfälzisch-oberfränkischen Gebiet betrieben die Reichsministerialen eine intensive Tätigkeit in Rodung und Landesausbau; sie selber kamen in der ersten Hälfte des 12. Jahrhunderts aus der Mark Cham, einem alten Königsgutsbezirk (Champriche) vor dem Further Landestor gegen Böhmen. Im Regental gewann Barbarossa die Vogtei über das Kloster Reichenbach. Der starke Reichslandblock, der sich quer über Süddeutschland vom Bodensee und Schwaben bis zum Egerland, Vogtland, Pleißenland legte, unterbrach oder verdünnte die welfische Nordsüdachse bereits vor 1180.

Eine starke Stütze des Königtums in Franken, das die Staufer auch zu einem *Land der Städte* machten, waren die *Reichsbistümer* am Main, die wie Eichstätt im Investiturstreit zum Kaiser standen. Hermann und Rupert von Bamberg, wie auch Otto Bischof von Regensburg, ein Zögling der Bamberger Domschule, mit seinem Domvogt Friedrich aus dem Zweig der Grafen von Bogen, verfochten des Königs Sache. Nach langem Widerstand mußte auch in Würzburg der Reformbischof Adalbero aus dem oberösterreichischen Hause der Grafen von Wels = Lambach weichen. Der Bamberger Domscholaster Meinhard führte dann den Krummstab. Im Kampfe Heinrichs V. gegen seinen alten Vater spielte Nürnberg, damals auf der Grenze zwischen Franken und Bayern gelegen und noch am Ende des 12. Jahrhunderts »Caput Bavariae« = Hauptstadt Bayerns genannt, eine Hauptrolle. Der bedeutende Bischof Otto von Bamberg, ein sehr früher und zielbewußter geistlicher Territorialpolitiker, trug wesentlich zum Gelingen des Ausgleichs zwischen Kaiser und Papst im Wormser Konkordat von 1122 bei. Er suchte in bischöflichen Eigenklöstern den weitgestreuten Besitz seines Bistums zu verankern, im Juragebiet und Frankenwald betrieb er Erwerbspolitik und organisierte die Verwaltung um Burgen (Pottenstein, Gößweinstein, Leupoldstein, Burggailenreuth, Henfenfeld, Eschenfelden, Niestein, Ebersberg); er gewann die Herrschaft Kronach im Frankenwald und beschränkte die Macht der Klostervögte von Michelsberg in Bamberg, Theres, Banz, Ensdorf (Opf.), Vessra. Die Bamberger Ministerialen, seine Helfer, waren eine sehr entwickelte und arrivierte

Gruppe. Bambergs Stellung als Reichsbistum in ganz Südost-
deutschland war vor allem in seinen Eigenklöstern verankert*.
Wegen seiner bayerischen Güter besuchte der Bamberger Bischof den bayerischen Hoftag. Die Wittelsbacher ließen sich
1268 mit den bambergischen Lehen auf dem Nordgau belehnen;
erst dadurch sowie durch die gleichzeitige Konradinische Erbschaft wurde der Großteil der Oberpfalz bayerisch, d. h. Teil
des Wittelsbachischen Territoriums. Dazu gehörten Hohen-
stein, Hersbruck, Vilseck, Auerbach, Pegnitz und Velden. Im
Obermaingebiet aber konnten die Bischöfe von Bamberg intensive Landesstaatspolitik erst nach dem Aussterben der bayerischen Andechs-Meranier (1248) treiben, die um die Veste Plas-
senburg bei Kulmbach aus Reichsgut und durch Heirat einen
großen Güter- und Herrschaftskomplex arrondiert hatten. Der
auch im Reichsdienst überaus tätige Bischof Eberhard
(1146–1170) griff in den waldreichen Nordosten aus (Burg
Nordeck mit dem Markt [Stadt-]Steinach, ehedem henneber-
gisch, Nordhalben in einem Rodungsland). Seit 1177 saßen auf
dem Stuhl zu Bamberg drei Andechs-Meranier. Der letzte Me-
ranier, Otto, zugleich Pfalzgraf von Burgund durch staufische
Belehnung, besaß ein Territorium vom Fichtelgebirge bis über
den Jura, vor allem am Obermain, wo er in der Zisterze Langheim bestattet wurde. Seine Töchter brachten diese Güter an die
Zollern-Burggrafen in Nürnberg, die Grafen von Weimar-Or-
lamünde, die Edlen von Truhendingen (Hohentrüdingen beim
Kloster Auhausen a. d. Wörnitz und Öttingen). Zentrum des
Hochstiftes blieb das »kaiserliche Landgericht Bamberg«, das
an der Roppach bei Hallstadt tagte. Im meranischen Hauptland
bauten die Zollern um Kulmbach und Bayreuth ihr obergebirgi-
sches Territorium auf, die spätere Markgrafschaft Kulmbach-
Bayreuth. Die zollerischen Markgrafentümer Ansbach und
Bayreuth setzten sich als einziges größeres Territorium in Fran-

---

* Arnoldstein in Kärnten, Aura an der fränkischen Saale, Vitzenburg a. d.
Unstrut, Prüfening, dessen erster Abt Erminold aus Hirsau kam, Michelsberg
und St. Jakob in Bamberg, Michelfeld und Ensdorf in der Oberpfalz, letzteres
eine Stiftung des Adeligen Friedrich von Hopfenohe-Lengenfeld und Pettendorf
und seines Schwiegersohnes Pfalzgraf Otto von Wittelsbach, Biburg (Kehlheim),
Münchsmünster (Pfaffenhofen), Mallersdorf, Asbach (Griesbach), Aldersbach
(Vilshofen), Osterhofen, Windberg bei Bogen (Stifter Graf Albert von Bogen),
Heilsbronn bei Ansbach, Münchaurach (Höchstadt/Aisch), Gründung des Grafen Goswin von Höchstädt und seines Sohnes Hermann von Stahleck, Langheim
(Lichtenfels), Rodach (Coburg), Vessra (Schleusingen, Prov. Sachsen), Tückel-
hausen (Ochsenfurt), Waltstein (Fichtelgebirge), Zella (Thüringen).

ken durch. Das fränkische Hochstift Bamberg aber wurde das Muster eines geistlichen Landesstaates in Bayern, wohl organisiert in Ämtern, die Grund- und Vogteiherrschaften zusammenfaßten, deren Mittelpunkte Burgen waren. Wertvolle Urbare = Wirtschaftsbücher des Hochstifts geben uns lebendigen Einblick in das belastete Leben und Arbeiten der bäuerlich-bürgerlichen Untertanen des Bischofs, die grund-, vogtei-, leib-, zehntherrliche Abgaben mannigfacher Art zu zahlen hatten. Die Leistung des Reichsbistums Bamberg in Landesausbau, Mission und Organisation wie auch seine Verfassungsentwicklung sind ein Sonderfall hochmittelalterlicher deutscher Geschichte.

Barbarossa entschädigte den durch die Reichsverpflichtungen überbelasteten Bischof von *Würzburg* 1168 durch das Privileg der »Goldenen Freiheit«, das auf formal nicht ganz durchsichtige Art das »Herzogtum der Bischöfe in Franken« begründete und dem Diözesan eine große Chance zum Aufbau eines Territoriums in den weiteren Mainlanden gab, die aber nicht ganz genutzt wurde. *»Herzogtum«* meinte Regierungsgewalt, Funktion, jedoch nicht Territorium, im Grunde war es ein archaischer kaiserlicher Personenverband und kam der alten Herzogs- und Gerichtsgewalt in Ostfranken gleich. Auf eine andere staufische Organisation geht das »Kaiserliche Landgericht Würzburg« zurück. Auf Grafschaft, Zent = (Blut-) Gericht und Herzogsamt ließ sich kein Territorium aufbauen, nur auf Wildbann, Forsthoheit, Vogtei, Zwing und Bann. Im Tauber- und Kochergebiet hatten die Staufer um *Rothenburg o. d. T.*, die frühere Burg der Grafen von Komburg bei Schwäbisch Hall und spätere Reichsstadt, ein Reichsland mit intensiver Ministerialenverwaltung organisiert; Vögte und dann Reichsküchenmeister waren hier die Oberbeamten. Wie uns die Eheabredung Barbarossas mit König Alfons von Kastilien (1177) deutlich zeigt, war der Raum von Würzburg über Rothenburg, Feuchtwangen, Dinkelsbühl bis Weißenburg am Sand in der Stauferzeit zu einem engeren Königsland zusammengefaßt. Man hat starke Gründe, daß auf der Vogelweide bei Feuchtwangen die eigentliche Heimat des reichsministerialischen Minnesängerfürsten *Walther von der Vogelweide* zu suchen ist. Dazu kommt die Tradition, daß er im Lusamgärtlein bei Neustift in Würzburg bestattet ist. Die Bischöfe von Würzburg setzten mit Territorialpolitik unter dem Sachsen Konrad von Querfurt ein, der die »Landesfeste« am linken Mainufer in der Bischofstadt erbaute, aber von einem Verwandten des Marschalls von Pappenheim ermordet wurde. Die Initiatoren einer intensiveren Landesherrschaft waren zwei Lobdeburger, Otto und Hermann, die Saaletal und Grabfeld zum Hauptinteressengebiet machten, wo sie sich mit den Grafen von Henneberg, den früheren Burggrafen von Würzburg, auseinanderzusetzen hatten; diese mußten sich darum auf das Dreieck Königsberg–Meiningen–Coburg beschränken.

Das staufische *Reichsland* Franken mit seinen Reichsburgen, Königsstädten und Reichsdörfern, Königsgutkomplexen, seiner starken Reichsministerialität, seinen Reichsbistümern und seinem Reichsadel war vermutlich neben der Pfalz und dem Reichsland um Frankfurt (Wetterau) das zukunftsreichste Kernstück einer Königsstaatspolitik in Deutschland. Es teilte aber auch mit Schwaben das Schicksal politischer Zersplitterung bis zum Ende des Alten Reiches, was unter staatlichen Aspekten negativ zu bewerten ist. Im Gegensatz dazu war das Wittelsbachische Territorium nach den Teilungen ein festgefügter Block; dieser Strukturunterschied hat Franken, Altbayern und Schwaben in spezifischer Weise differenziert und charakterisiert. *Nürnberg*, die königlichste unter den deutschen Reichsstädten, seit 1505/06 mit dem größten reichsstädtischen Territorium vor Rothenburg o. d. T. und Ulm, war das eigentliche administrative, politische und wirtschaftliche Zentrum des fränkischen Reichslandes, dessen Einfluß über das später verpfändete Reichsland Eger bis Böhmen und Prag und in das Vogt- und Pleißenland reichte, das also starke Beziehungen zum mitteldeutschen und mitteleuropäischen Osten bis Krakau und Lemberg anknüpfte. Im Westen reihten sich entlang der großen staufischen Fernstraße von Würzburg über Aub am Main bis Augsburg, die auch gleichzeitig Teilstrecke einer großen Pilgerstraße von Norwegen und Hamburg bis Italien und Rom wurde, als urbane Zentralorte Donauwörth, Nördlingen, Dinkelsbühl, Feuchtwangen, Rothenburg aneinander, und im Norden gewann Schweinfurt Bedeutung. Ansbach, wo die Staufer Vögte des Gumbertusstiftes waren (Krypta im staufischen Stil), kam über die Grafen von Oettingen an die Zollern und wurde Zentrum ihrer unterländischen Markgrafschaft. Die Doppelkapellen in den staufischen Reichsburgen Nürnberg und Eger sind Ausdruck eines religiösen und politischen Wollens der Stauferkaiser in diesem Raum (Doppelkapelle in der Stauferpfalz zu Kaiserslautern). Franken und die Oberpfalz zählen zu den burgenreichsten Gebieten Deutschlands, Zeugen einer alten, intensiven herrschaftlichen Organisation. Vom salisch-staufischen Reichsadel haben überlebt die Hohenlohe, Castell, Henneberg, Wertheim, Rieneck und vor allem die Zollern. Als Träger und Zentren von Großgewerbe, Handel, Verkehr, Wirtschaft wurden die staufischen Reichsstädte, vielfach auf Kirchenboden gegründet, die zukunftsweisendste Kraft. Im spätromanischen Dom des Reichsbistums Bamberg steht das rätselvolle Steinbild des *Bamberger Reiters,* dessen Form nach Frankreich, dem europäischen Kulturland der Aufbruchszeit, weist, dessen Gesinnung sowohl staufisch wie andechsisch-meranisch, königlich wie aristokratisch gedeutet werden muß. Mit dem Untergang der Staufer sind die Möglichkeiten einer »Verstaatung« der Königsherrschaft verschwunden; aber Franken wie Schwaben sind ihrer politischen Struktur nach archaisch und reichisch geblieben, obwohl Wirtschaft und Geist gerade hier sehr fortschrittlich waren und den deutschen Kulturbesitz gerade in den kommenden Jahrhunderten kräftig mehrten. Geblieben ist auch der »Reichsgedanke«, über den der Würzburger Domherr und Bamberger Bischof Lupold von Bebenburg und der Regensburger Domherr Konrad von Megenberg nachsannen und gelehrte Traktate schrieben.

6.
Gesellschaft und Kultur in Bayern vom 10. bis zum 14. Jahrhundert

Im 10. Jahrhundert, in dem die historischen Quellen mit Ausnahme des Hofes der Ottonen spärlich fließen, in dem auch die römische Tradition des schriftlichen Rechtsverkehrs fast zum Erliegen kam, waren in Bayern Bistümer wie Regensburg mit St. Emmeram und Passau Zentren einer aktiven Politik und rezeptiven Kultur. Regensburg übte bis zur Gründung des Bistums Prag zwischen 973 und 976 einen starken kirchlichen und kultischen Einfluß auf Böhmen aus. Der Reformbischof Wolfgang gab seine Zustimmung zur Ausgliederung des Landes aus seiner Diözese und löste 975 die uralte Verbindung zwischen Domstift und Domkloster in Regensburg. St. Emmeram mußte sich des bischöflichen Druckes lange erwehren, bis seine Reichsunmittelbarkeit gesichert war. Im 10. Jahrhundert wirkte dort der Mönch Otloh, ein sehr fortschrittlicher Geist, der zu den ersten Verfassern einer Selbstbiographie zählt. Passau aber kämpfte hartnäckig, auch mit Urkundenfälschungen, unter seinem Bischof Pilgrim um die Erhebung zum Erzsitz eines die Donaulande mit Ungarn umfassenden Metropolitanverbandes. Diese Politik ist, wie wir schon gesehen haben, gescheitert. Es blieb aber bis in das 18. Jahrhundert der Diözesanmittelpunkt für die österreichischen Erblande ob und unter der Enns.

Regensburg wie Passau waren bedeutende Fernhandelsplätze nach Böhmen, der Slovakei, Ungarn und Westrußland sowie wichtige Warenumschlagplätze. Deshalb war Regensburg schon im 10. und 11. Jahrhundert eine dichtbesiedelte Stadt mit internationaler Bevölkerung und einer reichen Schicht von Kaufleuten und Agenten. Im vollen Lichte der reich fließenden Quellen läßt sich hier die Gesellschaftsentwicklung des Bürgertums aus der »freien Unfreiheit« gut verfolgen, die sich um das Kloster St. Emmeram als Rechtsform durch Ergebung in die Cerozensualität durchsetzte und Freiheit der Arbeitskraft und des Arbeitsertrages, zunächst noch nicht persönliche Freiheit brachte. Regensburg war wirtschaftlich, gesellschaftlich, politisch und geistig vom 10. bis zum 13. Jahrhundert die führende und bedeutendste Stadt des süddeutschen Raumes, war Köln ebenbürtig. In ähnlicher Weise wie in dieser zentralen Stadt vollzog sich der Aufstieg des Bürgertums im 11. und 12. Jahrhundert auch in Augsburg, Nürnberg und Passau, die zu Mittelpunkten eines breitgestreuten Fernhandels und eines für Überschuß produzierenden Großgewerbes im heute bayerischen Raum wurden. Der Bau der noch heute erhaltenen Steinernen Brücke in Regensburg vor 1150 wurde in Europa als Weltwunder gefeiert. Die Donaustadt hatte schon früh ein Judenviertel; es spricht für den weiten Geist dieser Stadt, daß der Jude Petachja eine Beschreibung seiner Reise in den Nahen Osten hinterließ. Regensburgs Handel mit Kiew hat dazu geführt, daß ein Mönch des Schottenklosters St. Jakob sich dort mit Pelzen beschenken ließ, die er zu Hause auf den Markt brachte und deren Erlös zum Bau der berühmten St.-Jakobs-Kirche beitrug. Schon seit dem 10. Jahrhundert hatte das zu Regensburg geprägte Pfund Pfennige eine europaweite Streuung vor allem im Norden und Osten. Sklaven, Pelze, Honig, Leder, Waffen, Pferde und Salz waren die Waren dieses Regensburger und Passauer Osthandels. Regensburg stand in besonders engen Beziehungen zu Prag, zu Venedig, wo es später den Vorsitz im deutschen Quartier, dem Fondaco dei Tedeschi, hatte, zur Seidenstadt Lucca, zu Mailand, woher Bauleute kamen, auch zu Ravenna; die letztgenannten Verbindungen haben ihren künstlerischen Niederschlag in der leider zerstörten Kirche von Obermünster und in der Allerheiligenkirche im alten Domkreuzgang gefunden. Stadtherr in Regensburg mit seinen karolingischen Traditionen und slavisch-byzantinisch-italienisch-französischen Beziehungen war der König, den der Burggraf vertrat, bis zum Ende des 12. Jahrhunderts aus der Sippe der Pabonen; neben ihm setzte sich der Bischof als zweiter Stadtherr durch. Die Wittelsbacher hatten in der Stadt seit dem 13. Jahrhundert nur als kaiserliche Burggrafen in Nachfolge der Pabonen mitzureden, ihr Territorium umschloß aber die spätere Reichsstadt.

Wenn man von bayerischem *Kultureinfluß im Südosten* spricht, muß man die Bistümer Salzburg und Freising nennen. Letzteres entfaltete im 10. Jahrhundert unter Bischof Abraham eine rege Siedel- und Herrschaftätigkeit bei Laibach, in Istrien und Krain. Auf seine Initiative wurde wohl die sogenannte ›Freisinger Beichte‹ aus dem Althochdeutschen übersetzt, das älteste slovenische Schriftdenkmal. Auf dem Patriarchenstuhl zu Aquileja saßen von 1019 an immer wieder Bayern, mit denen adelige Sippen kamen. Auch Eichstätt, Bamberg, Würzburg hatten Besitz im Neusiedelland. Eine rege Tätigkeit entfalteten die bayerischen *Klöster,* die sowohl in der Wachau wie im Etschland ihre Weinberge hatten. Der Adel gründete im 11. und 12. Jahrhundert viele neue Klöster in der Ostmark, aus deren Zahl Namen wie Melk, Göttweig, Herzogenburg, Klosterneuburg, Mariazell im Wienerwald, Altenburg, Admont in der Steiermark, Lambach, Ranshofen, Reichersberg, Wilhering, Ossiach, Millstatt, Gurk, St. Paul herausragen. Der größte Teil der Grundherrschaften lag in den Händen des meist *bayerischen Adels,* der das Rodungswerk organisierte und damit seine Herrschaften begründete. Die größten Kolonisatoren und Grundherren im niederösterreichischen Waldviertel waren die Grafen von Ebersberg, die von den Sighardingern = Tenglingern, den Grafen von Formbach (am Inn), den Burggrafen von Regensburg, den Grafen von Plain, den Gerolden (aus dem Rottgau) und den Machland-Perg-Lengenbachern beerbt wurden. Doch treffen wir auch die sächsischen Brunonen, die Grögling-Hirschberger und die Diepoldinger Markgrafen hier an. Die Machtstellung der Babenberger beschränkte sich im 10./11. Jahrhundert auf das Land an der Donau (drei Grafschaften).

Die Rodungsbauern siedelten sich im Alpengebiet in Einzelhöfen, im Alpenvorland und nördlich der Donau zunehmend in

Dorfsiedlungen, im Straßen- und kolonialen Angerdorf an. In den Talböden Tirols, des Erzstifts Salzburg und in der Steiermark war der Schwaighof (Viehzucht) die vorherrschende Siedlungsform. Die Rodung des Leitzachtales am Fuße des Wendelsteins schildert anschaulich der Mönch Konrad von Scheyern, dessen Kloster in Margarethenzell begründet, nach Fischbachau und Eisenhofen verlegt und in Scheyern wieder begründet wurde. Rodungsherr war der Graf Hermann von Kastl bei Amberg. Wie überall in Europa, kam im 11. Jahrhundert eine große Rodungsbewegung in Gang, die den Landesausbau im Binnen- und Grenzland sehr förderte. Sie war die Folge eines Bevölkerungsdruckes und einer starken *sozialen Mobilität,* die besonders die Unterschichten ergriffen hatte. Man warb und lockte die bäuerlichen Menschen in die Neusiedelgebiete, indem man ihnen längere Abgabenfreiheit, ein besseres Besitzrecht (Erbrecht), persönliche Freizügigkeit gewährte; so entstand der Pioniertyp des rodenden »*Freibauern«,* der durch Auswanderung seinen alten Leibherrn und die drückendsten Formen der Leibeigenschaft los wurde. Im ganzen hoben sich der Lebensstandard und der Rechtsstand der Unterschichten. Den spektakulärsten Aufstieg aus der Unfreiheit machten die *Ministerialen* (adelige Unfreiheit) und die *Bürger* (freie Unfreiheit), die die archaische Feudalgesellschaft auflockerten und eine neue *Mittelschicht* mit neuer Auffassung von Arbeit, Gewinn und genossenschaftlicher Selbstbestimmung und einem rationalen Geist begründeten. Im Zuge dieser gesellschaftlichen Bewegung verbesserten auch die bäuerlichen Leibeigenen wirtschaftlich und rechtlich ihre Stellung; aus der »unfreien Unfreiheit« erwuchs über die Pachtleihe ein neuer Bauernstand, der gegen die drückendsten Abgaben protestierte und allmählich auch über Geld verfügte. Im 13. Jahrhundert setzte sich auch im bayerischen Großraum das *Rodungsunternehmertum* mit Lokatoren (Agenten, Werbern) durch. In Oberösterreich, Südböhmen, Passauer Abteiland, Oberpfalz und Nordböhmen wurde jetzt die Form der *Waldhufendörfer* (Blockfluren) üblich.

Im bayerischen Ostland entwickelte sich im Zuge dieser alle Schichten erfassenden Bewegung und Mobilität ein neues Stammes- und Volksbewußtsein, das *Österreichertum,* das mit dem Wienertum ebensowenig zu verwechseln ist wie heute das Altbayerische mit dem Münchnerischen, das ein aus Pfälzischem, Fränkischem und Italienisch-Südlichem vermischtes »Staatsbayerntum« und »Salonbayerntum« im guten Sinne ist. Im Herzogtum Österreich, in der Steiermark und in Tirol prägte sich eine eigene Kultur. Am weithin bekannten Hof der Babenberger zu Wien sang Walther von der Vogelweide seine Minnelieder, und der Passauer Diözesan und Patriarch von Aquileja, Wolfger von Ellenbrechtskirchen, schenkte ihm bei Zeiselmauer einen Pelzmantel. In diesem Land fand das Nibelungenlied seine endgültige Form, indem sich fränkisch-bayerisches Sagengut mit eigenem Erleben und geschichtlichen Erinnerungen verband. Hier erwuchs eine eigene Klosterkultur, deren Ruhmesblatt die österreichische Geschichtsschreibung ist. Dieses Land blickte nach dem Balkan. Drei von den vier verheirateten Babenberger-Herzögen holten sich ihre Frauen aus Byzanz, einer (Leopold V.) vom ungarischen Königshof. Sie hielten damit den Weg für byzantinische Kultureinflüsse offen, die im 10. Jahrhundert besonders von Regensburg aufgenommen worden waren (Buchmalerei, Prachthandschriften, Münzbilder).

Träger geistiger Bewegung, von Bildung und allseitiger Kulturarbeit waren seit dem 8. Jahrhundert die *Klöster*, besser das Mönchtum, kraft seiner eigenen religiösen Lebensform. Die Reichskirchenreform des 10. Jahrhunderts, die vom lothringischen Kloster *Gorze* ausging, fand in St. Emmeram, Tegernsee, Niederaltaich, im unterfränkischen Münsterschwarzach besonderen Widerhall. Sie regte das geistige Schaffen an, das in der Ramwoldkrypta (um 980) und in Westchor und Krypta von St. Emmeram Ausdruck suchte. Trier, Ausgangspunkt der Reform in Bayern (St. Maximin) und Hauptstätte der Goldschmiedekunst in Deutschland, regte diese Kunst in Regensburg an. Von den klösterlichen Schreibschulen und der literarischen Leistung Tegernsees (Ruodlieb, Froumund) war schon die Rede. Die Reform von Gorze, Trier, Regensburg schlug in Bayern so tiefe Wurzeln, daß noch im 12. Jahrhundert ein Tegernseer Abt sagen konnte, daß man die kluniazensische Hirsauer Reform nicht brauche. Erst seit der Wende vom 11. zum 12. Jahrhundert öffneten sich Adel und Bischöfe des gesamtbayerischen Raums allmählich dem durch das Schwarzwaldkloster *Hirsau* (Nagold) vermittelten neuen Geist, der auf kirchliche Freiheit von weltlicher Herrschaft und Vogtei, auf päpstlichen Schutz abzielte; der Adel wandelte seine Stammburgen in Hausklöster um. Bezeichnend ist, daß der erste Reformabt Wilhelm von Hirsau aus dem gorzischen Reichskloster St. Emmeram in Regensburg kam. Steinerne Zeugen des neuen Geistes sind die Klosterkirchen von Kastl mit seiner burgundischen Baugesinnung, von Prüfening bei Regensburg mit seinen berühmten Fresken, darunter einer Darstellung der päpstlichen Zweischwerterlehre des Gelasius, von Heilsbronn (trotz des zisterziensischen Dachreiters), Biburg bei Abensberg und Reichenbach am Regen. Als Vertreter einer neuen Seelsorge für die Städte und die bewegten Massen auf dem Lande und den Straßen trugen die in Bayern von den Welfen, dem Erzbischof von Salzburg und vornehmlich dem Gregorianerbischof Altmann von Passau geförderten *Augustinerchorherren* dem geistigen Aufbruch der Zeit Rechnung. Sie spielten im beginnenden 12. Jahrhundert eine führende Rolle in den italienischen Städten Lucca, Bologna und Ravenna, vor allem an der römischen Kurie unter Papst Innozenz II. Ein führendes Kloster war St. Mang in Stadtamhof vor Regensburg. Dort wirkte einer der wachsten Geister Bayerns im 12. Jahrhundert, Gerhoh, der spätere Propst von Reichersberg. Sein kritischer Geist, der im erregten Regensburg selber in die Gefahr der Exkommunikation geriet, weil er die Lehren der französischen Wanderpredigerbewegung verkündete, übte scharfe *Gesellschaftskritik* an Geiz und Herrschsucht der Machtkirche und der weltlichen Herrschaft. Dieser konservative Zeitkritiker und die Vielzahl der bayerischen Augustinerchorherrenstifte (Rottenbuch im Ammertal, Baumburg, Gars, Berchtesgaden, Dießen, Rebdorf, St. Nikola in Passau) sind neben den Prämonstratensern in Windberg, Schäftlarn, Steingaden, Neustift und Speinshardt direkt und indirekt ein starker Beleg für die agile und revolutionäre Geistigkeit der Menschen im bayerischen 12. Jahrhundert. Einer gewandelten Wirtschaftsgesinnung und einem neuen Arbeitsethos in Stadt und Land trugen die *Zisterzienser*, eine französische Reform des alten Benediktinerordens, Rechnung. Ihr größter Vertreter war der tiefste konservative Geist- und Reichsmystiker in Bayern, *Bischof Otto von Freising*, ein Babenberger, Student an der jungen Universität von Paris, dann Mönch und Abt im französischen Morimund, dann Reichsbischof im Dienste der Staufer und Geschichtsschreiber Kaiser Barbarossas. Weil der Orden die Handarbeit für alle Angehörigen verpflichtend machte, konnte er nicht nur intensive Rodungsarbeit leisten, sondern auch fortschrittliche Wirtschaftsformen (Spezialbetriebe) entwickeln und Kapital sammeln, so daß man ihn den »Bankier« des 12. Jahrhunderts nannte. Vier Klöster sind als führend zu nennen: das Kloster Waldsassen, das für die Erschließung Nordböhmens viel getan hat, die Steigerwaldzisterze Ebrach, deren Abt Adam Hauptberater König Konrads III. war, die mittelfränkische Zisterze Heilsbronn, deren vielbändiges Rechnungsbuch eine noch nicht ausgeschöpfte Quelle für die ländliche Wirtschaft Frankens im Spätmittelalter ist, sowie die niederbayerische Zisterze Aldersbach. Die Zisterzienser setzten dem Rentenbetrieb der Benediktiner die intensive Wirtschaftsform des autarken Eigenregiebetriebs mit klösterlichen Arbeitskräften (Grangien) entgegen. Das Aldersbacher Rechnungsbuch (1291–1336 und 1363) zeigt nicht nur die große Fülle der (Luxus-)Fernhandelswaren, sondern auch die Tatsache, daß Regensburg durch seinen intensiven Italienhandel (Transit) der billigste Markt für die Levante- und Italienware auf der ganzen Donaulinie war. Heilsbronn war ein agrarischer Großbetrieb zur Bedarfsdeckung Frankens und vor allem Nürnbergs mit den Erzeugnissen des flachen Landes.

Die gesellschaftliche Bewegung, die expansive Ausweitung von Siedlung und Wirtschaft, ein neuer Geist der Aufklärung, der die Scholastik und die Universitäten zu Paris und Bologna prägte, ein aufbrechendes Laienbewußtsein und eine gewandelte Religiosität, die sich mit Gesellschaftskritik verband, erregten im 12. Jahrhundert die Menschen, die Unter- wie die Oberschichten in Bayern, vorab die in den Städten, den großen wie Regensburg, Augsburg, Nürnberg, Passau; es scheint, daß dieser Geist nicht nur in der Ritterdichtung seit dem Ende des 12. Jahrhunderts, sondern auch in einer stetig wachsenden Katharer- und Waldenserbewegung um die Wende vom 12. zum 13. Jahrhundert zum Tragen kam. Das drückt sich nicht nur darin aus, daß der herrschende Gott vor dem leidenden zurücktritt und das Armutsideal immer drängender gefordert wird, sondern auch darin, daß die *Bettelmönche*, vor allem die des hl. Franz von Assisi, sehr rasch und in großer Zahl über die Alpen kamen, in Augsburg ein David und in Regensburg, Österreich und Böhmen vor großen Volksmassen Bruder Berthold predigte und sie ergriff, d. h. sie bei der alten Herrschafts- und Machtkirche hielt. Mit ihnen kamen auch die Dominikaner. Es ist kein Zufall, daß zu den feinsten frühgotischen Kirchen Deutschlands die Minoriten- und die Dominikanerkirche in Regensburg zählen. In letzterer predigte und lehrte der geistig umfassendste Deutsche in der Aufbruchszeit, Albert der Große, aus dem schwäbischen Reichsministerialengeschlecht derer von Bollstädt. Die neue Aufklärung der Scholastik hatte in den bayerischen Klöstern des 12. Jahrhunderts so rasch Fuß gefaßt, daß schon wenige Jahre nach ihrer Abfassung die Werke der großen Pariser Magister in den Klosterbibliotheken vorhanden waren. Ein großer Strom von Studenten muß aus Süddeutschland nach Paris gezogen sein. Die ›Carmina Burana‹ (Vagantenlieder) und die Dichtung des Klosters Tegernsee beweisen das. Die in der Volkssprache gehaltenen Predigten eines David und Berthold wurden auch niedergeschrieben; sie stellen die älteste deutsche Prosa dar.

Die Tatsache, daß die volkssprachliche Ritterdichtung, die das Latein als Literatursprache allmählich verdrängte, im bayerisch-österreichisch-fränkischen Raum eine besondere Heimstatt fand, rundet das bisher Gesagte zu dem begründeten Urteil, daß Bayern neben dem niederrheinischen Raum im 12./13. Jahrhundert eine entscheidende deutsche *Kulturlandschaft* war. Die ›Weltchronik‹ Ottos von Freising und seine ›Taten Kaiser Friedrich Barbarossas‹ wandten sich an die Welt der ritterlichen Laien, nicht mehr an ein gelehrtes geistliches Publikum. Ihr zeichnet der Schüler Abälards und Gilbert de la Porëes aus philosophisch-religiöser Besinnung das harmonische Bild einer gottgewollten Ordnung (civitas Dei), in der Kirche und Kaiser ihren Platz haben.

Seine »Reichsmetaphysik« anerkennt den Wandel als geschichtliches Prinzip, verankert ihn aber im Frieden des Reiches Gottes nach dem Vorgang Augustins. In der Schule von Gorze, Cluny, Hirsau war der französische und deutsche Adel »humanisiert« worden. In der Emanzipation von der Kirche zur »Welt« fanden seine geistig-schöpferischen Kräfte eine eigene Sprache in der vorab von Ministerialen = adeligen Unfreien aus den Eindrücken des höfischen Gesellschaftskreises geschriebenen Ritterdichtung. Die geschlossene Rittergesellschaft hatte ihren eigenen Stil entwickelt und lebte nach einem altadeligen Menschenbild; ihre Formen waren übernational. Daraus entwickelte sich ein gehobenes Standesbewußtsein, das sich von der bewegten Masse der Bürger und Bauern distanzierte. Eine laikale Schriftkultur setzte sich durch, sogar ein neuer rechnender Geist erwachte im ältesten adeligen Wirtschaftsregister der Grafen von Weyarn, Neuburg am Inn und Falkenstein, dem nach 1165 abgefaßten ›Codex Falkensteinensis‹. Neben weltlicher Diesseitsfreude lebte eine tiefe mystische Diesseitsflucht. Das 12./13. Jahrhundert und seine Führungsschicht lebten in einer seelischen Spaltung. Diese Führungsschicht spürte auch, daß die neuen gesellschaftlichen Schichten ihre herrschaftliche

Legitimation bezweifelten, und suchte diese Skepsis dadurch zu überwinden, daß sie sich selbst unter das Gebot der Armut in den neuen Orden stellte. Mystische Innerlichkeit und rechnerischer Wirtschaftsgeist prägten die Grauen Mönche von Citeaux wie die Bürger in den Städten und die besser verdienenden Bauern auf dem Land, die nun ihre Erzeugnisse auf die Märkte bringen konnten, da die aufkommende Rentengrundherrschaft ihnen die Freiheit dazu gab. Die politisch-religiös-geistige Einheit archaischen Denkens zerbrach, und auf dem Boden einer Renaissance von Antike, Orient und keltisch-germanischer Paganität erhob sich eine starke Verweltlichung, die wir an Vagantenliedern und frivolen Romanstoffen (Parodie) ablesen. An den Höfen der großen und kleinen Fürsten, der Staufer, der Babenberger, der Welfen, der hessisch-thüringischen Landgrafen, fand dieser Geist Heimstatt und Hochform; denn ein großherziges Mäzenatentum förderte hier die neuen weltlichen Künste und Wissenschaften. Aber der höfische Geist hat die kirchlich-asketische Kultur nicht gewandelt oder überwunden, doch hat er die hohen Schichten des Klerus weitgehend infiziert und an sich gezogen. Neben dem Tegernseer ›Ruodlieb‹, in dem sich das »Leben« hervorwagt, ist das auf Bestellung Bischof Gunters von Bamberg verfaßte ›Ezzolied‹ die bedeutendste geistliche Dichtung der Zeit (1064), die Heinrich von Melk um 1160 in seiner »Erinnerung an den Tod« fortsetzt, die die Spannung des 12. Jahrhunderts ausdrückt. Die französische Epik der Chansons de geste hat das ›Rolandslied‹ des Regensburger Pfaffen Konrad und um 1150 die Kaiserchronik (Lebensbilder als Weltgeschichte) angeregt. Zwei Rheinländer dichteten in Bayern den ›König Rother‹ (1140) und das ›Epos vom Herzog Ernst‹. Der größte höfische Epiker Wolfram von Eschenbach (wohl Mittelfranken) bezeichnete sich als Bayern; er fand einen Ausgleich zwischen ritterlichem und christlichem Ideal. Der Dichter des ›Wigalois‹, Wirnt von Gravenberg (nach 1204), war sein Landsmann. Der Kärntner Heinrich von Türlin machte sich um 1215 in seinem Artusroman ›Der Abenteuer Krone‹ vom französischen Vorbild frei. Der Steiermärker Ulrich von Lichtenstein (1200/1275) wurde der Don Quijote des Minnedienstes. Im bayerisch-österreichischen Raum wurde das Nibelungenlied in seine epische Endform gebracht (nach 1200). Der niederösterreichische Kürenberger ist vor Dietmar von Aist der älteste Lyriker in deutscher Sprache. Dem fränkischen Reichsland um Feuchtwangen zählt man mit den bisher besten Gründen Walther von der Vogelweide zu, der bis 1198 lange am Hof der Babenberger weilte. Der größte deutsche Minnesänger und Spruchdichter fand den Anschluß an das echte Volkslied. Neidhart von Reuental (bei Landshut) dichtete das bäuerliche Tanzlied, und Wernher der Gärtner schrieb seine bäuerliche Satire ›Meier Helmbrecht‹ für den Hof, nicht für das Volk.

Eine spezifisch *romanische Kunst* ist in Bayern vielfach durch den Barock verdeckt worden. Aber Regensburg konnte bis heute sein romanisches Gesicht in einmaliger Seltenheit bewahren und nach der Vernichtung in Köln exzeptionell zeigen. Man muß an St. Emmeram (Neubau 1166–1203), das zerstörte Obermünster, an die Schottenkirche St. Jakob mit ihrem rätselhaften Portal erinnern und daneben Fischbachau, den Petersberg bei Dachau und Reichenbach am Regen stellen. Einen eigenen Typus zeigen die Klosterkirchen Seeon, Rott am Inn, St. Zeno in Reichenhall und Berchtesgaden; die Zisterzienserkirche in Walderbach stellt eine Sonderform hochromanischer Hallenkirchen dar. In Regensburgs Dominikaner- und Minoritenkirche zeigt sich am feinsten, in der Dompfarrkirche St. Ulrich am nachdrücklichsten (Vorbild von Lâon) der Übergang von der Romanik zur Gotik. Der große und späte romanische Stil hat als Bauwerk und Skulptur seine reichste Fülle und höchste Vollendung im Dom zu Bamberg gefunden; der Andechs-Meranier-Bischof Eckbert (1203–1237), Bruder der Königin Maria von Frankreich, der Königin Gertrud von Ungarn, der Herzogin Hedwig von Schlesien, des Patriarchen von Aquileja, hat ihn durch einen oberrheinischen Meister beginnen, durch einen zisterziensisch-burgundischen Architekten 1225 fortsetzen und durch neue Baumeister nach der Formenwelt von Lâon-Reims gotisch vollenden lassen. Regensburg und Bamberg sind die ausgeprägtesten Stätten romanischer Kunst in Bayern, in denen Italien und Nordfrankreich um die deutsche Seele rangen. Die Bamberger Plastik ist der Höhepunkt staufischer Skulptur überhaupt.

7.
Die Anfänge des wittelsbachischen Landesstaates
1180–1329

Das Jahr 1180 ist kein Nullpunkt bayerischer Geschichte, an dem sie mit der Übertragung des Fahnlehens an Pfalzgraf Otto von Wittelsbach und die Wittelsbacher in kontinuierlicher Folge bis 1918 neu begonnen hätte, wohl aber eine Kennmarke stärkster Kontraktion und Verkleinerung. Im neuen Territorialherzogtum wirkten noch viele Elemente des alten Stammesherzogtums weiter oder liefen aus, aber die »Landesherrschaft« mußte neu aufgebaut werden, um so mehr, als die Machtgrundlage des neuen Herzoghauses nicht sehr bedeutend und vor allem den Andechs-Meraniern oder Grafen von Bogen vielfach unterlegen war. Aber die Wittelsbacher hatten viel Glück, weil im 12./13. Jahrhundert die mächtigsten Rivalengeschlechter (Andechser, Bogener, Burggrafen von Regensburg, Diepoldinger, auch die Staufer) ausstarben.* In zähem Ringen organisierten sie die neugewonnenen Grundherrschaften, Grafschaften, Vogteien wirksam in einem Verwaltungssystem und setzten auch ihre Ministerialen mit Erfolg ein. Wie die Staufer gründeten sie Städte, die zu Zentralorten der Administration und eine ergiebige Finanzquelle wurden (Landshut, Straubing, Deggendorf). In Deutschland verlagerte sich die Ausbildung des »modernen Staates« in die Territorien; bereits Kaiser Friedrich II. sah und erkannte diese Entwicklung in zwei berühmten Privilegien; er band die Landesherren aber an die Zustimmung der maiores/meliores terrae = Magnaten, aus denen sich der adelige Landstand zu formieren begann, und er förderte weitschauend auch Städte und Bürgertum.

Der eigentliche Begründer des bayerischen Territoriums war Ottos Sohn Ludwig der Kelheimer (1183–1231), für den Erzbischof Konrad von Salzburg, sein Oheim, die vormundschaftliche Regierung führte. Er übte ziemlich selbstherrlich das Heimfallsrecht beim Erlöschen der großen Adelsgeschlechter aus und betrieb zielbewußte Heiratspolitik zu diesem Zweck; er gab die Lehen und Ämter der Andechser in Bayern nicht mehr heraus, obwohl diese den von einem Wittelsbacher erhobenen Vorwurf der Mitschuld an der Ermordung König Philipps von Schwaben 1208 in Bamberg erfolgreich widerlegen konnten. Er ist der Gründer der Städte Landshut (1204) und Straubing (1218) auf Kirchenboden sowie der Stadt Landau an der Isar (1224). Seine politische Entscheidung für den jungen König Friedrich II. brachte ihm 1214 die *Pfalzgrafschaft bei Rhein* ein, die ein Restbestand der Pfalzgrafschaft Oberlothringen war und vorher in den Händen der Welfen sich befand (1195–1214). Dieser Wel-

---

* Die Rauten im bayerischen Wappen stammen von den Grafen von Bogen.

fenherrschaft am Rhein verdankt Bayern und sein Wappen den *Löwen*. Ludwigs Sohn Otto war mit der Welfin Agnes verlobt. Heidelberg, altes Wormser Kirchenlehen, wurde der Mittelpunkt des neuen Landesstaates am Mittelrhein. Anstelle des ermordeten Erzbischofs Engelbert von Köln wurde Herzog Ludwig zum Reichsverweser und Vormund des Kaisersohnes Heinrich (VII.) bestellt. Auf der Kelheimer Brücke wurde dieser Fürst 1231 ermordet. Sein Sohn Otto II. (1231–1253) setzte die Erwerbspolitik des Vaters fort, kaufte die Grafen von Ortenburg (Ndb.) aus, erwarb die Grafschaftsrechte im Rottal und zog die reichslehnbare bayerische Pfalzgrafschaft ein. Am Ende seiner Regierung war ein mit Kirchenlehen und Vogteien massierter Herrschaftskomplex vom Lech bis zum Böhmerwald, von der Naab bis zum Inn entstanden.

Die herzoglichen Brüder Ludwig II. und Heinrich XIII. teilten aber 1255 dieses Territorium in ein Herzogtum *Ober-* und *Niederbayern*.

Geteilt wurden wie noch in den folgenden Jahrhunderten Burgen, Schlösser, Städte, Märkte, Dörfer, Grund- und Vogteiherrschaften, nutzbare Hoheitsrechte, Ministerialen, Bürger, Bauern, genau wie 843 beim karolingischen Teilungsvertrag von Verdun; noch betrachteten die Landesherren (domini terrae) das Land und seine Herrschaftsteile als Hausbesitz. Der Chiemgau kam zu Niederbayern, und *Landshut* wurde seine Residenz. Zunächst widersetzten sich beide Brüder 1257 dem imperialen Ausgriff König Ottokars von Böhmen bei Mühldorf; dieser wollte die Herrschaften der Bogner an sich bringen und drang bis vor die Tore Regensburgs vor. Er trennte 1273 beide Brüder und zog Heinrich auf seine Seite. Ludwig aber schlug sich zu König Rudolf von Habsburg, der den Böhmen auf dem Marchfeld bei Dürnkrut entscheidend besiegte.

Das entscheidende Ereignis aber war 1268 der Anfall der *»Konradinischen Erbschaft«* nach Konradins Tode, Rechtsfolge der Ehe des letzten Stauferkönigs Konrad IV. mit Elisabeth, der Tochter Herzog Ottos II.; diese Heirat war möglich gewesen durch die Absage des Wittelsbachers an den päpstlichen Legaten Albert Beham (Archidiakon in Passau), einen päpstlichen Agenten in Bayern seit 1237/38. Herzog Ludwig von Oberbayern hatte den sizilischen Feldzug seines unglücklichen Neffen mit großen Summen finanziert. Die Wittelsbacher kamen in den Besitz der bambergischen Kirchenlehen und sulzbachischen Eigengüter auf dem Nordgau, also eines großen Teiles der Oberpfalz, sowie des welfisch-staufischen Gutes in Südwestbayern und Schwaben; sie hatten zeitweise sogar Nürnberg in Besitz. Ludwig kaufte dazu die Landgrafschaft Stefling und die Herrschaften Waldeck und Pleystein von den Landgrafen von Leuchtenberg. Als König Albrecht I., der Habsburger, die Reichslehen und -güter in Oberfranken und Oberpfalz wieder zum Königtum einziehen und in einer »Reichslandvogtei« zusammenfassen wollte, widersetzten sich die Wittelsbacher. Beim Aussterben der Grafen von Hirschberg 1304 gewannen sie nur das Landgericht der Grafschaft Hirschberg (Urnordgau), deren Eigen- und Lehengut mit Burgen erbte das Hochstift Eichstätt. Burg, Stadt und Grafschaft *Sulzbach* kamen an die bayerischen Landesherren. So entstand ein geschlossenes Territorium zwischen Pegnitz, Fichtelgebirge und Oberpfälzer Wald. Dem Gewinn im Norden entsprach im Süden der Verlust Tirols, des »Landes im Gebirge«, das großenteils in den Händen der Bischöfe von Brixen und Trient war, deren Hochstiftsvogt der Graf von Tirol und seine Erben waren. Der *»Paßstaat« Tirol* wurde auf der Grundlage der Vogtei ein eigenes weltliches Territorium, das die unmittelbare Verbindung Bayerns zu Oberitalien abschnitt.

Eine wichtige Außenposition ging durch den Hausvertrag von Pavia 1329 für das bayerische Territorium praktisch verloren, die *Pfalzgrafschaft bei Rhein* und die seit dem 15. Jahrhundert danach benannte *»Obere Pfalz«*, die ein Nebenland des rheinischen Territoriums und fast ganz von »Altbayern« getrennt wurde. Kaiser Ludwig der Bayer vereinbarte mit den Söhnen seines im habsburgischen Lager stehenden Bruders Rudolf, daß letztere die Pfalzgrafschaft und den größten Teil des Nordgaus erhalten sollten. Der Verlust der »Oberpfalz« wog deshalb wirtschaftlich so schwer, weil sie sich zu einem *Haupteisenland* Deutschlands aufschwang (Ruhrgebiet des Spätmittelalters). Die Städte *Amberg, Neumarkt* und *Sulzbach* wurden Zentral- und Residenzorte der »Pfalz in Bayern«. Mit kurzer Unterbrechung von 1266/68 bis 1329 war die Oberpfalz von den Anfängen bis 1623/30 ein Land, das herrschaftlich-staatlich wie kulturell andere Wege als Bayern ging; das unterstrich besonders nachhaltig die Reformation. Schon nach dem Tode Kaiser Ludwigs des Bayern ging die Kurwürde, die wechseln sollte, für lange Zeit ausschließlich an die Pfälzer über. Diese aber verkauften an Ludwigs Gegner Kaiser Karl IV. einen beträchtlichen Teil der Oberpfalz als Erbbesitz, die sogenannten »Böhmischen Lehen«. Bayern war aus dem Kreis der Königswähler ausgeschlossen, die neue »Kurpfalz« aber profitierte politisch davon.

Das Stammesherzogtum und Königsland Bayern war ein großräumiger Personen- und Herrschaftsverband, der den ganzen Südosten des Frankenreiches und Deutschen Reiches umfaßte und darstellte. Seine Geschichte hat von den Anfängen an europäisches Gewicht und erfordert umfassende Darstellung. Der bayerische Territorialstaat war Binnenland und intensivierte, begrenzte Staatsmacht, die aber die kleinteilige reichische Struktur Frankens und Schwabens weit überragte.

III.
Der wittelsbachische Territorialstaat in Bayern und die reichische Territorienwelt in Franken und Schwaben
1300–1806

1.
Landesherr und Landstände in Bayern vom 14. bis zum 16. Jahrhundert

Seit dem 14. Jahrhundert gab es mit wechselndem Umfang im altbayerischen Territorium die drei Teilherzogtümer *München, Landshut, Ingolstadt,* zeitweise auch *Straubing.* Sie befehdeten sich und hielten sich wieder in Schach. Staatlich gesehen, hatten die Teilungen den Vorteil, daß die Einzelherzogtümer sich herrschaftlich-administrativ sehr intensiv organisierten und bei der Wiedervereinigung ein sehr festes Ganzes darstellten. Die stärksten Vertreter der Einheit aller Teile waren seit der Mitte des 14. Jahrhunderts in zunehmendem Maße die *Landstände.* Auch die Verwaltungs- und Gerichtsorganisation, die die Territorien in Land- und Pfleggerichte auf unterer, in Viztum- und Rentmeisterämter auf mittlerer Ebene gliederte, war ein bindendes Gerüst, das die geistlichen und die weltlichen Reichsstände in ihrer Autonomie im Rahmen des Gesamtterritoriums beschränkte. Bei der Teilung von 1255 waren München, (Burg-)Lengenfeld, Straubing und Pfarrkirchen (an der Rott) Sitze von Viztumämtern. Aus dem »Privatrat« der Herzöge und dem späteren Rat von Fachleuten entwickelten sich die Zentralämter des Landes (Hofkammer, Geheimer Rat, Geistlicher Rat, Lehenskammer), die Vorläufer der Ministerien. Die Ministerialenverwaltung verwandelte sich in eine Beamtenverwaltung, in die allmählich auch Bürgerliche einrückten.

Die Herzöge wären auf dem besten Wege zu einem frühen fürstlichen Absolutismus gewesen, wenn nicht die Unentwickeltheit der Finanzverwaltung und das Fehlen von Geldeinnahmen und Kapitalreserven sie immer wieder im 14./15. Jahrhundert zu Verpfändung und Veräußerung von Gütern und Hoheitsrechten gezwungen und eine gerade in Bayern sehr frühentwickelte landständische Bewegung sie in ihrem herrscherlichen Willen beschränkt und ihnen nicht nur eine weitgehende Privilegierung, sondern auch eine repräsentative Mitregierung gegen Bewilligung von Steuern und ständischer Steuerverwaltung abgetrotzt hätte. Die territorialen Teilungen beschränkten auch die politische Initiative der Herzöge nach außen und innen und machten sie vom Geld und der Unterstützung des Adels, der Prälaten, der Bürger und Bauern so lange abhängig, bis sie die Ständemacht durch die *Landtage*, die sie seit dem ausgehenden 15. Jahrhundert einberiefen, wieder unter Kontrolle brachten, eigene Steuerquellen (Ungeld) sich erschlossen, die von der Zustimmung und von der Verfügung der Stände unabhängig waren, und sich durch Söldnerheere von der militärischen Macht des Adels absetzten, die an sich im Schwinden war. Der Sieg des römischen Rechts in Staatsregierung und Staatsverwaltung machte die Anstellung von Fachleuten nötig, schwächte den adeligen Einfluß auf die Regierung und durchlöcherte sein Pochen auf die Verwendung Einheimischer in den führenden Posten (Indigenat). Das alles zwang den Adel, sich dem Landesherrn unterzuordnen und sich um die hohen Posten am Hofe, in Heer und Verwaltung selber zu bewerben. Das Arrangement mit der Kurie stärkte gerade in Bayern schon im Jahrhundert vor der Reformation die Landeskirchenherrschaft des Territorialherren und damit auch eine Verfügungsgewalt über die Machtmittel der Kirche. Der Herzog, nicht die hohe Geistlichkeit, wurde der reformatorischen Bewegung in Bayern Herr, was ihm die Kraft gab, den Widerstand der Stände in der Religionsfrage zu brechen. Wie die landständische Bewegung sich in Bayern relativ früh durchsetzte und den Herzog zu sehr weitgehenden Konzessionen zwang, setzte sich auf Grund der geschilderten Entwicklung auch der Absolutismus des Landesfürsten im Vergleich zu den übrigen Territorien Deutschlands früh durch.

Die *ständische Bewegung* war eine europäische Erscheinung, in der sich die genossenschaftlichen und lehensrechtlichen Elemente, die aller Herrschaft inhärent sind und auch in der archaischen Gesellschaft sich schon ausformten, intensivierten und weiterentwickelten. Sowohl im kanonischen Recht des 12. Jahrhunderts wie auch in der Praxis von Politik und Lehensrecht setzte sich der Grundsatz durch, daß alle billigen und beraten müßten, was alle angehe; z.B. zwangen die feudalen Barone Englands ihren König, ihnen in der Magna Charta von 1215 Freiheit von Person und Eigen, Mitsprache bei hochpolitischen Entscheidungen und Steuerbewilligung sowie die Vertragsnatur des Lehensbandes, die Herrn und Mann in gleicher Weise verpflichtete, zu einem sehr frühen Zeitpunkt schriftlich zu garantieren. In Deutschland nahm das *Reich* eine ständische Struktur an, seitdem sich nur noch der stärkste Territorialherr als König wirklich durchsetzen konnte, und auch in den *Territorien* setzten sich die Stände als mitherrschende und »staatstragende« Kraft bis zum 16. Jahrhundert durch als korporative Gruppen, die Land und Leute und deren Interessen repräsentierten und auch an der Gesetzgebung teilnahmen. Die Wurzeln der parlamentarischen Vertretung liegen in Bayern genauso wie in Württemberg, Böhmen, Flandern, Frankreich und England in der *ständischen Repräsentation* seit dem 14. Jahrhundert. Sie ist also kein destruktives Element, wie die ältere Geschichtsschreibung und Verfassungsgeschichte meinte. Nicht der Landrichter und Pfleger waren die lebendige Brücke zwischen Fürst und Untertan, sie waren Organe der Herrschaft mit staatspolitischen Leistungen und setzten den Willen der Zentralgewalt bis in den Einödhof mit Härte durch. Das Bewußtsein der Zugehörigkeit zum Ganzen, das auf diese Weise entstand, war von oben gelenkt und anerzogen; es hat den freien Willen zur Mitarbeit und zum selbständigen politischen Handeln bei den Altbayern bis heute erstickt, mindestens nicht entwickelt. In Franken und Schwaben ist das auf Grund einer gegensätzlichen Entwicklung und Struktur ganz anders. Die ständischen Korporationen aber entbanden einen freien Willen zur Zusammenarbeit und ein selbständiges Bewußtsein der Zusammengehörigkeit und der Interessengemeinschaft. Der »Staat« ist nicht alles, die gesellschaftlichen Kräfte sind mehr. Gerade in Bayern hat sich das Verhältnis von Landesherrn und »Landherren« = Ständen sehr konstruktiv und fruchtbar gestaltet.

Niederbayern war ein Land des Adelsbesitzes, genauso wie das reichische Franken, hier gab es eine Vielzahl kleiner Adelsherrschaften, Hofmarken, schon vor der Ottonischen Handfeste von 1311; auch die Gerichtsbezirke des Landesherrn waren dort kleinräumig. Die Folge dieser Struktur war eine relativ hohe Zahl von Städten und Märkten = Minderstädten, letztere Gründungen des zahlreichen (Nieder-)Adels. In *Oberbayern*, damals Westteil des altbayerischen Gebietes, gab es weniger Städte und Märkte; dort lag der Besitz der großen Hochadels- und Dynastengeschlechter und der Hausbesitz der Wittelsbacher. Dieser Strukturunterschied macht das Übergewicht der Stände, des Adels vor allem, im niederbayerischen Teilherzogtum verständlich. Aus diesem Raum haben wir auch die ältesten und genauesten Nachrichten. An der Wiege der Ständebewegung standen hier Mitsprache, Rat, Hilfe, nicht Steuerbewilligung, denn die Herzöge schieden im Vilshofener Vertrag von 1293 den Ministerialenadel aus der familia ducis = dem Hofgesinde aus, weil sie diese nicht mehr bezahlen konnten, und beschränkten sich auf ihre privaten Räte. Die Kriege mit König Ottokar von Böhmen, die Aufteilung der Herrschaft unter drei Herzöge mit eigenen Hofhaltungen in Landshut, Straubing und Burghausen belasteten das kleine Niederbayern schwer und schufen tiefe Unruhe im Lande und am Hofe. Deshalb glaubten die Herzöge zu sparen, indem sie den allgemeinen Rat der »Landherren« am Hofe aufhoben, den sie zu verköstigen und zu bezahlen hatten. Sie gaben damit den Anstoß zu einer selbständigen »adeligen« Körperschaft, die ihnen nun aktiv handelnd gegenübertrat; diese hinderte sie, von allen Leuten im Lande (Sonder-)Steuern von Vieh zu erheben, ohne die Stände zu befragen. Indem sich Städte und Prälaten auch korporierten und dem princeps terrae = Landesfürsten gegenübertraten, entstand das »*Land*« = die politische »*Landschaft*« als der mitsprechende Vertretungskörper. Die Geldnot zwang die Wittelsbacher 1297, das Land (Tal) Gastein an den Erzbischof von Salzburg zu verkaufen sowie Güter und Hoheitsrechte (z. B. Münze in München und Ingolstadt) in größtem Ausmaß gegen Darlehen zu verpfänden. Ordentliche *Steuern* = Landessteuern wie heute gab es damals nicht, es wurden Notsteuern erhoben, die aus der Vogteipflicht zu Rat und Hilfe erwuchsen. Jede Notsteuer war einmalig, und die Landstände ließen sich dies jedesmal bei Bewilligung in »Schadlosbriefen« eigens garantieren. Die Stände traten nicht nur der landesherrlichen Willkür entgegen, die ihren Untertanen ungerechtfertigte Steuern auferlegte, sondern wollten durch ihren Zusammenschluß die sich stetig festigende landesherrliche Behördenorganisation treffen.

Das Ergebnis dieser Machtprobe war für Oberbayern die sogenannte ›Schnaitbacher Urkunde‹ von 1302, für Niederbayern die weitgehende ›*Ottonische Handfeste*‹ von 1311, die man die Magna Charta der Ständebewegung in Deutschland nennen kann. Die Stände gewährten gegen Bestätigung ihrer Freiheiten und Privilegien eine Viehsteuer, ließen sich die Einmaligkeit garantieren und ein Widerstandsrecht (= Recht beschworener Einung) gegen den vertragsbrüchigen Herrn, sogar ein Bündnisrecht mit »dem Ausland« für diesen Fall, zusichern. Die Handfeste gewährte darüber hinaus dem Adel die niedere Gerichtsbarkeit über Land und Leute in seinen geschlossenen Herrschaftsbezirken = Hofmarken (die Blutgerichtsbarkeit aber blieb auch hier beim Landesherrn). Sie wandte sich an die kommenden Vertreter der drei Stände: Bischöfe, Chorherren, Klöster, Geistliche, Grafen, Freie, Dienstmannen, Ritter, Knechte und alle Leute in den Städten, ob arm oder reich; die >Schnaitbacher Urkunde< war an Prälaten, Grafen, Freie Dienstmannen, Ritter, rittermäßige Mannen auf dem Lande und in den Städten (Patrizier), Bürger, Bauleute (Bauern), Städte und Märkte »allüberall in unserem Lande zu Baiern« gerichtet; eine genaue Spezifikation der irgendwie genossenschaftsfähigen Mitglieder der damaligen *Gesellschaft*. Das adelige Niedergericht wurde als herrschaftliches Hoheitsrecht durch landesherrliches Privileg öffentlich proklamiert; gerade das aber war in Franken nicht der Fall; deshalb galten die Gerichtsbezirke als autogen oder Annexe der *Vogtei*, deren archaische Form zur hohen Obrigkeit (superioritas) wurde. Durch das Privileg der *»Edelmannsfreiheit«* von 1557 bekam der Adel die Hofmarksgerichtsbarkeit auch auf den »einschichtigen« Gütern (in fremden Hofmarken). War es bis zum 12./13. Jahrhundert die familia = der abhängige Personenverband, in dem sich das Leben aller Unterschichten abspielte, so war fortan in Bayern bis zum 19. Jahrhundert die *Hofmark* der herrschaftlich-rechtliche, aber auch geistig-religiös-kulturelle Rahmen, in dem sich das Leben der bäuerlichen Bevölkerung abspielte. Später standen sich Hofmarken des Adels, der Kirche (Klöster), der reichen Bürger und hohen Beamten gegenüber, die öfters von einer Hand zur anderen wanderten, meist aber sehr konstant blieben.

Die Anfänge der landständischen Bewegung und Gesellschaft stellten sich in Bayern als *Emanzipationsvorgang* des Adels aus familialem Personal-, Hof- und Lehensverband der in Geldnot geratenen jungen Landesherren dar. Dies führte zur politischen Ständebildung mit eigenem Rechtskreis, dem sich später Prälaten, Klerus, Städte, Bürgertum angliederten. In diesem Prozeß wurden »Rat und Hilfe« aus einer Pflicht zum Recht, das man für das Ganze und für den Landfrieden vertrat. Ministerialität und Bürgertum waren deshalb besonders beteiligt, weil ihre Evolution selbst auf dem Wege genossenschaftlichen Zusammenschlusses zur Durchsetzung ihrer gesellschaftlichen Ziele unter wechselnder Förderung der Herrschaft erfolgt war. Oberbayern und Niederbayern wurden im 14. und 15. Jahrhundert immer wieder geteilt und wie patrimonia = Hausgüter behandelt (Niederbayern wurde 1331 in die drei Linien Landshut, Burghausen, Deggendorf, Oberbayern 1392 in die Linien Ingolstadt, Landshut, München aufgegliedert, 1353 wurde Straubing ein besonderes Teilherzogtum). In Niederbayern war die landständische Bewegung sehr aktiv, in Oberbayern gab es unter Ludwig dem Bayern noch keine landständischen Versammlungen. Ein Ständeausschuß von 24 Rittern und Knechten sowie von 16 Städteabgeordneten teilte 1392 Ober- und Niederbayern in drei Linien. Dem Teillandesbewußtsein des 14. trat aber im 15. Jahrhundert immer ausgeprägter ein Einheits-, Gesamtlandesbewußtsein der Stände gegenüber. Im Ständeausschuß von 1392 waren Bürger aus München, Ingolstadt, Lauingen, Landsberg, Weißenburg, Weilheim, Aichach, Neuburg und Rain am Lech vertreten. Die »Pfaffheit« (Klerus) wurde erstmals 1394 als eigener Stand bezeichnet. Das 15. Jahrhundert war in Bayern eine besondere Epoche der landständischen *Einungen und Bünde,* die wirksamsten waren Löwler- und Böcklerbund des vorwiegend niederbayerischen Adels; das Haupt waren die Degenberger (Weißenstein), die sich auf diesem Wege der Landstandschaft des Herzogs entziehen und zur Reichsstandschaft oder Reichsunmittelbarkeit (nach Art der fränkischen und schwäbischen *Reichsritterschaft*) überwechseln wollten. Diese Einungsbewegung konnte sich auf eine Nürnberger Erklärung König Sigismunds von 1422 berufen, der aller Ritterschaft in deutschen Landen das Einungsrecht gewährte. Bayern hatte schon 1416 eine Einung von Adel und Bürgern. Für die Ständemacht wurde es entscheidend, daß sie die *Steuerverwaltung* in die Hände bekam, die vorher die herzoglichen Beamten durchgeführt hatten; das gelang völlig seit der Mitte des 16. Jahrhunderts. Über die Verwendung der Gelder beherrschte sie die Politik des Landes. Seit 1356 bzw. 1358 hatten die Stände Ober- und Niederbayerns das Recht, für das Steuergeschäft einen »Ausschuß« aus Adel und Bürgern zu bestellen; dieser wurde seit dem Ende des 16. Jahrhunderts allmählich das einzige Repräsentativorgan der Stände, besonders da 1669 der letzte bayerische Gesamtlandtag einberufen wurde (Landschaftsverordnung). Besteuert wurden im 14. Jahrhundert alle Hintersassen der Stände sowie der unmittelbare Besitz von Adel und Prälaten. Der Landfriede wurde ein besonderer Gegenstand ständischer Mitsprache und Gesetzgebung (Großer Brandbrief von 1374). Landesherr und Landstände wirkten hier wie in der Gesetzgebung in allen Angelegenheiten des Landes zusammen, berieten über Wirtschaft, Geld und Polizei, Pflege der Landwirtschaft und des Rechtes. Dadurch waren die Stände das aktive Gegengewicht gegen die Nachteile patrimonialer Herrschaftsauffassung und -ausübung und wirkten als politische Vertretung des »Volkes« gegen Willkür und Egoismus des Herrschers.

Um die Wende vom 15. zum 16. Jahrhundert wurde die Bewegung zu einer Institution der Herrschaft (Ständestaat?), was die »Landtafeln« zeigen (Listen oder Verzeichnisse der landansässigen oder landschaftsberechtigten Kräfte des Landtages). Dabei verdinglichte sich ein mit der Person verbundenes Recht zu einem mit dem Landsassengut verknüpften Realrecht, das am Sedel = Adelsgut haftete. Niederbayern stand hier weit an der Spitze. Wenn man die *Struktur* des Straubinger »Niederlandes« um 1500 = kurz vor der Wiedervereinigung von 1506 als symptomatisch nimmt und die Hauptrechnung über den Ertrag der Landsteuer dortselbst, die den Akten des gemeinsam mit München abgehaltenen Landtages vom 2. Januar 1500 beigegeben ist, zur Grundlage nimmt, ergibt sich folgendes Bild: Die administrativ-ritterlichen Befugnisse nahmen als landesherrliche Gliederungen die Landgerichte Kelheim, Haidau, Straubing, Abbach, Leonsberg, Dietfurt, Stadtamhof, Donaustauf, Falkenstein, Kötzting, Viechtach, Mitterfels und Deggendorf wahr. Die herzoglichen Urbarsleute in diesen Gerichten zahlten 2877 Pfund Pfennige Steuer (= 8200 Gulden). Den Prälatenstand und die Geistlichkeit repräsentierten ständisch die Äbte von Weltenburg, Prüfening, Prüll, Windberg, Metten, Oberaltaich, Rohr, der Dechant und Probst zu Pfaffmünster, der Pfarrer zu Straubing, der Propst zu Rinchnach, der Spitalmeister zu Straubing; sie zahlten nur 233 Pfund Pfennige. Besitz im Niederland hatten auch die außerländischen Prälaten und Äbtissinnen von Niederaltaich, Geisenfeld, Seligenthal bei Landshut, St. Emmeram, des Domstifts, des Ober-, Nieder- und Mittelmünsters, alle zu Regensburg, sowie die dortigen Spitalmeister von der Brücke, der Deutschordenskomtur von St. Egid und *das* Domkapitel Augsburg; sie zahlten 418 Pfund Pfennige. Ritterschaft und Adel des Niederlandes waren nach Landgerichten gegliedert und zahlten von ihren 112 Hofmarken und den Herrschaften Degenberg, Altennußberg, Weißenstein, Zwiesel mit Markt, Schönberg und Siegenstein 1074 Pfund Pfennige = 3069 Gulden (84 Regensburger Pfennige = 1 Gulden Rheinisch). Zum Adel des engeren Landgerichts Straubing zählten die Nothaft, Rainer, Satlboger, Trenbeck, Zenger, Nuß-

dorfer, Warter zu Steinbach und Heltampf zu Aainhausen, zu
dem des ganzen Niederlandes die Preysing, Stauff, Parsberg,
Gumpenberg, Törring, Nußberg, Nothaft, Satlboger, Trenbeck, Zenger, Paulsdorfer, Egolfsteiner, Poissl und Fuchsstein.
Die Städte Straubing, Deggendorf, Kelheim, Dietfurt, Stadtamhof und Furth erbrachten ein Steueraufkommen von 1800 Gulden. Im Niederland gab es die Märkte Abbach, Langquaid, Bogen, Falkenstein, Donaustauf, Kötzting, Neukirchen hl. Blut,
Eschlkam, Viechtach, Regen, Ruhmannsfelden, die man als
Minderstädte betrachten muß, die 549 Gulden zahlten. Wertet
man das Ergebnis dieser Strukturskizze voll, dann war der Landesherr beileibe nicht der alleinige Herrschaftsträger, sondern
sah sich neben seiner hier sehr starken Position doch auch der
korporativ geballten Macht und Mitherrschaft der Stände gegenüber. Das ist noch kein moderner Staat, wohl aber eine insti-
tutionelle und intensivierte *patrimoniale Herrschaft,* die erst
zum modernen Staat werden konnte, wenn die Mitherrschenden ausgeschaltet waren; das aber geschah 1803 bis 1806. Auf
jeden Fall ergaben die landständischen Freiheitsbriefe, die
Landfriedenseinungen und die Landgebote zusammen mit dem
Landrecht Ludwigs des Bayern ein genuines Gesetzgebungs-
werk, an dem Herr und Stände gleichermaßen mitwirkten. Im
15. Jahrhundert waren die Landstände in Bayern eine wirkliche
Macht, die sich in der Vormundschaftsregierung der Stände
über den jungen Herzog Wilhelm IV. nach 1508 eindeutig
zeigte. In der Oberpfalz dagegen begann die Bewegung erst im
15. Jahrhundert virulent zu werden und erreichte ihren Höhepunkt im 16. Jahrhundert. Die entschiedene Landespolitik Herzog Albrechts IV. begann in Bayern die Ständemacht zu kon-
trollieren und abzubauen, vor allem nach dem harten Sieg über
die Degenberger und die Ritterbünde. Deshalb kam der Absolutismus in Bayern früher als anderswo in Deutschland.

Im Primogeniturgesetz von 1506, das Herzog Albrecht IV.
(1465–1508) zusammen mit seinem Bruder und den Landstän-
den erließ, wurde die Unteilbarkeit der im Herzogtum Bayern
vereinigten Fürstentümer und das Recht der Erstgeburt im
Mannesstamm festgelegt. Voraus gingen harte Auseinandersetzungen. Zwar hatten die Herzöge Ludwig IX., der Reiche
(1450/79), und Georg der Reiche (1479/1503) von Landshut
eine ruhigere Entwicklung in ihrem Landesteil und einen fried-
licheren Ausgleich mit ihrem Münchner Vetter Albrecht ange-
bahnt, doch suchte Herzog Georg aus Eifersucht seinem

Schwiegersohn, einem pfälzischen Kurprinzen, das Land zuzu-
spielen. Darüber kam es zum »Landshuter Erbfolgekrieg«, der
für beide Parteien sehr kostspielig wurde, als sie ihre Bundesgenossen entschädigen mußten. Albrecht IV. hatte an Kaiser Maximilian sehr viel Geld zu zahlen und die drei wegen ihres Berg-
segens wichtigen Landgerichte *Rattenberg, Kitzbühel* und *Kufstein* auszufolgen, die seitdem zu Tirol gehören. Für eine pfälzische Nebenlinie wurde 1505 aus dem Landshuter Erbe ein Teil-
fürstentum um Neuburg/Donau gebildet, die *»Junge Pfalz«*
oder »Herzogtum Neuburg« (Neuburg, Burglengenfeld, Sulzbach, Hilpoltstein). Wenn man von einer relativen Geschlos-
senheit des geeinten bayerischen Territoriums spricht, darf man
freilich die *geistlichen Hochstifte* nicht übersehen, die zwar
nicht sehr groß waren, aber doch als sperrende Enklaven wirkten; ihre Bischöfe waren zudem Reichsstände und rechtlich dem
Landesherrn ebenbürtig. Regensburg übte Landeshoheit im alten karolingischen Forst Sulzipah nördlich der Donau bis
Wörth und in der Grafschaft Hohenburg auf dem Nordgau.
Passau besaß im »Abteiland« (von Niedernburg) östlich der Ilz
ein geschlossenes Territorium, in dem im 13. Jahrhundert noch
»Königssteuer« bezahlt wurde, die ihm 1193 Kaiser Heinrich
VI. mitsamt der Vogtei in diesem alten »Königsforst« geschenkt
hatte. Dazu kamen durch Kauf Burg Windberg bei Vilshofen
und die Grafschaft zwischen der Regenbrücke im Orte Regen,
der Ilz, der Donau und der böhmischen Grenze am Rachel und
Lusen (von den Andechs-Meraniern 1207), die Grafschaft im
Ilzgau zwischen Ilz und Großer Mühel (vom bayerischen Herzog 1220). Dieses Territorium zwischen Ranna, Osterwasser
und Utelbach war einem starken Druck der bayerischen und
österreichischen Herzöge ausgesetzt. Das Freisinger Hoch-
stiftsterritorium im Gebiet der oberen Isar, um Mittenwald
zwischen Karwendel und Wetterstein, hieß nach der gleichna-
migen Burg bei Werdenfels »Werdenfelser Land«. Mittelpunkte
freisingischer Herrschaften im Südosten waren Maria Wörth
und Lack in Kärnten, Oberwölz in Steiermark, Waidhofen an
der Ybbs und Großenzersdorf auf dem Marchfeld sowie Innichen und Sterzing in Südtirol. In Mittenwald hielten seit 1487
zweihundert Jahre lang venezianische Kaufleute ihre Märkte
ab; es hat den Freisingischen Mohren im Wappen. Das Erzstift
Salzburg hatte einen starken wirtschaftlichen Rückhalt im Salz-
segen seines Landes und im Gold der Hohen Tauern. Sein Territorium war Salzburg-, Pon- und Pinzgau. Es strebte in den

Chiemgau bis an den Inn und über Kufstein ins Zillertal hinein. Im Salzort Reichenhall saßen die Wittelsbacher. Augsburg hatte nur um die Stadt selber und im Allgäu (Füssen, Nesselwang) Ansatzpunkte zu größerer Herrschaftsballung.

Für eine erfolgreiche Königspolitik war die territoriale Machtbasis *Kaiser Ludwigs des Bayern* zu schmal; zudem war er in hartnäckige Kämpfe mit dem Papsttum von Avignon und mit Frankreich verwickelt. Seine Ziele mußten sein die Einigung der Teilherzogtümer, was kurz gelang, und der Gewinn neuer Territorien. Sein Regierungsantritt stand im Zeichen harter Auseinandersetzung mit den habsburgischen Rivalen (Friedrich der Schöne), die er in der letzten »Ritterschlacht« bei Mühldorf 1322 bestand. Durch den Gewinn der Mark Brandenburg 1324 machte er sich den Luxemburger König Johann von Böhmen zum Feind. Bei seiner Romfahrt 1328 akzeptierte er die ghibellinisch-weltliche Staats- und Reichsidee und wurde der erste deutsche Kaiser »von des römischen Volkes Gnaden«. An seinem Hof zu München sammelten sich die führenden Emigranten auf der Flucht vor dem Papsttum zu Avignon. In diesem *Propagandazentrum* Europas entwarf der englische Minorit William Occam Gedanken, die der *Konziliaren Bewegung* in der Kirche (Gegenstück zur Ständebewegung) stärksten Auftrieb gaben, und verkündete der »christliche Aristoteles« Marsilius von Padua seine Ideen von der weltlichen »Gesellschaft«. Hier lebten die Führer der franziskanischen Armutsbewegung der Fratizellen, der Franziskanergeneral Michael von Cesena und der Ordensprokurator Bonagratia neben vielen anderen. Sie alle wurden im Friedhof der Minoritenkirche (Platz vor dem heutigen Nationaltheater) beerdigt, wo später auch der Komponist Orlando di Lasso lag. *München* gewann als Zentrum eines kritischen und fortschrittlichen Geistes erstmals eine europäische Bedeutung. Ludwig der Bayer geriet durch seinen Bund mit dem englischen König 1337 in die großen Auseinandersetzungen des Inselreiches mit Frankreich, die den Hundertjährigen Krieg einleiteten. Im Jahre 1338 lehnten die im Kurverein zu Rense vereinten Kronvasallen das päpstliche Approbationsrecht für den gewählten König/Kaiser ab. Ludwig der Bayer betrieb keine sehr planvolle Politik. Doch schuf er sich Kredit durch sein Bemühen um den Landfrieden in Oberdeutschland und durch die Förderung der Städte. Unter seinen Hausmachtzielen waren für Bayern am naheliegendsten Tirol sowie die Grafschaften Holland, Seeland, Friesland und Hennegau, die mit dem Teilherzogtum Straubing nach 1350 verbunden wurden. Doch gingen alle neuen Gebiete wieder verloren, und die Habsburger nahmen das geteilte Territorium immer stärker in die Zange. Ein echtes Denkmal schuf sich der wittelsbachische Territorial-Kaiser in seinem Stadtrecht (1340) und im ›Bayerischen Landrecht‹ (1336 und 1346), das bis zum ›Codex Maximilianeus‹ des 17. Jahrhunderts in Geltung blieb. Ludwigs kaiserliche Kanzlei war eine der Wiegen einer gemeinsamen deutschen Schriftsprache. München, seine Hauptstadt, von Heinrich dem Löwen 1158 auf Kirchengrund errichtet, wurde durch den Salz- und Weinhandel ein starker Wirtschaftsmittelpunkt mit einem aktiven Bürgertum, das sich am Ende des Mittelalters in der Frauenkirche sein steinernes Denkmal setzte, das sich neben der späteren Residenz behauptete als Wahrzeichen des bürgerlichen München. Der erste große Staatsmann unter den Wittelsbachern war Herzog Albrecht IV., zugleich ein Fürst mit tiefer gelehrter Bildung, dem Aktenstudium wichtiger dünkte als Ritterspiel. Er verstand es mit dem Bürgertum und paktierte mit der Landschaft, wenn er es auch mit dem rebellischen Rittertum mutig und hart aufnahm. Er ließ die Kesselbergstraße nach Mittenwald erbauen, um an den von Bozen dorthin verlegten Markt der Venezianer Anschluß zu gewinnen. Daneben förderte er den Handel, das Münz-, Straßen- und Bergwesen. Ihm gelang es, besser als Ludwig dem Reichen von Landshut, feste Grundlagen eines *landesherrlichen Kirchenregiments* zu legen, welches das reformatorische um ein Jahrhundert vorwegnahm.

2.
Die nachstaufische Territorienwelt in Franken und Schwaben

Die Geschichte Frankens wird herrschaftlich-politisch im Spätmittelalter geprägt von zwei weltlichen Rivalen, der Reichsstadt Nürnberg und den zollerischen Burggrafen von Nürnberg, sodann von den Reichsbistümern Bamberg und Würzburg, während Eichstätt mehr im Hintergrund steht. Das gewerbe-, handels- und geldtüchtige Nürnberg erwarb alle Rechte im Mauerring und vollendete im Lande draußen seine Territorialpolitik durch die Erwerbungen im Landshuter Erbfolgekrieg (1504). Die Zollern stützten sich auf das kaiserliche Landgericht Nürnberg (1273) und auf ein Fürstenprivileg von 1363. Aus dem Erbe und Erwerbsgut der Andechs-Meranier (1248), der Grafen von

Abenberg und von Orlamünde bauten sie im 14. Jahrhundert das Fürstentum ober- und unterhalb des Gebirges (= Fränkischer Jura). Ihren Gebieten um Ansbach, die sie von den Grafen von Öttingen gewannen, um Neustadt a. d. Aisch, um Bayreuth und Kulmbach fügten sie 1318 das Regnitzland um Hof und die »Sechsämter« im burgenreichen westlichen Egerland hinzu (Gerichte Wunsiedel, Weißenstadt, Rudolfstein, Kirchenlamitz-Epprechtstein, Thierstein, Hohenberg und Selb). Eingezwängt zwischen die fürstlichen Territorien lagen die mehr oder weniger selbständigen Reichsstädte und Reichsdörfer, die kleinen Grafschaften am Rande des Spessart zwischen Main und Tauber, Steigerwald und Frankenhöhe; vom Maindreieck bis Kocher und Jagst erstreckte sich das Gebiet der Grafen von Hohenlohe.

Vom Nürnberger Landgericht aus griffen die *Zollern* in benachbarte Territorialgerichte aus und wurden dadurch im 15. Jahrhundert in Kriege mit Bayern und Bamberg verwickelt. Seitdem sie 1415 die Mark Brandenburg gewannen, nahm ihr Territorium die Namen *Markgrafschaft* Kulmbach-Bayreuth und Markgrafschaft Ansbach–Bayreuth an. Das Fehlen einer übergeordneten Herzogsgewalt in Franken war durch Landfriedensbündnisse nicht zu ersetzen. Deshalb scheint der glänzende und ehrgeizige Markgraf *Albrecht Achilles* den Plan gefaßt zu haben, in Kriegen gegen Nürnberg und Würzburg einen gesamtfränkischen Territorialstaat zu schaffen. Nach dem Erwerb der Kur verfügte er im zollerischen Hausgesetz der Dispositio Achillea, daß die fränkischen und brandenburgischen Gebiete stets voneinander getrennt sein sollten. Unterstützt von seinem Hofmeister Ludwig Eyb, führte dieser bedeutende Organisator und Administrator eine mustergültige Finanzreform durch, trennte Hofhaltung und Landesverwaltung und plante einen Staatsschatz und Schuldentilgung.

Das Hochstift Bamberg fand am Obermain seine Schranke am Territorium der Zollern, das Hochstift Würzburg am Grabfeld, der Landespolitik der Grafen von Henneberg, die den Raum von Schweinfurt und Kissingen bis Schmalkalden mit der zentralen Herrschaft Coburg beherrschten. Erst das Aussterben der Andechs-Meranier gab den Bischöfen von Bamberg den Weg frei für den Aufbau eines Territoriums. Wir haben in Franken drei *kaiserliche Landgerichte*, zu Nürnberg, später nach Ansbach verlegt, zu Bamberg und zu Würzburg. Sie waren adelige Standesgerichte. Eine besondere Eigenart Frankens waren die *Centgerichte* für die Kriminalfälle, die alle feste Grenzen hatten. Grundlage der Landeshoheit waren die Vogtei, organisiert im *Vogteiamt* mit Niedergericht und Verwaltungskompetenzen und die Grundherrschaft, verwaltet im *Kastenamt*. Die Centgerichte waren seit alters auf Zeit oder Leben mit Bürgern und Bauern besetzt. Während in Bamberg und Nürnberg-Ansbach der Landesstaat vom Landgericht ausging, konnte der Bischof von Würzburg seinen Dukat nicht zum Territorium verdichten. Das ungeschlossene (gestreute) Territorium ist ein Hauptzug der fränkischen Territorienwelt.

Im spätmittelalterlichen Franken ging es nicht sehr friedlich zu, denn es stritten die Domherrn mit den Bischöfen, die Städte mit den Fürsten und umgekehrt, die Bürger mit den (bischöflichen) Stadtherrn (Würzburger Bürgeraufstände), ganz leise die Zünftler mit den Patriziern des Stadtregiments; soziale, wirtschaftliche, politische Spannungen erregten die an sich unruhigen, kritischen, mystischen und lebenstüchtigen Menschen der Zeit. Im Jahre 1430 drangen die böhmischen Hussiten bis vor die Tore Bambergs vor, fanden ihre Anhänger aber auch in der Oberpfalz und Franken. Die alten Königs-, dann Freien Städte und schließlich Reichsstädte wehrten sich mit ihrer Reichszugehörigkeit gegen den Druck der Landesherren; die Territorialgrafen des geistlichen Herzogtums Würzburg erschienen am Ende des 15. Jahrhunderts auf den Reichstagen. Aus Tradition und Eigennutz blieb der *Reichsgedanke* in Franken lebendig. Hier und mehr noch in Schwaben blieb als Erbe des salischstaufischen Reiches und seiner Reichslandpolitik die territorialkleinräumige Aufsplitterung. Aus Überdruß an der Vielherrschaft schlossen sich die Ministerialen in zahlreichen Adelsbünden zusammen und sahen im Kaiser ihren Herrn; dadurch entstand die *Reichsritterschaft*. Schwache Mittel einer Einigung waren die Reichsreformbewegung zu Anfang des 16. Jahrhunderts, die Bildung des fränkischen Reichskreises, der die gemeinsamen Interessen der Fürsten und Städte bis zum Ende des alten Reiches lose zusammenhielt. Die politische Welt Frankens am Ende des sogenannten Mittelalters war getragen von den Bischöfen von Würzburg, Bamberg und Eichstätt, den Burggrafen von Nürnberg, den Grafen von Henneberg, Rieneck, Wertheim, Castell und Hohenlohe, der Deutschordensballei Franken, den Herren von Limpurg, Erbach, Schwarzenberg und den Reichsstädten Nürnberg, Rothenburg, Schweinfurt, Weißenburg und Windsheim. Die in Franken herrschende Abtei Fulda wurde zum oberrheinischen, die Reichsstädte Hall und Heilbronn zum schwäbischen Reichskreis geschlagen.

Noch kleinteiliger war die politische Welt *Schwabens*, die repräsentiert war vom Bistum Augsburg, der gefürsteten Abtei Kempten, den Abteien Ottobeuern und St. Ulrich zu Augsburg, dazu den Reichsstädten Augsburg, Kaufbeuern, Kempten, Lindau, Memmingen und Nördlingen im schwäbischen Reichskreis. Die Wittelsbacher gewannen die schwäbischen Stücke der Konradinischen Erbschaft. Dazu kam eine Vielzahl kleiner Herrschaften und Hoheitsgebiete, die Grafschaften Öttingen, Kirchberg, Weißenhorn und Rothenfels, Herrschaften wie Staufen, Mindelheim, Schwabegg, Thannhausen. Zentralort des augsburgisch-hochstiftischen Territoriums war Dillingen. Kleinbürgerliche Enge und gesamtstaatliches Reichsbewußtsein haben die Franken und auch die Schwaben geprägt, haben sie wach und kritisch gemacht, haben sie politisch denken und handeln gelehrt. Der geschlossene und kraftvolle bayerische Landesstaat bot mehr Ruhe, Sicherheit, Behaglichkeit, er stumpfte aber seine Untertanen auch ab und verführte sie, das politische Handeln, das Regieren den Fürsten und ihren Beamten zu überlassen, vor allem nachdem die Gesamtrepräsentation der Stände fortgefallen war. In Salzburg, Berchtesgaden, Tirol und Kempten entwickelten zum Teil auch die Bauern als Landstand einen selbständigen, korporativen politischen Willen. Der Bauernaufstand von 1525 erschütterte Schwaben und Franken, machte aber vor den Toren Bayerns halt. Dem Verlangen der Bauern nach einem besseren Recht lag auch ein Streben nach bäuerlicher Reichsunmittelbarkeit zugrunde.

3.
Wirtschaft, Gesellschaft, Kultur Bayerns in der Epoche der Krisen, Reformen und Revolutionen

In dieser Epoche wird die Wirtschaft vom Bürgertum getragen und vorwärtsgetrieben, wird die Gesellschaft vom Bürgertum aufgelockert und erregt, werden Geist und Kultur vom Bürgertum übernommen und mitgetragen. Das wird an den drei großen Städten Regensburg, Nürnberg, Augsburg in einer besonderen Klarheit sichtbar und soll an einer vierten Stadt, die für viele andere steht, gezeigt werden. *Regensburg* war in der Aufbruchsepoche eine einmalige deutsche Stadt, im 12. Jahrhundert

neben Köln die bedeutendste und volkreichste. Sein Handel
ging im Osten bis Kiew, im Süden bis Venedig, Mailand, Lucca,
im Westen bis zu den europäischen Messestädten der Cham-
pagne, im Norden bis an die Ostsee; dieses politische und herrschaftliche Zentrum des fränkisch-deutschen Ostens und Süd-
ostens war offensichtlich eine Drehscheibe des Handelsverkehrs
(Transithandel) von Italien nach Böhmen, Polen, Rußland, von
Nordfrankreich nach Wien und Byzanz. Salz, Wein, Seide, Tuche, Häute, Pelze, Edelmetalle, Honig, Gewürze, Eisen, Kupfer, Zinn wurden als Hauptwaren gehandelt. Regensburg war
nicht in erster Linie Gewerbestadt, Produktionsstätte, sondern
Umschlagplatz internationaler Roh- und Fertigprodukte, Ver-
teiler der Waren aus Osten, Westen und Süden. Der Zolltarif
von Abbach an der Donau (westlich Regensburg) nennt Häute,
Wachs, Kupfer und Blei als Waren, die nach Frankreich gehandelt wurden; Kaufleute aus Regensburg und Augsburg, München und Ulm besorgten die Einfuhr nordfranzösischer und
niederländischer Tuche nach Tirol und Laibach; den Zwischen-
vertrieb und -transport besorgten die Bürger von Innsbruck,
Hall, Bozen und Meran. Aus Regensburg ist das umfangreichste
Privatgeschäftsbuch dieser Epoche in Deutschland erhalten, das
Runtingerbuch einer der führenden Regensburger Handelsfir-
men im Südosthandel. Es orientiert erstmals über Spesen und
Gewinn eines mittelalterlichen Großkaufmanns (beginnend
1383/84). Matthäus Runtinger war 1390 der reichste Mann in
der Donaustadt (18030 Gulden), der im Fernhandel und in
Münzunternehmen sein Vermögen machte. Der berufsmäßige
Regensburger Großhandel mit Italien konzentrierte sich auf die
Lagunenstadt.

Die engen Kontakte mit dem Süden haben diese älteste Bürgerstadt Süddeutschlands für uns Heutige zu einer großartigen
Weihestätte romanischer und gotischer Kunst in Bayern gemacht. In St. Ulrich, der Dominikaner- und der Minoritenkirche besitzt es drei der ausdrucksvollsten frühgotischen Bauten
Deutschlands; der Regensburger Dom, begonnen von einem
französischen Baumeister (Amiens), ist ein großartiges Werk
der zweiten gotischen Welle, die über die bayerischen Lande
ging und ein hohes Maß an Vollendung und Würde hier erreichte.

Nürnberg, die »königlichste« unter den deutschen Städten,
war zuerst Handels- und dann auch überragende Produktions-
stadt. Aus ihr stammt das erste Zeugnis reichsstädtischen Wirt-

schaftsgeistes, das Handlungsbuch der vor allem mit Tuch handelnden Holzschuher (1304–1307). Der Handel dieser Stadt erfaßte im 15. Jahrhundert alle europäischen Wirtschaftsräume. In Genua, Mailand und Venedig war sie an den Mittelmeerhandel angeschlossen und brachte dessen Waren in das Gebiet der Hanse nach Nordwesten, Norden, Nordosten, über Main und Rhein nach Köln und in die Niederlande, nach England und Frankreich. Lyon war der Hauptort ihrer französischen Beziehungen. Nürnberg leitete den Vertrieb der Güter der großen oberdeutschen Ravensburger Handelsgesellschaft im Osten und im Donauraum. Mit Böhmen und Ungarn bestanden direkte Verbindungen, und sein Wiener Stapel drang bis an den Bosporus vor. Über Leipzig spannte sich sein Handelsnetz nach Breslau, Danzig und Warschau; Polen war im 16. Jahrhundert Nürnbergs Domäne. Die Nürnberger »Briefbücher« sind das schönste Zeugnis seines europaweiten Handels, mit dem Regensburg nicht mehr wetteifern konnte. Der Nürnberger Kaufmann leitete den mitteleuropäischen Ostwesthandel der Hanse über seine Stadt, Hand in Hand mit Leipzig. Trotz Zoll und anderen Beschränkungen weitete Nürnberg seinen Handel über ganz Europa aus und wurde dabei zum Vorkämpfer der *Wirtschaftsfreiheit*. Es verlegte sich wie die Hanse auf den Umsatz von Massengütern (Heringe, Welschwein, polnisches Schlachtvieh, Flachs, Barchent, Häute, Pelze, Wachs, Honig). Vor allem betrieb es Qualitätssteigerung und Produktionsverfeinerung, um die räumliche und mengenmäßige Begrenzung seines Wirtschaftsvolumens auszugleichen. Der Handel mit Qualitäts- und Luxuswaren begründete die Stellung dieser Stadt in der Weltwirtschaft. Im Gegensatz zu Regensburg war ihr Handel in dem Gewerbefleiß ihres begabten und leistungsfähigen Handwerkertums begründet, dessen Spezial- und Qualitätserzeugnisse immer offene Absatzmärkte fanden. Das war vor allem durch eine starke *Arbeitsteilung* möglich (besonders im Metallgewerbe), die Kunstfertigkeit und meisterliches Können steigerte, die durch Kaufkraft einer repräsentativen Gesellschaft immer neuen Absatz und Anregung zur Leistungssteigerung erfuhren.

Nürnberg war im 15. Jahrhundert eine Metropole des oberdeutschen *»Frühkapitalismus«* durch den Leistungswillen und die Initiative seiner führenden Bürger und Unternehmer. Der Grund zu dieser neuen »Wirtschaft« wurde durch neue Betriebsformen gelegt, vor allem durch das Verlagswesen mit Heimarbeit. Bergbau, Hüttenindustrie, Erz- und Metallhandel füllten die Nürnberger Geldtruhen mit Millionengewinnen. Die alte Familiengesellschaft wandelte sich seit dem 15. Jahrhundert zur Aktiengesellschaft, und im 16. Jahrhundert entstanden die Monopol- und Kartellverträge im Handel mit den wichtigsten Metallen. Nürnberg hatte am Ausgang des 15. Jahrhunderts das Handelsmonopol für sächsisches Silber, im 16. Jahrhundert für Mansfelder Kupfer, es kontrollierte die Silbergruben im böhmischen Kuttenberg, bemühte sich um die Nachfolge der Fugger auf dem ungarischen Kupfermarkt, beherrschte das böhmische Quecksilber und war an der Nutzbarmachung des siebenbürgischen beteiligt. Die Nürnberger Werkstätten verarbeiteten das Zinn des Erzgebirges in Sachsen und Böhmen. Christof Fürer plante 1524 ein Silbersyndikat der deutschen Fürsten.

Nürnbergs internationale Stellung von damals beruht neben seiner Wirtschaftsgesinnung und seinen Wirtschaftsformen auf der Verbreitung seines *Stadtrechts;* die Form des Rechts war für eine städtische Handelsmacht ein Hauptmittel der Politik. Diese reiche und mächtige Handels- und Gewerbestadt war *eine* Wiege der europäischen *Technik* (neben Florenz); aus der Verbindung von wissenschaftlicher Forschung, Fantasie, künstlerisch-handwerklichem Können und bürgerlichem Unternehmergeist erwuchs der Apparatebau (Globus, Kopernikus, Regiomontan). Die Stadt war aber auch Brennpunkt deutschen Rechtslebens im 15./16. Jahrhundert; sie war führend in der Rezeption des römischen Rechts, darin dem Beispiel Venedigs folgend; sie wurde die Wiege des deutschen Handelsgerichts (Handelskammer). Das Nürnberger Stadtrechtsbuch von 1484 erlebte einen Siegeszug durch ganz Deutschland. Dem Nürnberger Stadtrechtskreis gehörten Bamberg, Amberg, Eger, Hof, Prag, Neumarkt, Rothenburg o. d. T., Windsheim, Schweinfurt, Kulmbach, Bayreuth an. Nürnberg war im 14./15. Jahrhundert Hauptort gotischen Kunstschaffens in Franken; um 1500 war seine Führerstellung in der deutschen Kunst dank den größten Meistern deutscher Bildgestaltung, Albrecht Dürer, Veit Stoß, Adam Krafft und Peter Vischer, unbestritten. Der Idealtyp gotischen Lebensgefühls und gotischen Geistes schien in der Pegnitzstadt ausgeprägt. Er schlägt uns trotz großer Bombenschäden noch in der Marienkirche am Markt, in der großartigen Lorenz- und in der Sebalduskirche entgegen. Das städtische Bürgertum hat den Kulturgrund erweitert und eine universale Kunstleistung vollbracht; das führte aber auch zum Handwerklichen und zur Verflachung. Von dem Kulturzentrum Nürnberg ging eine breite Anregung auf die Städte, Märkte und Dörfer Frankens aus.

Daß daneben die Plastik des 13. Jahrhunderts im Bamberger Dom, der zur Gotik überleitete, ein einsamer Höhepunkt war, bedarf keiner Erwähnung. Nürnberg war Sammelbecken verschiedener Einflüsse vom Oberrhein, Schwaben und Böhmen (Prag, Peter Parler), doch fand es auch einen Zusammenklang mit Bamberg und Würzburg.

Augsburgs Stern als Handels- und Gewerbestadt ging erst allmählich seit dem 13. Jahrhundert auf und gewann europäische Bedeutung durch *Jakob Fugger den Reichen,* den wir den größten Vertreter reichsstädtischen Bürgertums in ganz Süddeutschland in der sogenannten frühkapitalistischen Epoche nennen dürfen. Durch ihn, seine Familie und die Welser nahm die Stadt am Lech auch teil am Weltgeschehen um die Wende vom 15. zum 16. Jahrhundert. Jakob Fuggers Stellung hat nur in den Medici von Florenz eine echte Parallele im damaligen Europa. In einer krisenhaft unruhigen und bewegten Zeit bewährte sich sein System einer engen Verbindung oberdeutscher Wirtschaftsinteressen mit dem habsburgischen Erzhaus und dem Finanzkapital der römischen Kirche. Der Aufstieg der Weberfamilie aus Graben auf dem Lechfeld in Augsburg war grundgelegt in der Verbindung zwischen Weberei und Handel mit Textilwaren, die Geld einbrachten. Ihre große Chance war das politische Darlehensgeschäft für die Habsburger Friedrich III., Maximilian I. und Karl V. Sie finanzierte Maximilians Brautfahrt nach Burgund, die die Weltherrschaft der Habsburger mitbegründete. Jakob der Reiche, der den Weltruf des Hauses begründete, hatte sich zuerst im mittelfränkischen Stift Herrieden auf den geistlichen Stand vorbereitet und war in Venedig, Rom, Innsbruck und Augsburg in die kaufmännische »Lehre« gegangen. Dieser größte deutsche Handelsherr tat den entscheidenden Schritt durch die Beteiligung seiner Firma am Bergwesen und fürstlichen Kreditgeschäft und durch den Gewinn einer Monopolstellung auf diesen Gebieten; das Geldgeschäft entwickelte er zur *politischen Hochfinanz;* er band das Herrscherhaus auf Gedeih und Verderb an das Fuggerische Geld. Jakob kontrollierte durch ein System von Handelsniederlassungen, Straßen, Lagern und Hafenplätzen den ganzen Kontinent. Eine maßgebliche Rolle auf dem europäischen Erzmarkt spielten die Fugger durch die volle Kontrolle über das slovakische Silber und Kupfer (nach 1495), das nach Nürnberg, Frankfurt, Köln,

Breslau, Lübeck, Danzig, Rußland, Mailand, Venedig, Rom, Antwerpen, Genua, Spanien und Portugal ging. Die Handelsbeziehungen der Fugger waren weltweit, und die oberdeutsche Wirtschaft hatte europäische Bedeutung. Die Welser, Paumgartner, Höchstetter, Gossenbrot haben trotz der Kühnheit ihrer Geldgeschäfte die fuggersche Spitze nicht erreicht. Das Geheimnis der Finanzpolitik Jakobs bestand darin, daß er durch seine römische Bank im stillen gewaltige *kirchliche Vermögen* als Einlagekapital gegen feste Verzinsung gewann; die Geldanlage hatte solchen Umfang, daß das Riesenunternehmen der Fugger beinahe zusammengebrochen wäre, als Papst Julius II. die Auszahlung forderte. Die Fugger hatten zudem fast eine Monopolstellung für die Einhebung des Ablasses in Nord- und Ostmitteleuropa. Sie waren die Bankiers der Legaten und Nuntien und hatten die päpstliche Münze in Rom gepachtet. Das Fehlen eines Reichssteuerwesens machte die Kaiser von den Darlehen des Augsburger Bankhauses abhängig und die Fuggerschen Geldmagnaten zu den geheimen Lenkern der Politik der Habsburger und der Kirche. Sie wurden darum in den Reichsgrafenstand als erstes deutsches Kaufmannsgeschlecht und in den ungarischen Adel erhoben. Ihr humanstes Werk war die Stiftung der »Fuggerei«, der ersten Armensiedlung der Welt. In Jakobs großem Bürgerhaus am Weinmarkt in Augsburg traf sich die europäische Hochfinanz der Renaissancezeit. Indem Jakob die Riesensumme von 900 000 Gulden für die Wahl Karls V. zum Kaiser aufbrachte, schlug er die Kandidatur des französischen Königs Franz I. aus dem Feld. Darum konnte er gegen alle Widerstände (kirchliches Zinsverbot) sein »modernes« Wirtschaftssystem auf der Basis eines fünfprozentigen Zinses durchsetzen. Den Standard des »Fürsten der Kaufleute« († 1525) konnte schon sein Neffe und Nachfolger Anton nicht mehr halten. Zwar erlebte der Fuggersche Bergbau in Nord- und Südtirol noch einen großen Aufstieg, wurden Nachrichtendienst und Zeitungswesen weiter ausgebaut, schwoll das Vermögen riesenhaft an, doch konnte es kaum über den ersten spanischen Staatsbankrott (1557) und in französischen Finanzkrisen hinübergerettet werden, wodurch die Blüte der Augsburger Geschäftswelt geknickt wurde. Jakobs Nachfolger seit Anton waren hochbegabte und humanistisch interessierte Männer, deren Büchereien die Bibliotheken von München, Wien, Heidelberg, Rom und Upsala speisten. Auf ihren schwäbischen Schlössern zu Kirchberg und Babenhausen führten sie das Leben feudaler Landherren, und in ihren Häusern zu Augsburg pflegten sie den Stil der Renaissance. Der Dreißigjährige Krieg brachte ihren Handel und ihre bürgerlich-wirtschaftliche Aktivität zum Erliegen.

Die Möglichkeiten gesellschaftlicher Entwicklung sind in den drei Städten idealtypisch gewesen. In allen drei kam die Führung zuerst in die Hände der Ministerialen des Stadtherrn, die ein Verwaltungspatriziat darstellten, das an den reichen Geldeinnahmen desselben Anteil hatte, als Entlohnung für die Verwaltungstätigkeit. Sie waren das vorwärtsdrängende Element, das die Interessen des Stadtherrn wie der Bürgerschaft und dazwischen auch die eigenen wahrnahm. Sie stellten den Schultheiß oder Propst = Beamten des königlichen oder bischöflichen Stadtherrn, seit der Mitte des 13. Jahrhunderts auch den Bürgermeister, der allein die communitas civium = Gesamtbürgergemeinde repräsentierte. Neben dieser ersten Führungsschicht, die die Rats- und Gerichtsherrn stellte und die Stadt kollegial zu regieren begann, kamen im 13. Jahrhundert die Fernkaufleute und Geldverleiher hoch. In Augsburg und Regensburg aber versuchte ein Geschlecht, die Stolzhirsch am Lech, die Auer an der Donau, das Heft an sich zu reißen und offenbar wie in Italien eine Art »Signorie« zu bilden; sie taten das im Bunde mit ihren »Standesgenossen«. Dieses Ringen um die Macht in der Stadt war politisch, aber auch gesellschaftlich ausgerichtet. Die reichen Kaufleute und Bankiers sahen sich ausgeschlossen von der Mitregierung und forderten ihre Aufnahme in den inneren Rat. Sie versicherten sich ebenso wie die Ministerialpatrizier der Unterstützung der Bürgergemeinde, d.h. der in »Zünften« korporierten und organisierten Kleinhändler und Handwerker, die somit auf beiden Seiten standen. Man kann diese und ähnliche Spannungen nicht »Zunftkämpfe« nennen. In Regensburg wie in Augsburg unterlagen die Ministerialpatrizier und wurden aus der Stadt hinausgedrängt, wo sie dann ein adeliges Landleben in ihren Herrschaften führten. In anderen Städten aber teilten sich Ministerial- und Geldpatrizier in das Stadtregiment. Während damit in Regensburg die Entfaltung der patrizischen Führungsschicht abgeschlossen war, drängten in Augsburg in den sechziger Jahren die reichen Zünftler, vor allem die der Kramer- und Weberzunft, nach vorne und verschafften sich ebenfalls Zugang zum Rat und zum Stadtregiment. Eine Zunftrevolution aber war das wieder nicht. Erst in der zweiten Hälfte des 15. Jahrhunderts bekamen die

Zünfte durch ihren Bürgermeister Schwarz für kurze Zeit das Heft in die Hand. In der Fuggerstadt standen sich dann die in der »Herrenstube« zusammengeschlossenen altpatrizischen Geschlechter, die aus den überreichen, arrivierten Familien wie den Fuggern sich zusammensetzenden »Mehrer« und die Zünfte gegenüber, wobei der Übergang zwischen den beiden ersten Gruppen fließend war. In Nürnberg dagegen behielten die reichsministerialischen Altpatrizier das Heft immer in der Hand und wandelten sich auch zu den großen Unternehmern und Geldleuten des 14./15. Jahrhunderts (Groß, Holzschuher). Aber gerade in der Stadt an der Pegnitz förderte der vielfache Strukturwandel der Wirtschaft und vor allem die Entwicklung eines differenzierten, arbeitsteiligen Großgewerbes das Entstehen sozialer Spannungen innerhalb der arbeitenden Unterschichten; es wuchs ein besitzloses Lohnarbeitertum heran; es machte sich gerade in den »Großstädten« auch der »Pauperismus« breit. Aber noch war alles in eine wirtschaftliche, geistige Gemeinschaft eingebettet. Die vermögenden Bürger wollten auch die Verwaltung und religiöse Pflege ihres Seelenheils in eigene Hände bekommen, indem sie Ewigmessen mit eigenen Priestern stifteten, die finanziell ganz von ihnen abhängig waren. Hier waren Wege für die Reformation bereitet, die sehr früh das selbständige und selbstverantwortliche Bürgertum dieser Reichsstädte gewann und überzeugte; hier fiel die reformatorische Botschaft und das zündende Wort von der Rechtfertigung menschlichen Tuns im persönlichen Glauben auf einen psychologisch aufnahmefähigen und durch die christlichen Humanisten des Nordens wohlvorbereiteten Boden. Man warf schnell die leer gewordenen Formen von Kult und Seelsorge ab, selbst wenn man sie zuvor noch bis zum Übermaß strapaziert hatte, wie dies in Nürnberg bei dem Reliquiensammler Muffel der Fall war, der deswegen sogar Unterschlagungen gemacht hatte, oder wie bei den Massen, die nach der Zerstörung des Ghettos in Regensburg »zur schönen Maria« (Cranachbild) in der dortigen Wallfahrtskirche pilgerten und mit einem Schlag dies einstellten. In Nürnberg vollzog sich der Übergang ohne allen Bildersturm, die alte Religion starb langsam ab.

Die drei großen Städte hat im heutigen Bayern eine landständische Bürgerstadt überrundet, die zur Residenzstadt wurde, nachdem Herzog Albrecht IV. am Ende des 15. Jahrhunderts kein Glück gehabt hatte, Regensburg zu gewinnen und es zu seiner Hauptstadt sogar mit Universität zu machen, und die im

19. Jahrhundert zur Landeshauptstadt und zum Kulturzentrum des modernen Bayern aufstieg und heute zur größten Industriestadt und Wirtschaftsmetropole des Landes, zur »heimlichen Hauptstadt des westlichen Deutschland«, wurde, *München*. Die alte, von Heinrich dem Löwen gegen den Bischof von Freising 1158 gegründete Brücken- und Marktzollstätte zog den Salzhandel von Reichenhall und Hallein nach Schwaben, Südwestdeutschland und der Schweiz an sich. Sie hat den Mönch im Wappen, weil sie auf dem Grund des Klosters Tegernsee oder Schäftlarn entstand. Herzog Otto I. erhob den Ort 1180 zur Stadt, im gleichen Jahr, in dem Innsbruck von den Andechs-Meraniern gegründet wurde; 1253 wurde er Hoflager der bayerischen Herzöge, 1292 erhielt er ein Stadtrecht. Die Stadt des 15. Jahrhunderts erlebte die größte Machtentfaltung im Mittelalter, es sammelten sich auch hier große Vermögen durch Großhandel, Geldverkehr und Montanunternehmen. München wurde der Hauptort des Handels im bayerischen Herzogtum, Hauptumschlagplatz für italienische Waren, Hauptstapelplatz für Salz. Das Wahrzeichen des Bürgergeistes und seiner gotischen Ausprägung ist bis heute der Liebfrauendom geblieben, dem sich als »Bürgerkirchen« die stolze Martinskirche zu Landshut, die Jakobskirche zu Wasserburg und die Martinskirche zu Amberg, die stolzeste der bayerischen Hallenkirchen, anschließen. Hans Stethaimer von Burghausen war der große Baumeister der bayerischen Spätgotik (Martinskirche in Landshut, Karmelitenkirche in Straubing, Jakobskirche in Wasserburg, Franziskanerkirche in Salzburg). Jörg Ganghofer erbaute die Münchner Frauenkirche, und Hans Krumenauer leitete den Umbau des Passauer Domes. Dem bayerischen Empfinden in der Spätgotik gab den stärksten Ausdruck Hans Leinberger in seinen Plastiken, vor allem in der unvergleichlichen Madonna zu St. Martin in Landshut. Bayern war nicht nur eine romanische, sondern auch eine gotische Kunst- und Kulturlandschaft, für die im Lande draußen heute noch die kleine Kirche von Rabenden bei Baumburg zeugt.

4.
Reformation und Gegenreformation in Bayern
Religiöse Erneuerung, Landeskirche und fürstliche Politik bis zum Ende des Dreißigjährigen Krieges

In einer Geschichte des Christentums ist die Reformation ein Höhe- und Wendepunkt der Entwicklung, gekennzeichnet durch eine persönliche Verinnerlichung und ein religiöses Engagement, aber auch durch Anpassung der römischen Kirche an die weltliche Gesellschaft und eine neue Moral. Die Zeit war reif, die alte Kirche gelähmt, ihre Formen erstarrt, der Boden durch den christlichen Humanismus bereitet, die Menschen hungrig nach Erneuerung. Das war nicht nur in den Städten, vor allem den großen Reichsstädten, sondern auch auf dem flachen Lande der Fall. Hätte nicht der frei gewordene oder erstarkte landesherrliche Wille am Ende den Ausschlag gegeben, wäre das bayerische Herzogtum ebenso reformatorisch geworden wie die Markgrafentümer Ansbach-Bayreuth, die Oberpfalz, die sogar mehrmals die Konfession in 70 Jahren wechselte, wie Pfalz-Neuburg; das belegen die Verhältnisse im Bistum Freising, das zeigt der weitverbreitete Kryptoprotestantismus im geistlichen Erzstift Salzburg und im oberösterreichischen Teil der Diözese Passau. Die reformatorische Bewegung, die im bayerischen Territorialstaat keine Konfession wurde, ging in zwei Wellen durch das Land. Die erste erfaßte das Volk in Stadt und Land, die niederen Geistlichen und die Patrizier in den Städten und war zwischen 1520 und 1527 in vollem Schwung; die zweite war ein Anliegen der Stände, des hofmärkischen Adels, der städtischen Patrizier und führte zwischen 1550 und 1570 zu Spannungen und harten Auseinandersetzungen mit dem am Ende erfolgreichen Landesherrn. Die erste wurde gestoppt, weil man sie zusammen mit der gefährlichen Täuferbewegung unterdrückte; die zweite wurde durch Herzog Albrecht V. lange durch politische Versprechen (Laienkelch, Edelmannsfreiheit 1557) gedämpft und hingehalten, dann aber durch Inquisition und harte Maßnahmen unterdrückt, als der Adel, vor allem Pankraz von Freyberg, ein reicher Bergherr, sich erhob und Widerstand leistete. Die Wahrung der ausschließlichen Katholizität Bayerns auf der Grundlage des Augsburger Religionsfriedens von 1555 war allein das Werk des Landesherrn und seiner »Staatsräson« und nicht der Bischöfe im Land, die gegen sein eigenmächtiges Vorgehen protestierten, weil sie seine Landeskirchenherrschaft fürchteten und ablehnten. Die ganze Entwicklung beendete das bayerische Konkordat mit Rom von 1583, das dem Herzog große Zugeständnisse machte und seine straffe Landeskirchenherrschaft sanktionierte.

Bauern, Handwerker, Bürger, hohe Beamte und Ratsschreiber, Mönche und Domprediger ließen sich auch in Franken und Schwaben von der neuen Botschaft überzeugen. Die Drucker sandten kleine Büchlein ins Land, Dorfpfarrer und Domprediger verkündeten bald die neue Lehre von ihren Kanzeln, die der Reformation zugeneigten adeligen »Patronatsherren« setzten in ihre Kirchen der neuen Lehre ergebene Geistliche ein. Armut und Unbildung der Seelsorgegeistlichen hatten zum Versagen des alten Glaubens beigetragen, und die Adelsherrschaft über die Reichskirche hatte überhaupt eine echte Seelsorge unmöglich gemacht. Papst, Bischöfe, Domherren und Äbte bemerkten lange die Dynamik und Unabdingbarkeit des Verlangens nach Reform nicht; bis 1530 war im Grunde die letzte Entscheidung noch offen. Markgraf Georg von Ansbach-Kulmbach (1527–1542) vollzog zusammen mit der Reichsstadt Nürnberg den Übertritt und erließ 1533 eine gemeinsame Kirchenordnung. Zwar scheiterte sein Neffe Albrecht Alkibiades (1541–57) mit seiner gewaltsamen Politik gegen Nürnberg und das Hochstift Bamberg, aber Markgraf Georg Friedrich (1571–1603) schmiedete sein Territorium zu einem geschlossenen Block gegen die katholischen Hochstifte und den Deutschorden und gab der protestantischen Reichsritterschaft Rückhalt gegen die katholische, die die Domkapitel besetzte und die Bischöfe beherrschte. Die Markgrafschaften gliederten sich in Anlehnung an Brandenburg-Preußen in die große kalvinische Front gegen das katholische Europa der Habsburger ein. Die Klöster im Lande und in den Städten wurden geschlossen, säkularisiert, ihre Güter (Heilsbronn) zum Unterhalt von Gymnasien und hohen Schulen verwendet. Auf dem Boden Schwabens begegneten sich die Lehren von Wittenberg und Zürich (Zwingli). Erst nach dem Augsburger Religionsfrieden (1555) entschieden sich die Lande zwischen Lindau und Donauwörth für die Concordienformel, das lutherische Gesamtbekenntnis.

Erst das Konzil von Trient gab Bischof und Kardinal Otto Truchseß von Waldburg die Grundlage für eine Festigung seines Bistums Augsburg, das in der neuen Jesuiten-Universität Dillingen einen geistigen Mittelpunkt bekam. Gegenreformation = Abschirmung der katholischen Territorien und Bistümer hatte auf die Dauer nur Erfolg, wenn sich damit eine religiöse Erneuerung, ein reformerischer Geist verband; Predigt und Disput des Ingolstädter Professors Johann Eck und die Politik des herzoglichen Kanzlers Wilhelms IV., Leonhard von Eck, konnten nur eindämmen, nicht mehr bewirkten die Religionsmandate von 1522, 1524, 1531; manche Leute, wie der hervorragende bayerische Geschichtsschreiber Johannes Turmaier aus Abensberg (Aventinus), wichen dem Druck in protestantische Orte (Reichsstädte Regensburg, Nürnberg, Augsburg) aus. Die Herrschaften Ortenburg, Haag und Hohenwaldeck waren Zentren der reformatorischen Bewegung und Lehre in Bayern. Erst als die römische Kirche im *Jesuiten* einen neuen, blitzschnell wirkenden, politisch kämpfenden, modernen Seelsorgertyp, einen modernen Mönch ohne Chorgebet und Armutsideal gewann, konnte die Erneuerung einsetzen. Nach dem Konzil von Trient leitete der päpstliche Gesandte Felizian Ninguarda in Salzburg die Gegenreformation und die Erneuerung. Die Jesuiten hatten die Aufgabe, die Führungsschichten der Gesellschaft, Adel und Beamte, vor allem den Klerus, im neuen konziliaren Katholizismus von Trient zu erziehen; sie sicherten letzterem dadurch Wirkung und Bestand für fast zwei Jahrhunderte. Es hat Jahrzehnte gedauert, bis die Tridentiner Entscheidungen nördlich der Alpen wirklich durchgeführt wurden. Die Michaelskirche in München, die einzige große Renaissancekirche in Deutschland, ist das eindrucksvollste Denkmal des Bundes zwischen katholischer Landeskirchenherrschaft und Politik der Wittelsbacher und der Seelsorge und Bildungspolitik der Jesuiten; mit ihr war ein Kolleg der Jesuiten verbunden, die auch in Regensburg, Passau, Dillingen, Altötting (Wallfahrt), Biburg, Münchsmünster, Ebersberg wirkten; ihr führender Theologe Gregor von Valencia bestätigte in einem Brief nach Rom die entscheidende Leistung des Herzogs für die Rettung des alten Glaubens. Die Seele des Volkes aber gewannen die Jesuiten durch den *katholischen Barock;* der einfache Mann erfaßte den Glauben mit den Augen durch Bild und Architektur, mit den Ohren in *Predigt* und *Musik.* So wurde das katholisch gebliebene Bayern zum Land des rauschenden Barock auch in den kleinsten Dorfkirchen.

Die Reformation wollte Glauben und Religiosität erneuern, auch um den Preis des Verlustes der kirchlichen Einheit, aber sie konnte und wollte die Gesellschaft nicht revolutionieren. Trotzdem wurde ihr Appell an Adel, Bürger, Bauern für Freiheit der Bibelauslegung und Übung der Religion aus persönlicher Verantwortung auch als *Aufruf zur Veränderung der Gesellschaft* verstanden, zumal die Täufer und Schwarmgeister ihn so verstanden wissen wollten. Jedenfalls haben sich in Schwaben, Franken und in der Pfalz Ritter und Bauern im Zeichen der Freiheit zur Besserung ihres Rechts- und Sozialstandes erhoben und sind geschlagen worden, weil die Gesellschaft darin mit ihnen nicht einig ging. Schwaben und Franken waren der Schauplatz dieser Bewegung, Bayern blieb davon verschont. Die *Bauernunruhen* von 1525 waren der Schlußpunkt einer schon lange währenden revolutionären Gärung in ganz Europa (Jacquerie in Frankreich). Im Jahre 1476 wurde der im Taubertal predigende Hans Böhm, der Pfeiffer von Nicklashausen, gefangengesetzt, viele Leute wurden auf der »Wallfahrt« nach Würzburg erschlagen, wo sie ihn aus der bischöflichen Haft befreien wollten. Im gleichen Jahr forderte in Augsburg die anonyme Flugschrift der ›Reformatio Sigismundi‹ Aufhebung der Leibeigenschaft, Ablösung aller Zinsen und Gülten, Freiheit von Wald, Wasser, Weide gegen herrschaftliches Allmendregal, Einziehung der Klostergüter zugunsten des Reiches. Die Bauern vermeinten, um das *»alte Recht«* zu kämpfen, wie die Reformation glaubte, für die Erneuerung der reinen, heilen, alten Form des Christentums zu streiten. In beiden Fällen eine Utopie. Durch Weistümer, Dorfordnungen, Satzungen sollten Rechte von Herrschaft und Gemeinde abgegrenzt und festgelegt werden. Ein starker *sozialreligiöser Unterton* schwang mit; denn Christi Erlösertod hat alle Menschen frei und gleich gemacht. Des Bauern »gutes altes Recht« ist ein göttliches Recht seit Anfängen. »Bundschuh« und »Armer Konrad« schlossen sich 1512/14 zusammen, um durch Aufstände die Einlösung ihrer Forderungen zu erzwingen. Der Aufstand begann 1524 im Schwarzwald und am Bodensee, 1525 wurden die bäuerlichen Forderungen in Artikeln formuliert. In Oberschwaben und im Allgäu, besonders in der Fürstabtei Kempten, kam es zur Explosion, in Memmingen organisierten sich die getrennten Bauernhaufen in einer »Christlichen Vereinigung«, die das Revolutionsmanifest der »Zwölf Artikel« proklamierte. Die Schwarze Kunst und ihre Flugblätter wurden ein mächtiger Helfer gegen den »Schwäbischen Bund«, in dem sich der Gegenschlag der Herren und Städte formierte, hinter denen der bayerische Kanzler Leonhard von Eck stand, der einen »lustigen Krieg wider die Türken im Land« vorbereitete. Burgen und Klöster gingen in Flammen auf, die Bauernhaufen brachen die Archive auf, wo die verhaßten Zinsbücher und Steuerlisten verwahrt waren. Die Bewegung griff auf Franken über, wo das herrschaftlich zersplitterte Bistum Würzburg der Hauptschauplatz war, die Lande zwischen Main, Neckar, Odenwald, die Täler von Tauber, Jagst, Kocher, Saale, Grabfeld und Haßberge; doch wurde auch das Bistum Bamberg erfaßt. Den Auftakt gab ein revolutionärer Zusammenschluß von Bauern und Handwerkerzünften in Rothenburg o.d.T. Die Bauernhaufen Frankens redeten eine radikalere Sprache als die Schwabens und wüteten kompromißlos. Zweihundert Burgen und fünfzig Klöster im Würzburgischen, 150 Burgen und sechs Klöster im Bambergischen wurden mit ihren Archiven und Bibliotheken ein Raub der Flammen. Massenmorde, der Versuch des Adels, durch kluges Nachgeben die Wogen zu glätten, die Dienste des Reichsmarschalls Florian Geyer von Giebelstadt und des württembergischen Amtmanns Götz von Berlichingen auf Jagsthausen für die Bauern, d.h. die Enttäuschung der Oberschichten und die Politik Leonhards von Eck führten zu einem Ende des Bauernaufstandes mit Schrecken, zu einem *Strafgericht,* das in Schwaben der »Bauernjörg« (= Georg Truchseß von Waldburg) durchführte; in Franken leiteten ein fürstliches Entsatzheer für das belagerte Würzburg und sein Sieg eine blutige Rache ein, von der uns der Würzburger Chronist Magister Lorenz Fries erzählt. In der Bischofsstadt sympathisierten die Bürger mit den Bauern, unter ihnen der Meister fränkischer Holzschnitzerei *Tilman Riemenschneider.* Der Zollernstaat Ansbach-Bayreuth und die kurpfälzische Oberpfalz blieben von den Bauernunruhen verschont. Die Folge war für lange Zeit ein starker Druck der Herrschaft auf die Bauern, ein Erlahmen ihres freien genossenschaftlichen Geistes.

Für Bayern war die gegenreformatorische Politik ein großer Erfolg; denn es konnte Kapital daraus schlagen und sich mit den Machtmitteln eines geschlossenen und erstarkten Territoriums auf das Feld der *rheinischen Bistumspolitik* wagen, aus der Enge seines Binnenstaates ausbrechen und sich in die europäische Politik der Großmächte einmischen. Das hat Bayern Machtzuwachs und Einfluß, Ruhm und Ansehen gebracht, auf das Ganze gesehen aber schon im 17. Jahrhundert seine Kräfte überfordert. Nur die Ausschöpfung der letzten Reserven machte eine solche Politik möglich, und das hat dem Lande ein absolutistisches Regime früher als anderswo in Deutschland gebracht. *Absolutismus* bedeutete Lahmlegung des Spiels der freien ständischen und gesellschaftlichen Kräfte, Frustration der bürgerlichen Aktivität, Unterordnung unter die eine Idee der »Staatsräson«, Ordnung und Gehorsam. Um diesen Preis ist die Grundlage für den modernen Staat, das moderne Bayern gelegt worden. Der Initiator dieser Politik, der die Weichen gestellt hat, war Herzog *Albrecht V.* (1550–1579), der seinen Sohn Ernst für den geistlichen Stand bestimmte und entgegen den Anordnungen des Konzils von Trient Bistümer in seinen Händen »häufte«, seinem Sohn das Erzstift Köln sichern wollte; dazu gab unter Herzog Wilhelm V. (1579–1597) der Übertritt des Erzbischofs Gebhard Truchseß von Waldburg zum Luthertum die Gelegenheit. Ein bayerisch-spanisches Heer unter Führung des wittelsbachischen Herzogs Ferdinand verjagte 1583 den Truchseß über die holländische Grenze und setzte Herzog Ernst, den Bruder Wilhelms und Philipps (= Bischof von Regensburg, Kardinal), auf den Kölner Erzstuhl. Dadurch wurde der Katholizismus am Niederrhein und im Münsterland gerettet, der Erzstuhl aber für 200 Jahre eine *bayerische Sekundogenitur* und das Zentrum der *Wittelsbacherherrschaft am Rhein*. Ernst war Bischof von Freising, Lüttich und Hildesheim gewesen, bevor er Erzbischof wurde. Bayern wurde ein Glied im großen Kräftespiel der katholischen Mächte in Europa, es trat an die Seite König Philipps II. von Spanien, des Hauptdegens der Gegenreformation in Europa, und arbeitete mit den großen Päpsten der Gegenreformation, Gregor XIII. und Sixtus V., zusammen, in deren Auftrag der Jesuitendiplomat Possevino eine weitgespannte Politik und Diplomatie bis Stockholm und Moskau entfaltete. In diesem Konzept spielte Bayern die Rolle der *Bastion des römischen Katholizismus* gegen den Protestantismus des Nordens.

Herzog Wilhelm V. und seine Gemahlin Renate von Lothringen hatten auf der von dem niederländischen Maler und Baumeister Sustris erneuerten Burg Trausnitz in Landshut ihre junge Ehe in vollen Zügen genossen und sich von der heiteren Musik des großen Tonmeisters Orlando di Lasso beschwingen lassen, der *Münchens Hofkapelle* zur ersten in Europa machte.

Wilhelms Wendung zu religiöser Innerlichkeit hinderte seine Pflege von Kunst und Prunkentfaltung nicht. In der Politik aber erntete er die Früchte der väterlichen Initiative, sowohl im *Konkordat* von 1583 wie in der niederrheinischen Politik. Dieser Politik schloß sich der wesensverwandte Würzburger Bischof

Julius Echter von Mespelbrunn (1573–1617) an, der mit bayerischer Rückendeckung (Landsberger Bund) seine Diözese rekatholisieren, sich gegen die protestantische Reichsstadt Schweinfurt durchsetzen und seine Universität 1583 gründen konnte (Juliusspital!). Im Inneren streifte er die Last der Wahlkapitulation des adeligen Domkapitels ab, ordnete Verwaltung und Finanzen, förderte die Wirtschaft, schuf eine Einheit von Religion und Politik in der Gegenreformation seines geistlichen Herzogtums, beugte seine reiche Hauptstadt Würzburg (1587), reformierte den Klerus, baute eine strenge Schulorganisation auf, worin die Protestanten und Reichsstädte vorangegangen waren (Gymnasium illustre zu Ansbach 1528, Ratsschulen). Der Festigung des Glaubens dienten auch seine 300 Kirchenbauten im Lande (Echterstil). Herzog Wilhelm V. von Bayern aber war einer gewaltigen Schuldenlast, die einem »Generalanstand« = Staatsbankrott gleichkam, nicht gewachsen und dankte 1597 zugunsten seines Sohnes Maximilian I. ab; er residierte bis 1626 in der Herzog-Maxburg zu München und brachte noch seinen Sohn Ferdinand auf den Erzstuhl zu Köln. Als erster Herzog wurde er in der *Michaelshofkirche* bestattet, deren Fassade die wittelsbachische Staatsidee und Familientradition in den Figuren plastisch vorführt.

Zu den Zeiten, da Europa von Finanzkrisen geschüttelt wurde, Spanien und Frankreich nicht nur einen Staatsbankrott erlebten, die großen oberdeutschen Handelshäuser der Reihe nach zusammenbrachen, blieb auch Bayern von wirtschaftlichen Erschütterungen nicht verschont. Die Hauptaufgabe, die deshalb Wilhelms Nachfolger, *Maximilian I.* (1597–1651), gestellt war, war die Ordnung der Finanzen. Der Staatsschatz, den er sammelte, gab ihm die Mittel, eine moderne Armee aufzubauen und eine volkstümliche Landwehr zu organisieren, während zum Beispiel Habsburg noch Söldnerheere unter dem Kommando militärischer Unternehmer wie Wallenstein (vgl. Mansfeld) unterhielt; fünfzig Jahre später folgten ihm darin der Große Kurfürst und Louvois in Frankreich. Er baute eine rasch arbeitende Verwaltung mit leistungsfähigen Beamten auf, berief bürgerliche Räte von hohem Fachwissen und sorgte für eine unbestechliche Rechtspflege. Im ›Codex Maximilianeus‹ von 1616 stellte er die Rechtseinheit des Landes her. Er hatte eine hohe und nüchterne Auffassung vom Regieren, vom Staat und seinen Aufgaben, aber auch von der Würde des Herrschers und dem Rang seines Hauses; dem ordnete er auch seine Religionspolitik unter; demselben Zweck diente die Förderung der Geschichtsschreibung seines Staates, die Pflege der Kunst, besonders in der Münchner Residenz (Erzbild der Patrona Bavariae). Die von ihm geförderte Baugesinnung wurde nur auf reichsstädtischem Boden durch den Augsburger Elias Holl (zwischen 1600 und 1620) übertroffen, der den Gipfel *süddeutscher Spätrenaissance* erreichte. Das Grabmal Ludwigs des Bayern in der Münchner Frauenkirche und die Folianten der ›*Geschichte Bayerns*‹, vom Augsburger Stadtpfleger Markus Welser begonnen, von den Jesuiten Balde (Barockdichter) und Rader fortgesetzt, vom lothringischen Beichtvater Max I., Vervaux, vollendet und unter dem Namen des Kanzlers Johann Adlzreiter 1622 erschienen, künden von seiner Staatsgesinnung, die auf dem Erbe aufbaute und die Zukunft in seinem Geiste bestimmen wollte; nach den stürmischen Volksbewegungen und den geistigen Umwälzungen des 16. wurde im Hochbarock des 17. Jahrhunderts die *fürstliche Autorität* das beherrschende Prinzip auch für die religiösen Entscheidungen der Regierungen und Regierer. Der Kurfürst legte sein Regierungsprogramm in den ›Monita paterna‹ an den Sohn nieder, die von dem Juristen und Historiker Lipsius beeinflußt sind.

Bei aller Religiosität und Strenge dieses Mannes muß man sich ebenso wie bei Julius Echter (Pölnitz) fragen, ob der Glaube und nicht die Macht und Ehre der tiefste Antrieb seines Wirkens waren. Er war kein Genie, aber ein nüchterner Realist, ein Leistungs- und Willensmensch voll glühendstem Ehrgeiz, den er in einem religiösen Weltbild bändigte.

In seiner glücklich langen Regierung machte Max I. in den Bahnen seines Großvaters Bayern zur Hochburg des Katholizismus in Deutschland. Der Anfang des Dreißigjährigen Krieges, der als Konfessionskrieg begann, als Kampf um die Hegemonie in Europa endete, brachte ihm den Sieg am *Weißen Berg* 1620 über den kalvinischen Kurfürsten Friedrich V. von der Pfalz (Winterkönig), der sich 1619 verleiten ließ, die von den böhmischen Ständen unter Ausschaltung Kaiser Ferdinands angebotene Wenzelkrone anzunehmen. Herzog Maximilian, Haupt und Gründer der gegen die Union der protestantischen Fürsten gerichteten katholischen Liga von 1609, führte mit seiner Armee und seinem Geld den Krieg des Kaisers mit größtem Erfolg. Als Belohnung erhielt er 1623 die *Kurwürde* und 1628 die kurpfälzische, kalvinische Oberpfalz, die er durch Jesuiten (Amberg, Kastl), bayerische Benediktiner (Oberaltaich), Paulaner u. a. rekatholisieren ließ. Die säkularisierten Klöster aber errichtete er erst nach längerer Zeit wieder, da er deren Einnahmen für sich behalten wollte. Wie in Böhmen mußten auch in Bayern landsässige Adelige (93) auswandern, die an ihrem Glauben festhielten. Im Bunde mit Spanien ließ Kurfürst Maximilian durch seinen erprobten Feldherrn Tjerklaes Tilly die Kurpfalz erobern und schenkte die reiche Heidelberger Bibliothek dem Papst, der sie der Vatikanischen Bibliothek als Bestand »Palatina« einfügte (karolingische Codices von Lorsch, Klassikertexte). Die Überspannung seiner Anfangserfolge im Restitutionsedikt von 1629 durch den Kaiser rief den Schwedenkönig Gustav Adolf auf den Plan und eröffnete eine neue Phase des Krieges, die auch die altbayerischen Lande in Mitleidenschaft zog und nach sechzehn Jahren ein tiefverwüstetes Gebiet hinterließ. Der »König aus Mitternacht« schenkte die Schloßbücherei des 1631 besetzten Würzburg der Universität Upsala, wo sich davon noch heute tausend Bände befinden; er ließ Gobelins, Gegenstände der fürstlichen Silberkammer in Würzburg und München nach Hause schaffen. Wallenstein verlegte, zum zweiten Male Feldherr geworden, den Krieg nach Franken und zwang dann den König, ihm nach Norden zu folgen, wo dieser 1632 in der Schlacht bei Lützen fiel. Nach dem zweiten Sturze Wallensteins, an dem der bayerische Kurfürst abermals beteiligt war, befreite der kaiserliche Sieg bei Nördlingen 1634 das Land von seinen Peinigern. Aber Schwaben und Bayern, der Streifen zwischen Donau, Lech und Isar, erlitten nochmals schwere Verwüstungen, nachdem Frankreich 1635 aktiv in den Krieg zur Verhinderung einer habsburgischen Hegemonie in Europa eingetreten war. Die »bayerische Reichsarmada« befehligte der kühne Reitergeneral Jan van Werth. Maximilian mußte 1647 mit den Franzosen Waffenstillstand schließen, wechselte aber 1648 nochmals zum Kaiser über, was neue Verwüstungen seines Landes bis zum Inn zur Folge hatte, bevor der Westfälische Friede den Krieg im ausgebluteten Mitteleuropa beendete, dessen konfessionelle und machtpolitische Leidenschaften nun abgekühlt waren. In Rom war die Tochter Gustav Adolfs, Christine von Schweden, zum Katholizismus übergetreten (Standbild im Petersdom) und beschäftigte dort Papst und Kardinäle mit ihrer Kunstsammlerleidenschaft und ihren Allüren. Europa aber suchte durch das Prinzip der balance of power (Gleichgewicht der Kräfte) fortan den Stärksten an einer kontinentalen Hegemonie zu hindern. Die Verwüstungen in Stadt und Land waren groß, die Bevölkerung stark dezimiert, viele Bauernstellen lagen wüst, hundert Jahre danach hatte die Zahl der Bauernhöfe die Höhe von vor 1618 noch nicht erreicht. In seinen letzten Ermahnungen an den Sohn schrieb Kurfürst Maximilian: »Wer vom Krieg redet, redet nur Übles; die können es bezeugen, die es erfahren, die seine Grausamkeit mit eigenen Augen gesehen haben; nicht die, die solches nur angeordnet und nicht gesehen haben.« Die letzten drei Jahre seines Lebens widmete der Greis dem Wiederaufbau, der Deckung der Kriegsschulden und der Begründung eines neuen Staatsschatzes. Er starb am 27. September 1651.

Im 17. und 18. Jahrhundert war die Aufnahme von *Glaubensflüchtlingen* (Exulanten) ein Mittel, die entvölkerten Gebiete aufzufüllen (Peuplierung). Aus habsburgischen Ländern (»Landl« in Oberösterreich) kamen protestantische Adelige, Geistliche und Bauern in mehreren Wellen (1624–1634, 1651, 1654) nach Franken, was eine *gesellschaftliche Umschichtung* der Aufnahmegebiete zur Folge hatte; mit Vorliebe gingen diese Emigranten in die Reichsstädte (Nürnberg, Weißenburg, Regensburg), aber auch in die Markgrafenschaften, den Steigerwald (Castell) und nach Pappenheim. Schwächer war der Zug nach Schwaben. Im 17. Jahrhundert nahmen die Hohenzollern auch hugenottische Flüchtlinge aus Frankreich in ihr Land auf, die sich als gewerbetüchtige Leute erwiesen und neue Industriezweige eröffneten (Erlangen als Idealtyp einer geplanten Hugenottenstadt = Christians Erlang). Die *Kurpfalz* muß besonders große Bevölkerungsverluste erlitten haben, da sie zu einem Gebiet stärkster Einwanderung wurde. Kurfürst Karl Ludwig (1648–1680), Idealtyp eines »Landesvaters«, gewährte den Zuwanderern Handels-, Gewerbe-, Steuer- und Glaubensfreiheit. Er baute das zerfallene *Mannheim* wieder auf, und berühmte Lehrer zogen neue Studenten nach *Heidelberg*. Die Pfalz, in der er Kartoffel- und Tabakbau einführte, wurde durch ihn ein ausgesprochenes *Kolonistenland;* schon vor 1648 kamen zu Zehntausenden tüchtige Mennoniten aus der überbevölkerten Schweiz, aber auch aus Wallonien, und brachten neue Industriezweige mit. Unter Karl Ludwig setzte eine neue Einwanderungswelle ein, doch gingen viele Zuzügler nach Kurmark, Pommern und Amerika weiter, als 1685 eine rein katholische Wittelsbacherlinie zur Herrschaft kam. Palatine = Pfälzer wurde in Amerika ein Wort für »Auswanderer«, und die dortigen »Pennsylvanian Dutch« sind vielfach Pfälzer, die bis heute

Brauchtum und Liedgut ihrer Heimat erhalten haben, das heute in Deutschland vergessen ist. Die *Oberpfalz* erlebte unter bayerischer Herrschaft einen großen wirtschaftlichen Aufstieg seit 1648. Am Ende des großen Krieges standen alle Hammerwerke still, die stolze Bergstadt Amberg überließ dem Landesherrn ihr Bergwerk und verlor ihren Residenzcharakter. Die »Steinpfalz«, wie die »Ausländer« sagen, blieb bis in das 20. Jahrhundert ein Land hart arbeitender Bauern, Handwerker, Arbeiter, kleiner und mittlerer Bürger, deren Kinder nach München und besonders Nürnberg zogen, dessen Dialekt stark nordbayerisch gefärbt, dessen Konfessionsstatistik durch den Zuzug der Oberpfälzer immer katholischer wurde, vorab im 20. Jahrhundert.

Am Ende des *»konfessionellen Zeitalters«* auch der bayerischen Geschichte begann sich langsam Toleranz durchzusetzen; es war noch ein weiter Weg zur Parität. Kurfürst Maximilian, einer der bedeutendsten Wittelsbacher, hatte neben dem Kaiser und Spanien den Machtbereich der katholischen Kirche in Süd- und Westdeutschland behauptet; dank seiner Aktivität konnte Bayern noch über ein halbes Jahrhundert sich an der europäischen Politik beteiligen. Die katholische Kirche überwand ihre äußeren Verluste und ihre innere Erstarrung. Ihr neugewonnenes Selbstbewußtsein sprach sich in Oberschwaben, im geistlichen Franken, in Altbayern und den österreichischen Landen im strahlenden farbenfrohen, pathetischen und theatralischen Barock großer Dom- und Klosterkirchen, vieler mittlerer und kleinerer Wallfahrts- und Dorfkirchen aus. Dem steht gegenüber der Ernst des Protestantismus und vorab des Kalvinismus mit seiner weltbewegenden Ethik, seinem Glaubensmut, der die Neue Welt geprägt hat. Er spricht zu uns in der klassizistischen Fassade des Markgrafenschlosses zu Ansbach. Das Schicksal der Glaubensflüchtlinge hat zur Erneuerung von Welt- und Lebensauffassung, zu einer langsamen und sicheren Verwandlung der noch weithin archaisch-mittelalterlichen Strukturen beigetragen, die im absolutistischen Zeitalter endgültig abgebaut wurden.

5.
Absolutismus und Barock in Bayern
Das Ende einer alten – der Aufgang einer neuen Welt
1650–1806

Kurfürst Ferdinand Maria (1652–1678) und seine savoyische Gemahlin Henriette Adelaide, die mit dem »Sonnenkönig« verheiratet werden sollte, führten Absolutismus und Barock in Bayern zum Sieg. Leiter der Politik war der rührige Kanzler Kaspar von Schmid, der die Landesinteressen mit den reichischen ausgleichen und den rechten Weg zwischen Habsburg und Frankreich, den großen Rivalen, finden mußte. In der Zeit fürstlicher Wirtschaftspolitik (Manufakturen) sprach er das Wort: »Der Bauer ist ein ganz anderer Untertan als der Fabrikant. Mir sind hundert wohlhabende Bauern lieber als die sechshundert Tuchmacher. Der Bauer nimmt hundertmal mehr Anteil am lieben Vaterland und am Landesfürsten als der Fabrikant.« Die Agrarstruktur des Landes ist bis in unsere Tage bestimmend geblieben. Am Hofe Maximilians I. war wie an dem der Habsburger das *spanische Zeremoniell* bestimmend. Henriette förderte den *italienischen Barock* und ebnete ihm die Wege in München. Barelli und der Graubündner Zuccali schufen dort in der Theatinerkirche das höfische Modell der Barockkirche in Bayern. An den Hof- und Prunkfesten Ferdinand Marias und seines Sohnes läßt sich ablesen, wie stark das *Herrscher- und Gesellschaftsideal* noch von mittelalterlichen Gedanken geprägt war, vom theokratischen und vom feudal-höfisch-genossenschaftlichen Element, die in der »Herrscheridee« zusammenflossen. Trotzdem aber mischte sich darein die besonders von Ludwig XIV. geprägte säkularisierte oder pseudoreligiöse *Mystifizierung des absoluten Herrschers,* für die das ganze Arsenal antiker Symbolik, Emblematik und Literatur aufgeboten wurde. Je länger desto mehr empfand man die Unnatürlichkeit des pathetischen Lebensrausches und monopolitischen Personenkultes; deshalb brach daneben eine stille Sehnsucht nach *Natur* und Landleben zunächst in stilisierter Form auf, der Rousseau einen »revolutionären« Ausdruck verlieh.

Barock als Gesellschaft und Kultur war eine gesamteuropäische Erscheinung, man hat Barock die letzte universale Form von Geist und Leben in Europa genannt. Aber in der barocken Schale wuchs der Kern der *Aufklärung* aus Naturbeobachtung,

Philosophie, vor allem der des Bewußtseins (Descartes), aus der Reflexion über den Bau des Alls und seine bewegenden Kräfte, aus einem neuen freien Wissenschaftsverständnis und der Suche nach neuen Autoritäten. Gerade in Bayern läßt sich zeigen, daß die vielgerühmten Barockprälaten und ihre gelehrten Mönche (Töpsl in Polling, Anselm Desing in Ensdorf, Kraus, Forster, Steiglehner in St. Emmeram in Regensburg, Eusebius Amort, Meichelbeck) zugleich die ersten christlichen Aufklärer im Lande waren und dem neuen Geist aus Frankreich die Wege in Bayern ebneten. In London wurde die Royal Society, in Paris die Académie Française in der Mitte des 17. Jahrhunderts gegründet, es folgten neue Akademien und Institute in Italien (Bologna), und es kam zu einer *europäischen Akademiebewegung* im 18. Jahrhundert (1759 die Gründung der Bayerischen Akademie der Wissenschaften), die ebenso universal war wie der Barock, indem sie den neuen Geist der Wissenschaft und Aufklärung in allen Hauptstädten und Bildungszentren verbreitete. In England entwickelte sich zuerst die *Technik,* die ihren Siegeszug im 19. Jahrhundert in der industriellen Revolution antrat, zugleich die Gesellschaft radikal verwandelte, aber nicht die menschliche Natur und ihr konstitutives Beharrungsvermögen, die deshalb in gefährlicher Weise zurückblieben. Aufklärung im 18. Jahrhundert war eine Sache der Intellektuellen und Politiker, sie ist im 20. eine Angelegenheit der ganzen Gesellschaft, aller geworden. Während in den Studierstuben, in den Akademien und an mäzenatischen Höfen (Leibniz) eine neue wissenschaftliche Welt aufgebaut und neue Wege zur Erkenntnis der Natur und für die Wahrheitssuche gefunden wurden – Lösung aus dem theologischen Weltbild –, predigten in den barocken Kloster- und Dorfkirchen Bayerns die Geistlichen einem noch fast ganz unaufgeklärten Volk von der in der Kirche dargestellten herrscherlichen Majestät Gottes (Welttheater) und von einem ständisch gefaßten christlichen Menschenbild; das Volk war weder sozial und rechtlich, noch geistig frei und aufgeschlossen, beteiligte sich stumm an den großen Festen der Herren und fand seine Sehnsüchte darin befriedigt oder ahmte den Lebensstil der Herren in Tracht, Feier und festlichen Lebensgewohnheiten nach. Dieses Nebeneinander in Gesellschaft, Geist, Kultur erklärt das ungleiche Wesen der Epoche, die man als »Barock« bezeichnet. Unterschiede der Intensität, des Grades, der Phasen sind zu beachten, und den Einflüssen aus Frankreich, den Niederlanden, aus Italien ist nachzuspüren, um zu sehen, was bayerisch in Tradition und Fortschritt war und geblieben ist.

Der *Absolutismus* als Regierungsform und Politik, selber eine gesamteuropäische Erscheinung, hat das divergente Nebeneinander in Religion, Geist und Gesellschaft zunächst verdeckt und überspielt. Durch die Macht einer geschlossenen Organisation des Geldes, der Diplomatie, des Heeres und durch die Anziehungskraft einer faszinierenden Herrscher-Persönlichkeit, einer in Stil und Mode überlegenen Kultur übte *Frankreich* europaweite Wirkung aus, die der Zeit, auch in Bayern, ein französisches Gepräge verliehen. Seine nationale Großmachtpolitik rief europäische Reaktionen wach, die sich in Koalitionen der anderen Staaten und im Prinzip des Gleichgewichts ausdrückten. Nicht lange erlaubten Bayerns Kräfte mehr seine Teilnahme am Spiel der fünf Großmächte. In wesentlichen Zügen waren die Einzelstaaten gleichförmig; sie alle waren *Obrigkeitsstaaten* mit *bürokratischer Verwaltung*, die sich trotz ihrer Volksferne doch dem Gedanken der *Volkswohlfahrt* (Polizei) öffneten, um freilich damit die Leistung für die Staatsmacht zu fördern (positive Handelsbilanz = Merkantilismus, Peuplierung). Die Macht des Staates ergriff immer mehr Lebensbereiche, wurde für die Menschen immer spürbarer und durchgreifender; er löste die Staatskirche zusehends aus der Allgemeinkirche und anerzog eigenes Bewußtsein, eigene Räson, eigenen *Patriotismus*. Er verstaatlichte, zentralisierte und bürokratisierte die Eigen- und Sonderrechte der mitherrschenden Stände des Adels, der Prälaten, der Bürger, er drückte Adel und Prälaten zu Privilegierten herab, er machte *alle* Menschen zu *Untertanen*. Er regte den Wirtschaftsgeist und das Bildungsstreben der bürgerlichen Gesellschaftsschicht an und setzte sie den Privilegierten gleich. Der absolutistische Fürstenstaat hat die »Freiheit« und »Gleichheit« der Französischen Revolution und des modernen Staates vorbereitet, er hat neue wirtschaftliche und politische Kräfte geweckt und gefördert, die das kommende Jahrhundert bestimmten; aber die geistige Kraft blieb unabhängig, und die Kulturinhalte blieben dem Zugriff einer intensiven Staatsgewalt entzogen, die alles von einem bestimmenden Einfluß auf die Politik fernzuhalten suchte. Deshalb konnten Kultur und Geist des Barock Volkstum und Kultur Altbayerns, Schwabens und der hochstiftischen Lande so entscheidend prägen, während in den Reichsstädten Romanik und Gotik überlebten und nur die markgräflichen Residenzstädte in eigenen Stilformen daran teilnahmen (Ansbach, Bayreuth). Die Gesellschaft war noch geschlossen, sie trat nur dem Staate durch seine eigenen Maßnahmen als Ganzes gegenüber.

Prototyp des bayerischen Barockfürsten in Licht- und Schattenseiten war *Kurfürst Max Emanuel* (* 1662), der Sohn Ferdinands und der Adelaide. Bayerns Schicksal war seine Stellung zwischen den Großmächten Habsburg und Frankreich. Bereits unter dem Vater vollzog sich eine bayerische Schwenkung zu Frankreich (1670); nur mit französischen Subsidien konnte man die Schlagkraft der bayerischen Armee erhalten, und diese war die Voraussetzung europäischer Politik. Das siegreiche Vordringen der Türken nach Westen (1661) legte den Gedanken nahe, bei der größten Militärmacht des Westens, bei Frankreich, Rückhalt zu suchen. Die bayerische Politik leitete damals Kaspar von Schmid, Max Emanuels Lehrmeister in der Münchner Hofkanzlei. Der Kurfürst (1678–1726) war eine beschwingte und energiegeladene, leichtsinnige und verschwenderische Natur, die man überall zügeln mußte, wo man sie einsetzte, ein geborener Soldat und feuriger Reiter. Der Sonnenkönig in Frankreich war sein Vorbild, Ruhm, glanzvolle Hofhaltung, Frauen und Spiel Hauptziele und Inhalte seines Lebens. Der österreichische Gesandte Graf Kaunitz gewann ihn für ein Defensivbündnis mit dem Kaiser. Bei der Belagerung Wiens durch die Türken 1683 erschien der Bayer als erster deutscher Fürst an der Donau und brach in der Entscheidungsschlacht am Kahlenberg mit seinen Arco-Kürassieren in das Lager der Feinde ein. Gegen den Raub Straßburgs entfaltete er eine rege diplomatische Tätigkeit, ließ sich 1684 aber schon wieder durch Kämpfe gegen den Halbmond ablenken. Dem ruhmbedeckten Sieger gab Kaiser Leopold seine Lieblingstochter Erzherzogin Maria Antonia, aus seiner ersten Ehe mit Margareta von Spanien, zur Frau. Es öffneten sich Aussichten auf das spanische Erbe, die den Kurfürsten zu immer neuen Taten gegen die Türken anspornten (Ofen, Harsan, Belgrad). Man nannte ihn den *»Blauen König«*. Im Pfälzer Erbfolgekrieg (1688–1697) und in Savoyen befehligte er die Reichsarmeen gegen Frankreich. Auf glanzvollen Hoffesten in Mailand, Turin und Venedig 1691/92 erreichte ihn die Kunde von seiner Ernennung zum Statthalter der Niederlande, mit dem Sitz in Brüssel. Wieder ging sein Land leer aus; die Einnahmen reichten nicht mehr aus für den bayerischen »Weltmachttraum«. Der ging zu Ende, als die Kurfürstin und ihr Sohn (1699) starben. Die Erbfolge im spanischen Riesenreich wurde der Zankapfel für den Spanischen Erbfolgekrieg, der die Welt in Bewegung setzte. Die Großzügigkeit und das intensive Werben des Sonnenkönigs gewannen den Kurfürsten für den Versailler Bündnisvertrag von 1702. Mit Frankreich, Mantua, Ungarn und dem wittelsbachischen Kurfürsten von Köln stand Bayern gegen Habsburg, England, Holland, Portugal. Max Emanuel verlor dabei sein Land an Habsburg (1705) und kämpfte in Flandern weiter. Prinz Eugen und der Herzog von Marlborough waren die Sieger von Höchstädt und Blindheim. Gegen das Gewaltregiment der Habsburger erhoben sich 1705 die bayerischen Bauern des Ober- und Unterlandes und wurden bei *Sendling* und *Aidenbach* blutig zusammengehauen (Schmied von Kochel, Pfleger Abram von Valley).

Bei den Friedensverhandlungen wollte der Kurfürst sein ausgepreßtes und ausgeplündertes Land gegen Sizilien oder die Niederlande vertauschen. Eine drückende Schuldenlast zerrüttete die Staatsfinanzen; die Staatsschuld belief sich 1723 auf 25 000 000 Gulden; zu 20 Prozent waren jüdische Hoffinanziers als Gläubiger beteiligt; seit dem 16. Jahrhundert waren Juden vom bayerischen Herzogtum ausgeschlossen. Das Kurfürstentum erholte sich im ganzen 18. Jahrhundert nicht mehr, und auch Montgelas und sein König mußten sich der Finanzhilfe der Familie Seligmann = Eichthal bedienen, um das »neue« Bayern über Wasser zu halten (1801–1808: 7 500 000 Gulden). Aber auch die habsburgische Großmacht konnte sich im Zeitalter Prinz Eugens nur mit dem Geld der Oppenheimer und Wertheimer, später der Rothschild bewegen, und Friedrich der Große führte den Siebenjährigen Krieg mit jüdischem Geld. Der »Blaue König« überschätzte immer die realen Möglichkeiten, und noch im Tode träumte er von der Kaiserkrone für seinen Sohn *Karl Albrecht* (1726–1745), der deshalb nochmals in das Spiel der europäischen Großmächte verwickelt wurde. Tatsächlich gelang es ihm von 1742 bis 1745 als drittem Wittelsbacher, die *Kaiserkrone* zu tragen. Seinem Lande trug das nur die Schreckensherrschaft habsburgischer Panduren- und Kroatenregimenter ein, die bis in unser Jahrhundert im Gedächtnis des Volkes haften geblieben sind. (Pandur oder Krawat waren noch im 20. Jahrhundert Tadelworte für unartige Kinder.) Sein Sohn *Max III. Joseph* (1745 bis 1777) mußte 1745 im Frieden von Füssen auf alle Erbansprüche verzichten und damit jede Großmachtpolitik aufgeben; er bekam aber sein Land ungeschmälert zurück. In der folgenden Ära des Friedens regte sich kräftig der neue Geist der Aufklärung, den der Erzieher des Kurfürsten, Ickstatt, ein Schüler Christian Wolffs, aus Würzburg nach Ingolstadt und München gebracht hatte. Der christlichen Aufklärung der Prälaten und Mönche folgte nun die staatskirchliche und schließlich die gottferne. Der Kurfürst wandte sich vom höfischen dem aufgeklärten Absolutismus zu, der »alles für das Volk, aber nichts durch das Volk« schaffen wollte. Wigulaeus von Kreittmayr ordnete die bayerische Rechtspflege. Die bayerische Akademie der Wissenschaften trat als die große Institution aufgeklärter Wissenschaft 1759 ins Leben. Sie legte die Quellen zur bayerischen Geschichte in dem berühmten Editionswerk der ›Monumenta Boica‹ im Druck vor. Zuerst in Neudeck, dann in Nymphenburg errichtete der Kurfürst wie andere Landesherren eine Porzellanmanufaktur. Er förderte im Sinne der Physiokraten die Agrarkultur seines Landes (Kartoffelanbau). Zur Verminderung der Schuldenlast begründete er eine Schuldtilgungskommission unter dem Vorsitz des Grafen Anton von Waldburg-Zeil. Mit ihm starb 1777 die bayerische Linie der Wittelsbacher aus; Bayern wurde nach intensiven Verhandlungen am Immerwährenden Reichstag zu Regensburg (seit 1663) dann doch den pfälzischen Vettern übertragen.

Das *Reich,* dessen Fahnlehen und Reichsstand Bayern auch als »Reichskreis« war, entwickelte im letzten Jahrhundert seines Bestehens noch eine eigenartig starke Aktivität. Der Westfälische Friede von 1648 gab diesem losen »Staatenbund« in völkerrechtlichen Formen eine Art verfassungsrechtlicher Grundlage, die auch von außereuropäischen Mächten wie Frankreich garantiert war. Keines seiner Mitglieder besaß Souveränität, ein Begriff, den der Franzose Jean Bodin am Anfang des 17. Jahrhunderts formuliert hatte. Der Immerwährende Reichstag zusammen mit dem kaiserlichen Reichsoberhaupt besaß allein eine Art Kollektivsouveränität. Wenn einer der Staaten aber Souveränität beanspruchte, mußte er aus dem Reichsverband ausscheiden. Das wußte Napoleon, als er den Rheinbundstaaten Souveränität verlieh und garantierte; denn damit zerstörte er die Struktur des Alten Reiches, und der habsburgische Kaiser zog folgerichtig daraus die Konsequenz der Abdankung. Dieser Verband von Hoheitsgebieten mit Landesherrlichkeit (superioritas territorialis) konnte nur bestehen, weil kein Teil übermächtig war, weil die Großen und die Kleinen sich in Schach hielten und das Gleichgewicht wahrten. Er entwickelte im 17. und 18. Jahrhundert auch deshalb soviel Leben, weil eine Großmacht die Kaiserkrone trug und viele mittlere und kleinere Mitglieder ein vitales Interesse am Reich hatten. In erster Linie waren es die geistlichen Staaten = Hochstifter, die im 18. Jahrhundert starke nationalkirchliche Tendenzen entwickelten. Ihr *»Reichsepiskopalismus«* zielte auf die Erhaltung der vom Adel geleiteten aristokratischen Reichskirche mit ihren Herrschaftsrechten, die in vielem, nicht überall, ein Hemmschuh geistig-religiöser Entwicklung und progressiver Seelsorge war. Ein Zentrum dieser Bewegung waren die vielfach in Union geführten Hochstifter Würzburg und Bamberg. Ein echtes Interesse am Reich hatte die sehr zahlreiche, in Kantonen (Steigerwald, Altmühl, Gebürg, Rhön = Werra usw.) gegliederte, nur reichsunmittelbare, aber nicht reichsständische *»Reichsritterschaft«*, ganz gleich welcher Konfession; denn ihre unzähligen kleinen und gestreuten Hoheitsgebiete konnten sich nur dadurch halten, daß sie sich auf Kaiser und Reich beriefen; zudem bot ihnen der Dienst für den Kaiser und an seinem Hof vielfältige Chancen, Ansehen und Geld zu gewinnen (Reichsvizekanzler, Reichsfeldherr, Reichsrat, Reichsgesandter). Der Kaiser zählte auf die Reichsbischöfe und Reichsritter; er suchte jede Bischofswahl durch Gesandte zu beeinflussen; den eigentlichen Unsicherheitsfaktor stellten die adeligen Domherren dar, die den Kandidaten wählten, der sich in einer Wahlkapitulation auf Forderungen und Interessen des Domkapitels verpflichten ließ. Dieses starke kaiserliche Interesse war auch in den altbayerischen Bistümern wirksam, der Erzstuhl von Salzburg und der Stuhl von Passau aber waren zu dieser Zeit Domänen des Erzhauses und der Wiener Hofaristokratie. Passau hatte im 17. Jahrhundert nacheinander drei Erzherzöge als Bischöfe; es war ja die Bistumsmetropole der Erblande ob und unter der Enns. Nicht weniger stark waren auch die Bindungen der *Reichsstädte* an Kaiser und Reich. Besonders groß war die Treue Nürnbergs, das sich finanziell fast verblutete. Es hat seine guten Gründe, warum der Barock in Franken vor allem als Reichsstil, als *»Reichsbarock«* auftrat. Die starken Interessen des Reiches gerade im bayerisch-süddeutschen Raum lassen verstehen, warum der bayerische Kurstaat sich auf die Seite Frankreichs und der Gegner Habsburgs schlug, als es selbst keine Großmachtpolitik mehr treiben, es sich Habsburg nicht mehr wie Kurfürst Maximilian I. verpflichten konnte und sich von allen Seiten eingekreist und erdrückt fühlte. Das ist der Schlüssel zum Verständnis der hektischen, unsicheren und unausgeglichenen Politik des Kurfürsten Max Emanuel zwischen den Fronten der Großmächte. In immer stärkerem Maße konnte sich deshalb bayerische Politik seit der Mitte des 18. Jahrhunderts auf Preußen verlassen, das seine Existenz verteidigte, um Österreich nicht übermächtig werden zu lassen. Dadurch gewann Bayern nach dem Verlust seines europäischen ein mittelstaatlich-deutsches Gewicht im Konzert der deutschen Mächte.

Dies erwies sich unter dem ersten Regenten des nunmehrigen *»Kurpfalzbayern«,* Karl Theodor (1777–1799), dessen Schwanken nach und nach Tauschobjekte mit Österreich, Preußen und Frankreich auf den Plan riefen zur Erhaltung der *bayerischen Selbständigkeit,* die Montgelas von der Pfalz aus für das Haus Zweibrücken, den Erben, stets im Auge behielt. Zuerst Kleinfürst im oberpfälzischen Sulzbach, durch Erbschaft seit 1742 Kurfürst von der Pfalz und Herzog von Jülich-Berg, vereinigte dieser im Zwielicht des Urteils stehende Kurfürst den Besitz aller seit 1329 getrennten wittelsbachischen Linien (außer Zweibrücken-Birkenfeld) wieder. Schon das Urteil über seine Tätigkeit in der Pfalz war nicht ungeteilt; die Zeiten hatten sich geändert. Heller Glanz lag über seiner *Residenz in Mannheim,* die ein Zentrum geistiger Kultur war (1763 Akademie der Wissenschaften, Pflege von Geschichte und Naturwissenschaften, »Teutsche Gesellschaft« zur Pflege deutscher Sprache und Literatur nach Lessings Ratschlägen, Hof- und Nationaltheater unter dem Intendanten Wolfgang von Dalberg, Erstaufführung von Schillers ›Räubern‹, Akademie der bildenden Künste, Kupferstich- und Antikensammlung, von Goethe angeregt, Hofkapelle unter Abbé Vogler). Die Mannheimer Gemäldegalerie bereicherte später wie die Düsseldorfer den staatlichen Kunstbesitz Münchens. Der umfassend gebildete, vielerfahrene und weitgereiste »Kavalier« förderte die Wirtschaft der Pfalz durch den Bau neuer Fabriken und begründete 1774 die »Hohe Kameralschule« zu Kaiserslautern für die Ausbildung des Beamtennachwuchses. Das verarmte, ungebildete Volk aber sah vielfach keinen anderen Ausweg aus seiner Not, als die Auswanderung in die Neue Welt. Die Kurpfalz existierte in einer Umwelt der *Kleinstaaterei* am Rhein; militärisch ohnmächtige Zwergstaaten wie Hessen-Darmstadt (Garnisonsstadt Pirmasens) oder Zweibrücken (Schloß Karlsberg bei Homburg) boten keinen Schutz gegen französische Expansion. Die Zeit ging über sie hinweg.

Bei der Übersiedlung nach *München* brachte Karl Theodor

1777 rheinische Beamte und Künstler mit (Hertling, Stengel, Kobell, Skell), die die Stellung des neuen Regenten an der Isar nicht erleichterten, zumal er selber seine Abneigung gegen die Altbayern nicht verleugnete. Mit Preußens Hilfe und durch empörten Bayernstolz wurde 1778/79 die Abtretung niederbayerisch-oberpfälzischer Gebietsteile an Österreich verhindert (Kartoffelkrieg); im Frieden von Teschen ging aber das »Innviertel« mit den Städten Braunau und Ried an Habsburg verloren (zwischen Donau, Inn, Salzach und Traun). Der Kurfürst wollte Ober- und Niederbayern gegen einen größeren Teil der Niederlande von den Habsburgern eintauschen. Friedrich der Große hat diese beträchtliche Expansion seiner österreichischen Gegner verhindert. Denkmale des Wirkens Karl Theodors in München sind der Englische Garten, den Benjamin Thompson, der spätere Graf Rumford, anlegte und Skell vollendete, sowie das alte Residenztheater, ein Prachtstück des Roccail, das im Zweiten Weltkrieg völlig niederbrannte, nach dem Kriege mit der geretteten Innenausstattung an anderer Stelle wieder aufgebaut wurde. Fränkische und pfälzische Siedler legten 1791 bis 1793 das Donaumoos bei Neuburg trocken; von den achtzehn schmucken Neudörfern tragen Karlshuld und Karlskron den Namen des Fürsten. Das Nahen des großen Erdbebens der Französischen Revolution aber kündigte sich auch in Bayern an im *Illuminatenorden* Adam Weishaupts (1776), der Humanität, Weltbürgerlichkeit, Weltverbesserung predigte und politische Ziele verfolgte und 1785 verboten und kleinlich verfolgt wurde, obwohl Angehörige der oberen Gesellschaftsschichten dieser Geheimgesellschaft angehörten. Neben Laien waren in zunehmendem Maße intellektuelle Geistliche in Hofämtern, Regierungsstuben, Redaktionen und auf Lehrstühlen, auch Exmönche, die Träger der sehr kritischen und areligiösen *Spätaufklärung* in Bayern wie auch in Franken, speziell in Würzburg (Berg, Oberthür). Scholastik und Rationalismus kämpften an der Universität Ingolstadt miteinander. Die Exjesuiten Frank und Lippert hatten als Räte das Ohr des Kurfürsten. Der Jesuitenorden war 1773 aufgehoben worden; seine Güter ließ der Regent in einer neugegründeten bayerischen Zunge des Malteserordens zur Versorgung seiner zahlreichen »Kinder« zusammenfassen.

Das »Volk in Waffen«, das die Französische Revolution von 1789 rief, die eingeleitet wurde durch die Generalstände Frankreichs, marschierte schon 1792 in die linksrheinische Pfalz ein und eroberte die kurpfälzische Hauptstadt Mannheim im ersten Koalitionskrieg (1793/97). Franken und Bayern trugen 1796 die ganze Schwere des Krieges. Der kriegstüchtige Erzherzog Karl besiegte Jourdan bei Amberg und Würzburg; Moreau war bis zum Inn vorgestoßen. Wütende Bauern aus dem Spessart und der Rhön erschlugen die Franzosen mit der Sense. Als Karl Theodor 1799 starb, beerbten ihn die Linien Zweibrücken-Birkenfeld und Max IV. Joseph; letzterer war schon seit 1795, als er seinen Bruder beerbte, ein Herrscher ohne Land. In seiner Hand vereinigte er 1799 Kurbayern, Oberpfalz, Pfalz-Neuburg, die rechtsrheinischen Teile der Kurpfalz, Jülich und Berg, die Karl Theodor geerbt hatte. Das Entscheidende aber war, daß er einen großen Staatsmann, *Maximilian von Montgelas*, nach München zurückbrachte, der ihm nicht nur alle wesentlichen Regierungsgeschäfte abnahm, sondern durch überlegene Politik die Gunst weniger Jahre an der Seite Napoleons nutzte zum territorialen Ausbau des modernen bayerischen Staates und zum inneren Aufbau seiner neuen staatlichen Ordnung. Nach dem französischen Sieg bei Hohenlinden über eine bayerisch-österreichische Armee im 2. Koalitionskrieg (1799–1801) vollzog Montgelas eine Schwenkung und suchte Anschluß an *Frankreich*. Dieser gelang; in einem Schutz- und Trutzbündnis mit Frankreich, das der nach Würzburg geflohene Kurfürst dort abschloß, wurde die neue Allianz bekräftigt. Bayern war Mitglied des *Rheinbundes* geworden. Schon vorher war es mit *reichem Ländergewinn* in Franken, Schwaben und Bayern für den Verlust seiner linksrheinischen Gebiete an Frankreich auf Grund der Bestimmungen des Reichsfriedens von Lunéville von 1801 entschädigt und dann durch den Frieden von Preßburg (1805) noch wesentlich erweitert worden (Säkularisation, Mediatisierung). Bayern wurde zu einem der Hauptnutznießer der *politischen Flurbereinigung* in Deutschland, die Napoleon durchführte und durch die er eine neue staatliche Entwicklung Deutschlands einleitete.

Montgelas hatte sich auf seine Ministertätigkeit gut vorbereitet. In umfangreichen Denkschriften hatte er alle entscheidenden Fragen der Staatsregierung und des Staatskirchentums unter dem Einfluß des Schweizers Vatel studiert und behandelt. Er dachte dabei vom Grundansatz her historisch; man wird ihm nicht gerecht, wenn man ihn vom Vorgehen seiner Beamten gegen die Formen religiösen und volkstümlichen Brauchtums her allein als unhistorischen Revolutionär aburteilt. Er war freilich ein *konservativer Revolutionär* von oben, wie Bismarck in seinem Jahrhundert auch. Das erwies Montgelas in der Beseitigung der geistlichen und weltlichen *Stände,* in der radikalen Verwandlung der Struktur von Gesellschaft und Staat; doch dafür war die Zeit reif, darin vollzog er ohne Umsturz, aber in einem europäischen Krieg das Erbe der Französischen Revolution in Bayern. Mit diesem war Bayern zunächst negativ bekannt geworden durch Tausende königstreuer *Emigranten,* besonders vieler Geistlicher, die Asyl suchten, aber nach zehn Jahren wieder heimkehrten. Der bayerische Reichskreis war emigrantenfreundlich, in Franken aber sprach der Würzburger Fürstbischof Franz Ludwig von Erthal vom »Freiheitsschwindel« und lehnte sie aus Gründen der Sittlichkeit, des nationalen Gedankens und der politischen Stellung der vereinigten Mainhochstifte ab. Die Grafen Castell verhängten eine Sperre und Nürnberg war vorsichtig. In den Markgrafentümern nahm sie der große Freund der französischen Kultur Hardenberg ab 1792 mit offenen Armen auf. Die Rückwanderung setzte schon ein, bevor der erste Konsul Bonaparte 1802 eine allgemeine Amnestie für »Emigrés« erließ. Menschen, die um ihres Standes und ihrer politischen Überzeugung willen die Heimat verließen! Neben den revolutionsfeindlichen Emigranten warben aber auch geheime Emissäre (Sendlinge) durch Wort und Flugschrift für die Gedanken der Revolution. Französischer Einfluß stand hinter dem einheimischen ›Aufruf an Bayreuths Slaven‹. Mainz war ein Zentrum süddeutscher Jakobiner. In Altbayern hatten die Illuminaten dem Wirken französischer Agenten und kleineren Unruhen 1795 vorgearbeitet.

Genau wie in Frankreich hatten die *Stände,* vorab die *»Landschaftsverordnung«* = Ständeausschuß, bereits vor 1789 versucht, ihre alte Stellung wieder zu erneuern. Man kann nicht sagen, daß die Stände im absolutistischen Regime völlig entmachtet waren. Wegfiel ihre Gesamtrepräsentation auf den Vollandtagen (letzter 1669) und ihre offizielle, öffentliche Mitregierung. Gerade das hat die »Optik« vom allein herrschenden, von Gesetzen und vom Volk unabhängigen, absolutistischen Herrscher wesentlich gefördert. Der Adel konnte sehr wohl am Hofe erscheinen als getreuer Paladin des Monarchen, aber sein öffentliches Zusammenwirken mit den Bürgern und Prälaten und dem öffentlichen und wirksamen Forum der Gesamtlandtage war hemmend. In stillen Gremien der Landschaftsverordnung konnten und durften die Stände ruhig wirken, und dort haben sie bis zum Schluß durch ihre Verfügungsgewalt über Steuern und Finanzen sogar eine starke Wirkung gerade als Geldgeber und »Kapitalisten« in einem völlig überschuldeten Staate ausgeübt. Der Begriff »Absolutismus« ist nicht wort-wörtlich zu nehmen. Die »Landschaft« bestand zuletzt aus acht Adeligen, vier Prälaten, vier Bürgermeistern. Die Vorratskasse barg die Überschüsse ihrer reichen Einnahmen (Bestand von 1807: 235 000 Gulden); die Stände beeinflußten damit die Ent-scheidungen der Fürsten. In der Oberpfalz haben sie das Ge-wicht der altbayerischen nie ganz erreichen können, da der rei-che Landesherr zu unabhängig war; nach der Niederlage am Weißen Berg 1620, die auch ihre Niederlage war, und der Reka-tholisierung wurden sie schwer unterdrückt. In Franken machte die Bildung der Reichsritterschaft einen adeligen Landstand überflüssig. In Ansbach wurde 1701 ein Landtag einberufen (Land[schafts]haus dortselbst). In den Hochstiften Würzburg und Bamberg übten die adeligen Domkapitel diese Funktion bis 1695 aus; ihr Druckmittel waren die Wahlkapitulationen, die 1695 der Papst aufhob. Die Landschaft repräsentierten dort vier Klöster, 18 Städte und 15 Märkte, die Ritterschaft war seit 1579 auf keinem Landtag mehr erschienen. In der Kurpfalz ersetzte ein »Kommissariat« die Gesamtlandschaft. In Oberschwaben und Bayerisch Schwaben war nicht nur die *bäuerliche Mitspra-che* sehr stark entwickelt, sondern auch deren Vertretung zum Beispiel in der Fürstenabtei Kempten Wirklichkeit. Die mo-derne parlamentarische und demokratische Volksvertretung und *Repräsentation* hat in Bayern ihre reiche Geschichte in den vorabsolutistischen Ständen und Landtagen und in den absolu-tistischen Landschaftsausschüssen. Personell und prinzipiell be-stehen hier engere Zusammenhänge, als man wahrhaben will. Männer der Landschaftsverordnung zogen jedenfalls 1818 in die »oktroyierte Ständeversammlung« des neuen bayerischen Staa-tes ein. Ein bescheidener Sieg über Montgelas! Der absolutisti-sche Staat konnte die Stände entmachten, weil er ein zentrali-stisches *Behördenwesen* mit straffer Kollegialbürokratie dage-gen ausspielen konnte. Aus dem fürstlichen Hofrat als der Ur-zelle gingen Hofgericht, Hofkammer (Finanzen), Geistlicher Rat, in protestantischen Territorien das Konsistorium hervor. Kaspar von Schmid machte den Geheimen Rat (= Außenmini-sterium) zur Zentrale der obersten Staatsverwaltung; der schmolz aber unter Karl Albrecht zur »Geheimen Konferenz« zusammen. Die *»Kameralisten«* entwarfen Pläne für die Beförderung der Landeskultur und Bevölkerungspolitik. In Bayern blühte seit 1800 die *Publizistik* = verfassungspolitische Literatur auf; sie zeugt für eine politisch wache Intelligenz schon im 18. Jahrhundert, die ihre Vorbilder in England und Schweden sah und auf bäuerliche Abgeordnete drängte. *»Nation«* war damals der geläufige Ausdruck für Staat und Volk der Bayern, »Reich« zeitweise für den souveränen Staat (Reichsarchiv).

6.
Die Markgrafentümer und geistlichen Hochstifte Frankens im Zeichen absoluter Fürstenmacht und barocker Kultur

Residenz, Schloß Nymphenburg und Amalienburg zu München, Schleißheim, die Markgrafenschlösser zu Ansbach, Bayreuth, Erlangen, die fürstbischöflichen Residenzen zu Würzburg, Bamberg, Eichstätt, Passau, das Schönbornschloß zu Pommersfelden, das Barockschloß zu Tambach und die Fuggerschlösser in Schwaben sind Künder der gleichen Staatsidee und Denkmäler derselben Herrschaftsauffassung. In ihnen lebten Menschen derselben aristokratischen Gesellschaft, gaben sich im gleichen Lebensstil und gleicher Mode, pflegten die gleichen Gewohnheiten und den gleichen Geist, der immer pessimistischer, zynischer, selbstzerstörender wurde, sie bewegten sich in den gleichen Tanzschritten zu Menuett und Sarabande und erfreuten sich nach der Etikette eines strengst geordneten Gesellschaftslebens an gleicher Musik, an gleichen Spielen, an gleichen Unterhaltungsstoffen. Die Gesellschaft war geschlossen, aber nicht mehr ausschließlich feudal; ihre Kultur war europäisch und international zu Paris und Brüssel, Berlin, Mannheim, München, zu Wien, Dresden und Warschau.

Nach langer Teilung seit dem Aussterben der alten Linie der *fränkischen Zollern* = Markgrafen 1603 wurden die oberen und unteren Lande (Kulmbach und Ansbach) 1769 wieder verbunden und durch den letzten Sproß der kurfürstlichen Linie des Johann Georg, Markgraf Carl Alexander, an Preußen verkauft und 1791 damit verbunden. *Hardenberg,* der preußische Minister in den Markgrafentümern, suchte gegen Reichsritter und Reichsstädte nachzuholen, was Markgraf Albrecht Alkibiades versäumt hatte. Beide Teile aber hielt zusammen und formte geistig die stete Konfrontation mit dem anderen Franken der katholischen Hochstifte.

Der Protestantismus lebte sich weniger in der Kunst als in der *Wissenschaft* aus. Auf dem Wege vom Luthertum über den kalvinischen Humanismus zur Aufklärung wurde das *Bürgertum* die bewußte geistige und politische Kraft. Der im Naturrecht begründete Absolutismus der Markgrafen fand seinen künstlerischen Ausdruck in einem *Klassizismus,* der der französischen Aufklärung geistesverwandt war, die seit 1685 durch die hugenottischen Glaubensflüchtlinge vermittelt wurde. Im Rechteck- und Zentralbau der Kirchen des markgräflichen summus episcopus (= Oberbischof der Landeskirche) sollte nicht der sinnlich-seelische (wie im katholischen Barock), sondern der geistige Mensch angesprochen werden (Kanzelaltäre zu St. Gumbertus in Ansbach, zu Öttingen). Hier wirkte zunächst allein der Klassizismus von Weimar; von hier holte sich Montgelas Kräfte für den Staatsneubau.

Das *Fürstentum Kulmbach* (ca. 659 Quadratmeilen), in seinem oberen Teil mit der Zentralresidenz Bayreuth und dem Wirtschaftsmittelpunkt Hof ein Land der Wälder, Bodenschätze, der Baumwoll-, Leinen-, Tuchfabrikation (Heimarbeit) und kleiner Fabriken, besaß im unteren Teil die Universitäts- (1743) und Hugenottenstadt Erlangen als tonangebenden Mittelpunkt und stand in enger geistiger Beziehung zum führenden deutschen Kulturland Sachsen. Städte, Märkte, Bauerngemeinden waren zwar in dem Lande mit 235 Rittergütern, deren Inhaber sich 1539 dem Reichsritterkanton »Gebürg« angeschlossen hatten, auf dem Landtag allein vertreten, aber durch den »engeren Ausschuß« der fünf Hauptstädte praktisch ausgeschaltet. Wie im parlamentarischen Musterland England, das Montesquieu lobte, waren in diesem Fürstentum Gesetzgebung, Verwaltung und Justiz getrennt. Aus der Reihe der baufreudigen (Eremitage in Bayreuth, Orangerie, Redoutensaal und Theater in Erlangen), schuldenbelasteten Fürsten ragt Markgraf Friedrich (1735–1767) hervor, der mit seiner geistvoll intriganten Frau Wilhelmine, einer Schwester Friedrich des Großen, an der Hebung seiner Residenzstadt Bayreuth und seines Landes arbeitete und französische wie italienische Künstler berief. Seine Ehe war kinderlos; deshalb wurde 1769 seine Markgrafschaft mit *Ansbach* vereinigt.

Das »Fürstentum unterm Gebürg« war das Modell der staatlichen Zersplitterung Frankens. Das Land stand öfters unter der Vormundschaft der Berliner Vettern, auch des Großen Kurfürsten (1667–1672), und war darum auch dem Berliner Kalvinismus und seiner französisch-klassizistischen Kultur besonders offen. Französischer Geist beherrschte den Hof der Markgrafen zu Ansbach und zog gleichgesinnte Menschen aus allen Ländern an. Der schöngeistige Musikfreund Johann Friedrich (1667–1686) siedelte gegen den Widerstand von Kirche und Volk die gewerbefleißigen und technisch begabten Hugenotten in *Schwabach* an, das zu einem Zentrum der Herstellung von Gold-, Silber-, Eisendraht-, Majolika- und Fayencewaren wurde (1710 auch in Ansbach eine Fayencemanufaktur). Neben der bedeutendsten aller Markgräfinnen, der lebenslustigen, schönen Christiane Charlotte von Württemberg, der Gemahlin Wilhelm Friedrichs (1703–1723), hat seine Schwester *Caroline* (1683–1737), die Schülerin von Leibniz, den größten Aufstieg bis zum englischen Königsthron erlebt, wo sie die Liebe zu Händels Musik weckte, der ein stolzes ›Requiem‹ zu ihrem Tode schrieb. Sie hatte aus lutherischer Überzeugung die Hand des Habsburgers Karl III. auf dem spanischen Thron ausgeschlagen und war dem Kurprinzen Georg August von Hannover als Princess of Wales 1714 nach England gefolgt, das die »reizendste deutsche Prinzeß« noch heute als »the good queen« des 18. Jahrhunderts in gutem Andenken hat. Walpole war die rechte Hand der politisch aktiven Deistin, die dem Königtum Kirche und Konservative gewann. »Kirche« aber war für die tolerante Frau eine Akademie erlesener, frommer, aufgeklärter Geister. Sherlock, Swift, Berkeley waren ihre geistvollen Freunde. Carolines Neffe, der Sohn Christiane Charlottes und Wilhelm Friedrichs, ist als der *» Wilde Markgraf«* Carl Wilhelm Friedrich (1723–1757) in die Geschichte eingegangen. Der unbeherrschte Gefühls- und Naturmensch, ganz das Gegenteil zum überfeinert-verspielten Rokoko, ein unorthodoxer Christ, war mit einer anderen Schwester Friedrichs des Großen verheiratet; er gab den vergeistigten Klassizismus auf und rief Meister des farbenfrohen, kraftbetonten italienischen Barock, wie die Carlone aus Intelvi, ins Land. Der Sohn dieses ganz unkonventionellen Nimrod, Carl Alexander (1757–1791), verkaufte die seit 1769 wiedervereinigten Markgrafschaften an Preußen und ging mit Lady Craven nach England (1806). Sein 1780 begründeter Hofbanko lebt nach einer Zwischenexistenz in Nürnberg in der Bayerischen Staatsbank zu München fort. Durch die *Reformen Hardenbergs* (Alexander von Humboldt leitete seit 1792 die Bergwerke) wurden das preußische Landrecht eingeführt, die letzten Reste landständischer Verfassung beseitigt, die vollentwickelte Staatssouveränität dem Gemeinwohl einer »demokratischen Monarchie« untergeordnet, Rechtsprechung und Verwaltung getrennt; die bayerischen Reformen Montgelas' wurden um ein Jahrzehnt im markgräflichen Franken vorweggenommen, aber durch den Widerspruch des fränkischen Reichskreises und die Forderung Kaiser Franz II. nochmals für kurze Zeit aufgehoben. König Friedrich Wilhelm von Preußen tauschte 1805/06 Ansbach für Hannover ein und mußte 1807 Bayreuth an Napoleon ausliefern. Seit 1806 war Ansbach, seit 1810 Bayreuth im Besitze Bayerns, das unterdessen ein religiös toleranter, katholisch-protestantischer Staat geworden war.

In den *geistlichen Territorien* Frankens des 18. Jahrhunderts gab es wie in den weltlichen prächtige Residenzen, prunkvollen Hofstaat, Jagden und Feste, auch hier war der Fürst Mittelpunkt von Staat und Gesellschaft. Doch gab es hier keine Erbteilungen, politisch waren sie ohnmächtig und ächzten unter der Last der Bürokratie. Die adeligen Domkapitel trieben erfolgreich das Spiel der Landstände. Adam Friedrich von Seinsheim zu Würzburg und Bamberg (1755/57–1779) förderte die Wirtschaft, und Franz Ludwig von Erthal (1779–1795) schuf ein modernes Volksschulwesen und baute die Universitäten Würzburg und Bamberg aus; der Mainzer Statthalter in Erfurt, Carl Theodor von Dalberg, der letzte »Primas« und Erzkanzler des Reiches, war 1784 bis 1787 Rektor in Würzburg, wo der große Mediziner Siebold wirkte, dessen Verwandter im japanischen Nagasaki tätig war, wo er heute noch ein Denkmal hat. Der aufgeklärte Erthal-Bischof, der sich für Volksgesundheit und Wirtschaft interessierte, weckte geistige Kräfte in den Mainlanden, die seit der Gegenreformation geschlummert hatten. Sein Schüler Friedrich Lothar Graf von Stadion, der 1795 dem Kongreß von Rastatt ein letztes Konzept für die geistlichen Staaten vorlegte, wußte, daß mit des Reiches Schicksal auch ihr Los besiegelt war. Sie brachten bei ihrer Eingliederung durch den Reichsdeputationshauptschluß von 1803 dem neuen Mittelstaat ein reiches geistig-künstlerisch-kulturelles Erbteil und wirtschaftlich-politischen Machtzuwachs, wie die Markgrafschaften, Reichsgrafen, Reichsritter, Reichsstädte es auch taten.

Die Barockkultur des geistlichen Franken ist aufs engste verknüpft mit dem Namen der Familie *Schönborn*, die aus dem Westerwald gekommen war und zur Reichsstandschaft aufstieg. Ihr Mäzenatentum hat das Antlitz der Stiftslande geprägt, ihre Höfe waren am Anfang des 18. Jahrhunderts für die bildenden

Künstler das gleiche wie am Ende Weimar für die Dichter. Die Schönborn waren durch zwei Generationen Erzbischöfe, Erzkanzler, Kurfürsten zu Mainz, zeitweilig auch zu Trier, und besetzten die Bischofsstühle zu Würzburg und Bamberg. Im mainfränkischen Raum lagen auch die prunkvollen Prälatur- und Kirchenbauten großer Abteien wie Ebrach, Banz, Langheim, die Langheimer Wallfahrtskirche Vierzehnheiligen, Münsterschwarzach, Amorbach, Triefenstein, Schöntal und Oberzell; dazu kamen die zahlreichen Sitze der Fürsten, Reichsgrafen und Herren (Castell, Schwarzenberg, Schönborn, Limpurg, Hohenlohe, Löwenstein-Wertheim, Rieneck, Erbach, der Frankenstein in Ullstadt, der Böttinger in Bamberg, der Prunkbau in Kleinheubach). Kurfürst Johann Philipp zu Mainz, Reichskanzler im Jahre 1648 und Förderer des Philosophen Leibniz, ein Schönborn, berief den bedeutenden Tridentiner Antonio Petrini nach Franken; er wurde der Vater des fränkischen Barock (Stift Haug zu Würzburg). Die Welschen brachten das Kunsthandwerk an den Main und lehrten die Einheimischen um die Wende vom 17. zum 18. Jahrhundert selbständig und meisterlich den Barockstil zu handhaben (Dientzenhofer). Doch hat dem fränkischen Barock die Reichsnote der Wiener Hofbaumeister Johann Lukas Hildebrand gegeben. Mäzen und Bauherr war *Lothar Franz von Schönborn,* ein großer geistlicher Barockfürst, wie Johann Philipp auf den Stühlen und Erzstühlen zu Bamberg (1693), Würzburg (1695), Mainz. Er hat nach Gaibach (Ufr.) Schloß Pommersfelden mit seinem berühmten Treppenhaus erbauen lassen. Die »Schönbornzeiten« sind geprägt durch friedvolle Kunst (Friedensstil). Die Bauten Franz Lothars und seiner Neffen wurden Ausdruck eines neuen gesamtdeutschen Lebensgefühls nach dem kriegsdurchtobten 17. Jahrhundert; Denkmal eines in Wien aus deutschem Barock und französischem Klassizismus entwickelten *Reichsstils.* Seine letzte Vollendung erlangte dieser unter Lothars Neffen *Karl Friedrich von Schönborn* (1674 bis 1746) durch den künstlerischen Genius des Egeraners *Balthasar Neumann.* Dieser Schönborn war als Reichsvizekanzler am Kaiserhof zu Wien einer der bedeutendsten Staatsmänner des Jahrhunderts geworden, der in der Reichstradition des Mittelalters dachte. In der Hochstiftsregierung holte er die Pflege von Wissenschaft und Wirtschaft nach und ließ sich dabei von der Volkswirtschaftslehre des Mainzers Johann Joachim Becher und dem Kameralismus des sächsischen Luthertums anregen. Er förderte den jungen Württemberger Johann Jakob Moser, Hauptvertreter eines barocken Reichsverfassungsrechts, aus lebendiger Anschauung. Er berief auch 1731 Johann Adam Ickstatt, den Schüler des Aufklärungsphilosophen Christian Wolff, an die Universität Würzburg. Beim Versuch, die reichsritterschaftlichen Enklaven seines Territoriums zu integrieren, half ihm ein geistig und wirtschaftlich gewecktes Bürgertum mit seinen Geldmitteln. Den Ruhm der Schönborn aber verkündet bis heute die *Würzburger Residenz,* ein Werk des ersten Baukünstlers Süddeutschlands, des Ingenieur-Hauptmanns Balthasar Neumann, der in Zusammenarbeit mit Welsch, Hildebrand, Dientzenhofer und im Ringen mit der großen Form französischer Meister seine eigenen Raumphantasien entwarf. Im Treppenhaus des 1744 vollendeten Schlosses überbot der geniale Architekt den ersten Gipfel von Pommersfelden. Im Kaisersaal aber malte später der größte Freskenmaler des 18. Jahrhunderts, der Venezianer Tiepolo, das Hauptstück seines Lebens. Neumann und Tiepolo schufen zu Würzburg das Spitzenwerk fränkisch-deutschen Barocks. In den Kirchenbauten des Landes entfaltete Neumann sein Raumgefühl am reinsten im Zusammenwirken mit altbayerischen und schwäbischen Meistern, in Vierzehnheiligen oder auf dem Würzburger Käppele, in der Schönborn-Kapelle am Dom zu Würzburg oder in Neresheim. Im *fürstlichen Barockschloß* und der *klösterlichen Wallfahrtskirche* für das Volk ist die letzte Reife deutscher Kunst erreicht worden, in der Reichsuniversalismus, Herrenwille und Volksfrömmigkeit am Ende des »Mittelalters« in Franken zusammenschlugen.

7.
Volk und Geist am Ende des Alten Reiches

Frankens gotische Städtebilder, romanische Dorfkirchtürme, bürgerliche Renaissance-Rathäuser, prunkvolle Residenzen, hochragende barocke Klöster- und Wallfahrtskirchen prägen ein anderes *Kultur- und Landschaftsbild,* als die Süddonaulande es zeigen. Ihr Symbol ist der barocke *Zwiebelturm* der Dorfkirchen, der viel farbenfroheren Barock- und Rokoko-Abteikirchen, die breit im bäuerlichen Land liegen. Hier fehlen die großen Prunkschlösser; die Residenzstadt München beherrscht alles. Hier ist Barock nicht Reichsstil, allein Manifestation landesherrlichen Willens, vielmehr Ausdruck katholischer Kirchlichkeit und Volksfrömmigkeit. Das zeigt eine Gegenüberstellung der Wieskirche bei Steingaden und der Wallfahrtskirche von Vierzehnheiligen bei Staffelstein. Die heroische Repräsentation ist durch religiöse Innerlichkeit und Kirchlichkeit ersetzt, der Fürstenbarock ist in das Volksmäßige gewandelt, durch die Kunst des Wortes und der Hand. Salzburg ist sein Strahlungszentrum, die Prälatenorden seine Träger. Es gibt hier keinen Jesuitenstil; die Theatiner haben Barock aus Italien gebracht. Man erlebt deshalb das Wesen dieses »Lebensstils« nicht (nur) in München, sondern auf dem auch wirtschaftlich und politisch durch die Klosterhofmarken, die sich erst unter Max Emanuel dank ihrem Zahlungsvermögen voll entwickelten, beherrschten Lande. Die Klöster, nicht die vielen Herrenhäuser wie im adeligen Franken, waren Brennpunkte einer dezentralisierten Kunst, Kultur, Bildung (Schulen). Zeuge der Volksfrömmigkeit ist die Vielzahl der Dorf- und Wallfahrtskirchen im ganzen Land (Wieskirche, Nassenbeuren bei Mindelheim, Feichten bei Altötting, Maria Kunterweg bei Ramsau, Bärnau, Ottengrün und Allerheiligen im Landkreis Tirschenreuth).

Die Barockkünstler in Bayern lernten im Ausland, Straub in Wien, die Asam in Rom, Effner in Frankreich. Sustris, Barelli, Viscardi und Cuvilliés d. Ä. schufen Modelle in Bayern, aber Guliani lernte bei Faistenberger; neben den Carlone aus dem Intelvi-Tal erlangten die Wessobrunner Stukkatoren europäischen Ruf. Aus der Oberpfalz stammten der Baumeister Johann Michael Fischer und Ignaz Günther, der größte Bildhauer des bayerischen Spätrokoko. Die meisten Barockkünstler aber kamen aus dem breiten Alpenvorlandstreifen; die Dientzenhofer aus dem Gebiet um Aibling, Dominikus Zimmermann aus Landsberg am Lech. Verbindung von Natur und Kunst, Sinnen- und Farbenfreude prägen den bayerischen Barock. Die bayerische Romanik war Herrenstil, die Gotik Bürgerstil, der Barock hierzulande Volksstil, seine Meister waren Asam, Fischer, Zimmermann und Ignaz Günther, der Schüler Straubs. Waldsassen und die nahe Wallfahrtskirche Kappel sind große Werke der Dientzenhofer. Die Abteikirche von Osterhofen, der Ingolstädter Bürgersaal, die Klosterkirche von Weltenburg, der Rohrer Altar und die Asamkirchen in München und Straubing zeugen vom künstlerischen Universalismus der Gebrüder Asam. Im Zenit seiner Kunst stand Fischer in Berg am Laim, Aufhausen, Fürstenzell, in der Ingolstädter Franziskanerkirche, in Diessen, in Zwiefalten, Ottobeuern und Rott am Inn. In Mödingen und Buxheim, Steinhausen und Günzburg, vor allem in der Wies erhob Zimmermann den Volksbarock zu seiner höchsten Vollendung. Das reinste Rokoko in der Plastik schuf Ignaz Günther in Weyarn, Mallersdorf, Attel, Rott am Inn, Neustift bei Freising und Rohr. Die Prälaten haben manchmal Ideen und Konzepte beigesteuert, aber vielfach war der verfallene Zustand von Kirche und Kloster der eigentliche Anlaß zu einem »modischen« Bau.

In diesem *Lebensstil*, der Alltag, Feier, Wissenschaft bestimmte, standen Demut, Mystik, Sinnenfreude, Spannung, Verschwendung nebeneinander und durchdrangen einander. Zur Barockkirche gehörte die Barockpredigt, die Symbolismus und Allegorismus der Kunst auflöste, »ein Zeugnis der intellektualistischen Grundhaltung des Barockmenschen« (Böck); ihr Meister war Abraham a Sancta Clara, in Schwaben Michael Beer und Sebastian Sailer, in Unterfranken Martin von Cochem. Die Musik war nicht das Werk Einheimischer, mit Ausnahme des Opernkomponisten Christoph Willibald Gluck, der seinen Ruhm im Ausland erwarb; trotzdem wurde sie in den Barockschlössern und Klöstern ebenso eifrig gepflegt wie das barocke Theater, dessen Hauptstätte nach dem Großen Krieg *Salzburg* war. Die Klöster waren auch Hauptzentren der Wissenschaft und Bildung, aus denen die geistige Elite des bäuerlichen Landes zu geistiger und gesellschaftlicher Bedeutung emporstieg. Aber auch hier war Salzburgs Universität, deren Hörerzahlen die Wiens und Leipzigs fast erreichten, das geistige Zentrum Süddeutschlands. Unter dem Einfluß der französischen Mauriner begannen junge Mönche in Bayern ihre Gegenwart historisch zu verstehen und die Quellen kritisch zu prüfen. Johann Philipp Franz von Schönborn errichtete den ersten deutschen Lehrstuhl für Geschichte 1720 in Würzburg, Karl Meichelbeck schrieb seine berühmte Geschichte des Bistums Freising. Der universale und aufgeklärte Anselm Desing aber sprach aus, daß Vernunft allein zum Irrtum führe, nachdem er Wolffs und Montesquieus Ideen kritisch durchleuchtet hatte. Ihm zur Seite standen die Männer des Parnassus Boicus, Amort, Kandler, Hieber, drei Augustiner Chorherren, glänzt der Name des Historikers Andreas Felix von Oefele, hatten die drei Emmeramer Prälaten Kraus, Forster, Steiglehner europäischen Ruf. Barock war in Bayern feudaler Lebensstil und Volksstil, Herrschaftsform und Kirchlichkeit, Pathos und rationale Nüchternheit,

Glaube und Forschung, Musik und Dichtung, die in einen großen europäischen Zusammenhang eingebettet waren.

Der *Klassizismus*, der zum Harmonischen und Einfachen zurücklenkte, konnte zwar den Barock nicht so leicht verdrängen, er kündigte aber das Ende eines Zeitalters an (Roman Boos aus Roßhaupten bei Füssen; seine Zeichenschule wurde die Vorläuferin der Akademie der Bildenden Künste). Die von den Wittelsbachern begründete Kunstakademie in Düsseldorf entsandte Lorenz Quaglio und Peter Cornelius nach München und bereitete den Boden für die klassizistische Richtung des romantischen Königs Ludwig I. Die *Aufklärung* veränderte die religiösen, hausväterlichen, patrimonialen und feudalen *Grundstrukturen*, auf denen Gesellschaft und Kultur in Bayern und Europa seit dem sogenannten Mittelalter und noch im Barock aufgeruht hatten. Säkularisierung des Geistes, egalitäre Gesellschaft, Öffentlichkeit des Lebens setzten jetzt kraftvoll ein. Die Ideenwelt des protestantischen Deutschland, aber auch der französische Geist halfen diesen umstürzenden Wandel in Bayern zu entbinden (Ickstatt, Osterwald). Würzburg war das Einfallstor nach Bayern, das Bischof Seinsheim auftat. Im protestantischen Franken war ein radikalerer Geist als in Bayern zu Hause, der sowohl dem »Sturm und Drang« wie der Klassik Weimars aufgeschlossen war. Das hatte seinen Grund im stärker entwickelten Bürgertum und Städtewesen, aber auch in einer besonderen Art des Adels, der Reichsgrafen und Reichsritter, die trotz aller Enge ihrer Herrschaften in der Weite des Reiches sich bewegen mußten, wenn sie überleben wollten. Das junge Bürgertum war über Adelswelt und deutsche Vergangenheit hinweg zu einer deutschen Gemeinschaftsidee in Kultur und Politik vorgestürmt. In der Klassik Weimars verbanden sich Bürger, Adel und Fürst zur Entwicklung der Tradition, zur Bändigung der Volkskraft im »Geistadel«. Deshalb wurden Süden und Westen, die Länder der kleinen Reichsstände, Heimstatt des neuen »Volksgeistes«, den Herder mit dem Osten verband. Das katholische Bayern blieb unbeteiligt und holte erst später in einer aus der Aufklärung kommenden Romantik eigenen Stils diese Entwicklung aus eigenen Wurzeln nach. An der fränkischen *Neuorientierung* waren Ansbach und Bayreuth, waren Karl Ludwig von Knebel, Charlotte von Kalb, Friedrich von Müller und Johann Peter Uz beteiligt. Die *Kirche* als letzte und größte Kraft der Vergangenheit und der *Adel* sollten in das bürgerliche Weltbild eingeschlossen, Theologie in eine Philosophie des tätigen Lebens umgewandelt werden. Die erlahmenden religiösen Kräfte erhoben sich ein letztes Mal gegen Säkularisierung und Verbürgerlichung. In dem Creglinger Friedrich Wilhelm von Meyern (1759–1829) wurde deutsches Volkstum und universales Reich lebendig, wurde Franken in Beziehung zum Reich gebracht. In Jean Paul, dem großen Sohn des oberfränkischen Wunsiedel (1763–1825), ging Franken den Weg zur Romantik und zur katholisch-barocken Vergangenheit.

Die Wende vom 18. zum 19. Jahrhundert war zwar in Bayern viel mehr als in Franken als *Hauptzäsur von Gesellschaft und Kultur* spürbar, doch wandelten sich die Grundstrukturen auch im protestantischen Franken. Nur wer die Reformation nicht als großes religiöses Ereignis wertet und nicht die ganze Entwicklung seit der Aufbruchsepoche im 11. Jahrhundert und der kritisch-revolutionären Epoche seit dem 14. Jahrhundert im Auge behält, kann dies bestreiten. Die Säkularisation, die Franken und die Oberpfalz schon im 16. Jahrhundert erlebten, hinterließ im katholisch gebliebenen Bayern am Beginn des 19. Jahrhunderts ein größeres Vakuum, weil das Volk im barocken Katholizismus tief verankert war, da die Barockklöster zum großen Teil auch Land und Leute in den Hofmarken beherrschten und den Unterschichten das mögliche Maß an Bildung, Seelsorge, Aufstiegschancen vermittelten. In der rekatholisierten Oberpfalz waren Stimmung und Verhältnisse ganz anders als im altbayerischen »Klosterland«. Wer behauptet, daß sie ein Land des strahlenden bayerischen Barock sei, der übersieht Chammünster, Perschen, Kastl, Ambergs Hallenkirchen, die Halle von Walderbach und den »Reichsbarock« der Dientzenhofer in Waldsassen, der leugnet vor allem die Strahlkraft von Regensburg. In den Dörfern um München und Augsburg saßen beileibe nicht nur Bauern; zur Hälfte war die Bevölkerung nichtagrarisch, handwerklich schon um 1750, und selbst in Klosterdörfern wie Dietramszell wandelte sich seit 1800 die Sozialstruktur sehr rasch und ließ ein *bäuerliches »Proletariat«* mit einer gewandelten Haltung zu Religion und Seelsorge gerade im agrarischen Bayern entstehen. In den Städten herrschte vielfach wirtschaftlicher Stillstand und war der Unternehmungsgeist der Bürger erlahmt (Schüle in Augsburg machte eine Ausnahme); Nürnberg drückte eine Schuldenlast von 14 000 000 Gulden, so daß es den Neptunbrunnen nach Rußland verkaufen mußte. Das politische Getriebe des Immerwährenden Reichstages konnte in Regensburg nicht über die Erstarrung hinwegtäuschen, und selbst München war trotz Residenz eine halbbäuerliche Kleinstadt geblieben. Stadt und Bürgertum waren um 1800 reif für den Übergang in den kommerziellen und industriellen Aufschwung des 19. Jahrhunderts, den Managertypen wie der bayerische Staatskommissär Utzschneider ahnend vorbereiteten.

IV.
Bayern als moderner Verfassungsstaat
Bayern und Deutschland 1806–1933

1.
Der allmächtige Minister Montgelas und sein Staatsneubau

Die territoriale Ausdehnung Staatsbayerns in seinem heutigen Umfang und die Integration der vielgestaltigen Teile »Neubayerns« mit ihren zahllosen Patriotismen sind politisch das Ergebnis der Umwälzung, die der Diktator Napoleon in Deutschland für den Aufbau seines europäischen Imperiums hervorgerufen hat, ideell und personell aber das Werk eines großen Staatsmannes, der die Chancen nutzte und wohlvorbereitet die notwendigen Reformen durchführen und dem Ganzen eine zeitgerechte Staatsidee geben konnte. Der Gründer des modernen bayerischen Staates ist Maximilian Graf von Montgelas. Seit dem 1. Januar 1806 war Bayern Königreich und ein souveräner Staat. Das wurde möglich, weil das Alte Reich zu bestehen aufgehört hatte, dessen Funktion keine souveränen Staaten innerhalb seines Gefüges litt. Das wußte der Diktator und deshalb drängte er die *Souveränität* den im Rheinbund zusammengefaßten deutschen Satellitenstaaten auf. Da es eine Souveränität mit französischer Verfassung werden sollte, kam Montgelas dieser Politik Napoleons durch die *Konstitution* von 1808 zuvor, die ein Verfassungsdekret ohne Repräsentation war. Der neue Staat Bayern integrierte nicht Stammesgebiete, wenn auch Sprachzonen mit fließenden Übergängen, sondern große und kleine, weltliche, geistliche und bürgerliche »Staaten« und Städtchen, Herrschaftsgebiete verschiedenster Herkunft, Größe und Kultur, die alle ein Eigengewicht und eine kulturelle Identität besaßen, jetzt aber reif für eine Einigung waren; denn nach dem Verlust der losen Klammer des Reiches in einer Welt, die rational und großräumiger dachte und auf politische Großräume zielte, konnten sie nicht mehr existieren und verlangten eine Integration. Mit geringen Ausnahmen erscheint diese bis heute geographisch und strukturell sinnvoll; denn sie hat die neue Ländermasse von Aschaffenburg bis Berchtesgaden, von Hof bis Lindau mit Staatsbewußtsein und Zusammengehörigkeitsgefühl erfüllt, deren innere Konsistenz und Kraft gerade in der Vorläufigkeit des

Bonner Staates sichtbar geworden sind. Dieser Integrationsprozeß, den ein überragender Staatsmann grundlegte und ein starker König mit Gehalt erfüllte, schuf den »Monopolstaat«, der alle Gewalt im ganzen Lande selber ausübte und Teilnehmer daran ausschloß; seitdem er besteht, hat bayerische Geschichte einen anderen Sinn und ein anderes Gesicht und der Staat eine neue Ideologie. *Mit dem Jahre 1806 beginnt deshalb eine neue bayerische Geschichte.* Die Tatsache, daß Kurbayern ein geschlossener Staat mit starkem Gewicht und großräumigem Patriotismus war, wirkte sich zwar darin aus, daß sich der moderne Staat, seine pfälzischen Monarchen und auch noch seine demokratischen Politiker im 20. Jahrhundert bis zur bayerischen Verfassung vom 3. Dezember 1946 immer auf die bayerische Grundlage und deren tausendjährige Geschichte beriefen; doch das Übergewicht der staats-, nicht stammesbayerischen Landeshauptstadt München und der staatliche Zentralismus im Inneren haben das »Stammesbayerische« immer mehr in den Hintergrund gedrängt und es mit dem Wachsen eines integrierten neufränkischen und neuschwäbischen Stammesbewußtseins zum »Altbayerischen« in Konfrontation mit dem Neu- und »Staatsbayerischen« einschrumpfen lassen. München hat aus der Staatspolitik Montgelas' und der Kulturpolitik Ludwigs I. alle Vorteile gezogen, die Neubayern aus der Pfalz, aus Franken und Schwaben eroberten den Staat, besetzten seine Schaltstellen und wurden gehätschelt. Die Altbayern gaben Namen und Prestige, trugen parlamentarische Verantwortung und vergaßen, daß im technisch-industriellen Zeitalter weite Gebiete ihres Landesteils unterentwickelt blieben. Trotz allem konnte der Staat bis heute auf einem Gleichgewicht ausruhen, das ihm Sicherheit und Selbstbewußtsein gab.

Maximilian von Montgelas (1759–1839), Sproß eines savoyischen Geschlechts, aber in München geboren, Schüler der berühmten Straßburger Diplomatenschule, nach Herkunft und Bildung Franzose und Aufklärer, auch Mitglied des Illuminatenordens, unterschied sich darin vom Freiherrn vom Stein, daß er auf den Ideen des *»Staatsabsolutismus«*, nicht des Volkes aufbaute. Montgelas war der Idealtyp eines Verstandes-, Leistungs- und Willensmenschen. Nur ihm konnte das Werk der Integration in der kurzen Zeit von sechs Jahren gelingen. Der *nationale Gedanke* war ihm fremd; er kannte eine Geschichte des Staates und Staatsrechts, aber keine des »Volkes«; er war Diener des unpersönlichen, abstrakten Staates und sah auch im

König nur ein Organ desselben. Sein Hauptmitarbeiter war der Kurpfälzer G. F. von Zentner, ein alter Jesuitenschüler und Göttinger Student. Die Münchener Staatszeitung feierte am 1. Januar 1806, dem Tag der Erhebung Bayerns zum souveränen Königreich, Napoleon als »Wiederhersteller des Alten Königtums«. Jede Revolution, auch die von oben, muß sich historisch legitimieren und gibt sich als Erneuerung des Alten, hier des königsgleichen Stammesherzogtums der Agilolfinger, aus. Der neue Staat schuf sich darin seine pseudohistorische Ideologie und faßte in ihr Tritt, selbst noch nach der Katastrophe von 1945. Die fränkischen und schwäbischen Neubayern hatten eine zu reiche und vielfältige eigene Geschichte, als daß sie sich diese *Staatsideologie* zu eigen hätten machen können; sie ließen sich von der Idee der konstitutionellen Monarchie gewinnen, vor allem die Pfälzer, die seit 1214 eine wittelsbachische Geschichte hatten. Napoleon dachte dem neuen Mittelstaat die Rolle eines Gegengewichts gegen Österreich und Preußen zu. König Max I. mußte diese Erhebung mit politischen und dynastischen Opfern bezahlen; er gab seine Tochter dem Stiefsohn Napoleons, Eugène Beauharnais, dem späteren Fürsten von Eichstätt. Im August des gleichen Jahres 1806 wurde zu Braunau am Inn der Nürnberger Buchhändler Palm erschossen, weil er den Verfasser der anonymen Schrift ›Deutschland in seiner tiefsten Erniedrigung‹ nicht preisgab. Bayern war zwar ein souveräner Staat, aber die Napoleonischen Kriege aktualisierten die von der Französischen Revolution dogmatisierte *»Idee des National- und Volksstaates«* gerade in Deutschland, dessen Geschichte dafür kein Modell bot, wie dies in England und Frankreich der Fall war. Der Idee des absoluten Staates stellte sich daher von unten die Ideologie des deutschen Nationalstaates entgegen, deren Träger die aufgeweckten und aufgeklärten Bürger und Intellektuellen wurden. Die Verwirklichung dieser Ideologie hat fünfzig Jahre später nach der friedvollen Epoche des Deutschen Bundes und des metternichschen Gleichgewichtssystems in Mitteleuropa Bayern gezwungen, sich unter Aufgabe wesentlicher Souveränitätsrechte dem neuen Nationalstaat zu integrieren. Der Rheinbund, dem Bayern auf Grund des Bündnisvertrages mit Frankreich von 1805 am 12. Juli 1806 beitrat, verpflichtete das Land zur Heeresfolge, die es bis 1813 leistete, gegen Österreich, Preußen und Rußland. Durch den Vertrag von Ried vom 8. Oktober 1813 kehrte es an die Seite Österreichs und Preußens unter Garantie seiner Souveränität und seines neuen Besitzstandes zurück. Der Schritt war vorbereitet durch die nationale deutsche Bewegung, die auch in Bayern Fuß faßte und im »teutschen Gefühl« des Kronprinzen Ludwig sich Luft machte (Lieder von Andreas Schmeller und Friedrich Rückert). Bayerische Truppen kämpften deshalb 1814 gegen Napoleon. 1815 wurde Bayern auf dem Wiener Kongreß in den »Deutschen Bund« mit vier Stimmen im Bundestag und einer Stimme im engeren Ausschuß aufgenommen.

Den Ländergewinn durch *Säkularisationen* (= Einverleibung geistlicher Staaten und Enteignung kirchlichen Besitzes) auf Grund des Reichsdeputationshauptschlusses von 1803, durch *Mediatisierung* ehemaliger Reichsstände und Reichsunmittelbarer (Fürsten, Grafen, Ritter, Reichsstädte) und auf Grund der Frieden von Preßburg 1805, Schönbrunn 1809, Paris 1814/1815 und besonderer Vereinbarungen mit Österreich 1813/1816 hat Montgelas' organisatorisches Genie zum neuen Staat zusammengefügt. Seine Teile sind hier nicht einzeln aufzuführen, da ihre reiche Geschichte und ihre individuelle Entwicklung Gegenstand der bisherigen Darstellung waren. Verloren gingen nur Tirol und Vorarlberg, Innviertel, Hausruck, Salzburg, Ulm, das Oberamt Crailsheim und das Hinterland des reichsstädtischen Territoriums von Rothenburg links der Tauber. Die seit 1797 besetzte und 1801 an Frankreich abgetretene Pfalz, die zwar alle Feudallasten los wurde, dafür aber unter den französischen Konskriptionen schwer zu leiden hatte, wurde 1816, soweit sie links des Rheins lag, an Bayern restituiert und durch benachbarte Gebiete arrondiert; doch war die rechtsrheinische alte Kurpfalz mit Mannheim und Heidelberg 1803 an Baden abgetreten worden. Da Österreich die versprochene Landbrücke zwischen Unterfranken und der »*Neupfalz*« nicht verwirklichen konnte, zahlte es bis 1918 eine jährliche »Kontiguitätsentschädigung« von 100000 Gulden.

Montgelas trennte im neuen Staat Verwaltung und Steuerwesen, er überzog das Land mit einem lückenlosen Netz von Landgerichten für Verwaltung und Justiz und von Rentämtern für die Steuern. Die wirtschaftlich-gesellschaftliche Lebensgemeinschaft der alten Dorfgemeinde verwandelte er in die moderne *politische Gemeinde,* die autonomen Städte drückte er zu politischen Gemeinden = Staatsverwaltungsgliedern herab. Das Land wurde am Ende in acht Provinzen eingeteilt, die in die »Kreise« und dann »Regierungsbezirke« umbenannt wurden. König Ludwig I. hat die Kreise nach den alten Stammesnamen bezeichnen lassen, wobei sich aber Franken bis zuletzt nicht als Stamm, sondern als »Land zu Franken« verstand. Jetzt war das eine Konzession an den »Volksgeist« Rousseaus, Herders und der Romantik. Die Landesverwaltung führten fünf Ministerien (Auswärtiges, Justiz, Finanzen, Inneres, Krieg), von denen Montgelas drei, d. h. Außen-, Innen-, Finanzpolitik selber leitete. Der Repräsentant des Staates im Lande draußen war der »allmächtige« *Landrichter* und nach der Trennung von Verwaltung und Justiz auch auf der unteren Ebene 1861 der Bezirksamtmann, dessen Nachfolger heute der *Landrat* ist. Gönner aus Ansbach schuf eine ›Dienstpragmatik‹ für die *Beamten,* die bis 1908 in Geltung war. Der Jurist Anselm Feuerbach, ein Thüringer, später nach Bamberg und Ansbach wegen seiner Einstellung zu den Befreiungskriegen versetzt, ersetzte den kreittmayrschen Strafkodex 1813 durch ein aufgeklärtes *Strafgesetzbuch;* sein Ziel war die Trennung von Recht und Sittlichkeit, er wollte den Untertanen zum »Staatsbürger« weiterbilden. Der Mittelfranke Soldner erarbeitete in der Landesvermessungskommission Grundlagen für den *Grundsteuerkataster,* auf dem das einheitliche Steuersystem von 1808 aufbaute. Die gewaltige Schuldenlast halfen die Darlehen der Familie Seligmann/Eichthal überleben. Die *Leibeigenschaft* wurde 1808 abgeschafft, die Grundhörigkeit aber erst 1848 auf dem Wege einer bis zur Inflation von 1924 laufenden Grundrentenablösung. Nach der 1810 erfolgten Gründung des gesamtbayerischen Landwirtschaftlichen Vereins wurde 1811 das erste *Oktoberfest* (= Erntedankfest) in München abgehalten, das viel zum persönlichen Verstehen der Neu- und Altbayern beigetragen hat. Im Inneren des Landes wurden die Binnenzollschranken aufgehoben und die Post 1808 verstaatlicht. Ein *einheitliches Wirtschaftssystem* war eine wesentliche Grundlage des neuen Staates.

Montgelas mußte die Beziehungen zwischen *Staat und Kirche* neu ordnen, da ihr Verhältnis durch die Säkularisationen wesentlich verändert, Religion für den Aufklärer eine ethische Funktion und Kirche eine Staatsanstalt zur Förderung von Ordnung, Bildung und Kultur, der Geistliche aber Staatsdiener war. Die Kirche sollte dem Staate untergeordnet werden; der Unterschied der Konfessionen berührte ihn nicht, er war paritätisch. Seit 1806 liefen Verhandlungen mit der römischen Kurie mit dem Ziel des Abschlusses eines *Konkordats;* dies gelang 1817 nach dem Ausscheiden Montgelas'. Es wurde eine bayerische Landeskirche mit zwei Erz- und sechs Bistümern errichtet, die vom Landesherrn mit päpstlichem Vorbehalt besetzt wurden. Entsprechend wurde auch die *evangelische Landeskirche* Bayerns in einem Oberkonsistorium in München und drei Konsistorien in Ansbach, Bayreuth und Speyer konstituiert. Ihr oberster Bischof war der katholische König. Das ›*Judenedikt*‹ von 1813 sprach den Juden staatsbürgerliche Rechte mit Einschränkungen zu. Neugeordnet wurde das *Schulwesen*, das bislang, auch in den reformatorischen Markgrafentümern, meist in den Händen der Orden und der Geistlichkeit gelegen hatte. Der Staat übernahm die Schulaufsicht, machte 1802 die allgemeine Schulpflicht und 1803 die Sonntagsschulpflicht gesetzlich, gründete Lehrerbildungsanstalten und übertrug die lokale Schulaufsicht den Geistlichen, wodurch er einen Zankapfel zwischen Lehrer und Pfarrer warf, der sich vor der Revolution von 1918 auf dem Lande sehr schädlich auswirkte. Die Universitäten in Altdorf (bei Nürnberg), Bamberg, Dillingen hob er auf, die in Würzburg und Erlangen beließ er, die alte Jesuitenuniversität zu Ingolstadt verlegte er 1800 nach Landshut und berief bedeutende Gelehrte wie Savigny dorthin. In der Landeshauptstadt wurde ein Philosophisches Seminar durch Thiersch, 1808 eine Akademie der bildenden Künste, 1811 eine Musikakademie errichtet. Für die höheren Schulen entwarf der Neuhumanist Niethammer ein »Normativ«. Im »Reichsarchiv«, in der Staatsbibliothek und in den Staatsgemäldesammlungen wurden die Urkunden-, Akten-, Handschriften- und Bilderschätze aus den säkularisierten Klöstern und Hochstiften zentralisiert und »konserviert«. Manches wurde dabei verschleudert, vieles aber gerettet und der Öffentlichkeit neu zugänglich gemacht. Die Landesuniversität wurde 1826 von Landshut nach München verlegt. Ohne die Vorzüge der Zentralisation von Kulturgütern an Zentralorten zu unterschätzen, muß man trotzdem die kulturelle Entleerung des Landes tief bedauern.

Das Herzstück des modernen Staates bildete seine *Verfassung*, die neben Monarchie, Beamtentum und politisch-kultureller Zentralfunktion der Landeshauptstadt am stärksten einheitsbildend wirkte. Der moderne Staat war und ist ein *Verfassungsstaat*. Montgelas selber hat die Neuerungen, die er einführte, vor allem die Aufhebung der alten landständischen Ordnung und seine Gemeinde- und Kirchenedikte, grundsätzlich in der *Konstitution von 1808* zusammengefaßt oder begründet; er wollte damit der Einführung französischen Staatsrechts in den

Rheinbundstaaten zuvorkommen. Sie konnte aber nur ein Provisorium sein, das als Edikt erlassen war. Seit der Aufnahme in den »Deutschen Bund« übernahm Bayern laut dem Grundgesetz der ›Deutschen Bundesakte‹ (Art. XIII) die Verpflichtung, seinen Untertanen eine Verfassung zu geben. Österreich, das sich wie Preußen keine Verfassung gab, übte einen Druck auf die süddeutschen Staaten aus, die sich daraufhin Verfassungen gaben, Bayern vor allem, um nicht in eine Isolierung zu geraten und weil die Beamten zur Sicherheit des Staatshaushaltes und der Staatsfinanzen insgeheim dazu drängten. So gab sich Bayern nach dem vor allem vom Kronprinzen betriebenen Sturze Montgelas', der ein Gegner dieses Vorhabens war, im Jahre 1817 am 18. Mai 1818 eine *oktroyierte Verfassung*, die sich als Geschenk und freiwillige Selbstbeschränkung des Monarchen in seiner absoluten Macht ausgab. Ihr angefügt wurden das Konkordat und der Protestantische Kirchenvertrag. Die württembergische Verfassung war ausgehandelt; Württemberg war neben Flandern schon seit dem späten Mittelalter ein Musterland bürgerlicher Repräsentation in ganz Europa gewesen. Die freiheitlichste Verfassung gab sich das Großherzogtum Baden. Liberalismus, Parteien und Parlamentarismus haben sich deshalb am kraftvollsten in den süddeutschen Staaten im Vormärz und danach entwickeln können. Die bayerische Verfassung führte eine Repräsentation mit Zweikammersystem ein. In der Kammer der Reichsräte war die soziale Oberschicht des Landes nach Geburt, Besitz und Bildung meist erblich vertreten; die Kammer der Abgeordneten wurde auf sechs Jahre nach Berufsständen gewählt. Bauern und Arbeiter waren darin nicht vertreten. Sie besaß das Budgetrecht, hatte ein Mitwirkungs-, aber kein Initiativrecht bei der Legislative. War auch Montgelas ein Gegner der Verfassung, weil er das Volk für die Mitbestimmung noch nicht für reif hielt, so ist sie doch die Krönung seines Staatsneubaus gewesen; denn sie sicherte dem Staat die politische Anteilnahme der maßgebenden Schichten, die sich in einer wahren Sturzflut von Anregungen entlud, die für die kommenden Jahre ein weitgehendes und fruchtbares Programm formulierten. In gleicher Weise wurden Gemeindeedikt, das den Rationalismus des ersten Edikts von 1808 wieder rückgängig machte, und Konkordat nach des Ministers Sturz erlassen und abgeschlossen. Als nächste große Aufgabe blieb die Versöhnung und Eingewöhnung der depossedierten und entmachteten alten autonomen Kräfte. Der fränkische Adel hatte seine Bedeutung verloren und schmollte auf seinen Landsitzen inmitten seiner Grunduntertanen. In den Markgrafentümern trauerte man noch lange der preußischen Zeit nach, in Nürnberg der Reichsstadt-Souveränität; in den drei fränkischen Bischofsstädten verspürte man wenig Liebe zum neuen Staat. In ehedem schlecht verwalteten Gebieten aber erhoffte man Befreiung von Schuldenlast und »Vetterleswirtschaft« im großen Staat. In Schwaben schrieb ein Pfarrer ängstlich in sein Buch: »Wir sind also bayerisch. Gott gnade uns allen.« Die Verfassung gab dem *Staatsvolk* ein Ventil und Forum für öffentliche und gemeinsame Aussprache. Die Integration wurde durch eine geduldige Politik gefördert und war so wirkungsvoll, daß der Staat die große Krise von 1848/49 und auch die Belastungsprobe von 1918 nach dem Sturz der alle verbindenden Dynastie überstand.

2.
Bayern als Mitglied des Deutschen Bundes 1815–1866

Der »Deutsche Bund« war ein Staatenbund in quasivölkerrechtlichen Formen, der seinen Mitgliedern weitgehende Souveränität beließ. Seine föderative Grundform, die ein *defensives Zusammenspiel* der Mitgliedstaaten zur Wahrung des Gleichgewichts gegen jeden Aggressor im mitteleuropäischen Raum garantierte, machte gemeinsame und partielle Expansion im Inneren wie vor allem Frankreichs und Rußlands mögliche Erweiterungsabsichten im Mittelraum des Kontinents unmöglich. Der Deutsche Bund und das mitteleuropäische System seines Vaters, des österreichischen Staatskanzlers Metternich, sicherten Europa weit über ein Menschenalter hinaus den *Frieden*. Das war im Inneren dadurch vor allem möglich, daß Preußen Österreich und Metternich den Vorrang ließ und aus Angst vor den liberalen Kräften die Chancen seiner Macht nicht ausspielte. Der »Deutsche Bund« knüpfte mit dem Unterschied an das Alte Reich restaurativ an, daß er kein kaiserliches Oberhaupt, sondern nur eine Präsidialmacht = Österreich hatte und daß an die Stelle der Kleinstaaterei kräftige Mittel- und Kleinstaaten getreten waren, die vereint imstande waren, die beiden deutschen Großmächte zu paralysieren. Das gemeinsame Organ war der Bundestag in Frankfurt, in dem Preußen unterrepräsentiert war, gemessen an seiner Bevölkerungszahl. Der Bund konnte den Krieg erklären, jedoch keine politischen Ziele setzen. Darin schränkte er die Souveränität seiner Mitglieder ein. Im Inneren verpflichtete er sie zu einer Verfassung, wenngleich Metternich und sein konservativer Publizist Gentz sie zynisch hernach als zu weitgehend bezeichneten. Der Spielraum einer selbständigen Politik war sehr klein, da Bayern sich an Österreich anlehnen und die immer drohende Gefahr einer Isolierung vermeiden mußte. Da diese Verfassung im Zeichen des *»monarchischen Prinzips«* gewährt war, konnten sich erst nach der deutschen Revolution von 1848 echte Parteien als Vertreter von Interessengruppen und Gemeinschaften bilden. Die zweite Kammer war bis 1848, die erste bis 1918 eine ständische Vertretung. In Bayern lag bis 1848 das Schwergewicht bei Krone, Kabinett und Bürokratie (= Verwaltung), infolge des Ausfalls einer monarchischen Initiative von 1864 bis 1912 fast ausschließlich bei einer anonymen Ministeroligarchie, deren wesentliche Stütze Kabinettssekretariat und Geheimer Rat waren. Trotz der neoabsolutistisch-restaurativen Regierung König Ludwigs I., der die aufkommenden neuen Kräfte unterdrückte und die Minister nur als Schild gegen die »Stände« ansah und mißbrauchte, der seit der Julirevolution von 1830 in steter Angst vor dem »Kommunismus« lebte und sich immer absolutistischer verhärtete, kündigten sich in den heißen Kammerdebatten vor 1848 die drängenden Probleme der kommenden Zeit an. Es bildeten sich lose politisch-ideologische Gruppen mit konservativem Akzent in Altbayern und im katholischen Franken, mit liberaler Grundtendenz in Franken und der Pfalz, in Würzburg und Bamberg. Im Landtag wie in den Parteien übersprang die politische Willensbildung die alten Herrschaftsgrenzen und die potentiellen Stammesräume. Die Einlösung der Forderung des März nach Freiheit des Versammlungsrechtes und der Vereinsbildung 1848/49 beendete die ausschließlich *ständische erste Phase gesamtbayerischer Staatsgeschichte* ohne tiefen Einschnitt, wie es in Österreich und Preußen eintrat.

Im Jahr der *deutschen Revolution* von 1848 lag der Zündstoff in Bayern, das bereits drei Jahrzehnte lebhafter Verfassungsentwicklung hinter sich hatte, darin, daß der Staat Ludwigs I. hinter dem Fortschreiten des modernen liberalen Zeitgeistes zurückgeblieben war. Der Monarch bekämpfte das westliche Staatsdenken mit seiner Idee der Volkssouveränität, er sah im Staat etwas geschichtlich-organisch Gewordenes, kein Produkt menschlicher Vernunft, und sah Staatskunst nicht als Versuch an, die Gesellschaft revolutionär umzugestalten. Trotz der

Münchner Romantik (Schelling, Franz Baader, Ernst von La-
saulx, Ringseis, Görres, Harleß, Roth, Thomasius, Hofmann,
Lehmus), trotz Ernst von May und Julius Stahl, trotz christli-
cher Erneuerung (Sailer, Wittmann, Harleß), vielleicht auch wegen ihr, war das geistige Leben bewegt und spannungsgeladen
und ein harmonischer Ausgleich zwischen Fortschritt und Be-
harrung in die Ferne gerückt. Der kühle Klassizismus der Münchener Architektur stand unvermittelt neben altdeutschen Formen, neben Peter Cornelius und der idealistischen Historien-
malerei standen Spitzweg, Schwind und Bürckel, das ›Deutsche
Hausbuch‹ der Spätromantik und die Volksliedersammlung von
Guido Görres. Begünstigt durch die kompromißlose Haltung
des Ministers Abel hatte sich seit den dreißiger Jahren eine
gereizte konfessionelle Atmosphäre im Landtag, in der Öffentlichkeit und in der zensierten Presse, zuletzt auch am Hofe
Ludwigs I. entwickelt. Der König konnte sich unguterweise
überall einmischen, weil ein Gesetz über Ministerverantwortlichkeit und ein durchgebildetes Verordnungsrecht fehlten.
Dieses patrimonial-absolutistische System des hausväterlichen
Königs widersprach dem Geist des herrschenden *Konstitutiona-
lismus*. Nach dem Sturz Carl von Abels 1847 brachen die von
Ludwig I., von seinen romantisch-katholisch-christlich-evange-
lischen Freunden und Ratgebern oft künstlich errichteten
christlich-konservativen Dämme; in der Kammer der Reichsräte wurde viel fortschrittlicher und liberaler gedacht und ge-
plant als in der Kammer der Abgeordneten, und ein Politiker
wie Fürst Oettingen-Wallerstein gab sich sehr fortschrittlich.

Aus diesen allgemeinen Gründen übernahm der Liberalismus
die Führung im staatlich-politischen wie im kulturell-geistigen
Leben. Von der Oberschicht aus erfaßte er das Beamtentum;
Antiklerikalismus wurde Mode in der Gesellschaft, Arbeiter
und auch Bauern orientierten sich materialistisch und marxi-
stisch. Im Jahre 1848 wurde das ›Kommunistische Manifest‹
veröffentlicht. Seit dem Anfang der vierziger Jahre hatte man
von oben her in Augsburg und Nürnberg durch die Bildung
von Arbeiterlesevereinen, das heißt durch außerschulische Wei-
terbildung und Aufklärung der unselbständigen Gesellen,
Handwerker und Arbeiter, dieser Entwicklung entgegenzuwir-
ken gesucht. Als der Skandal um die Tänzerin Lola Montez, die
Ludwig I. in den Grafenstand erheben wollte, seit 1847 das Königtum entwürdigte, der Monarch starrsinnig mit liberalen
Männern einen konservativen Kurs steuern wollte, die Kirche

wie die Münchener Studenten und Bürger sich dem öffentlichen Ärgernis widersetzten und Abel dies aussprach, da half kein Systemwechsel, keine Säuberung der hohen Bürokratie und Professorenschaft (Höfler, Sepp, Merz, Döllinger, v. Freyberg), kein außenpolitischer Kurswechsel von Österreich zu Preußen, keine Schließung der Universität mehr; die neue Entwicklung war in Bayern schon vor der Pariser Februarrevolution ausgelöst, die öffentliche Stimmung wurde durch sie nur noch angeheizt. Die konservativ-liberale Grundhaltung von Bürgertum (und Adel) zog keine Konsequenzen aus dem Liberalismus, das Bürgertum kämpfte gegen Selbstherrlichkeit von oben, wie sie der Monarch im Falle der Tänzerin zeigte, aber auch gegen den Radikalismus von unten, wie er in Paris zum zweitenmal aufbrach. Dieses Bürgertum ergriff bei der Untätigkeit der Regierung die Führung und beantwortete den Druck von oben mit dem Sturm auf das Zeughaus am 4. März 1848. Der völlig isolierte Monarch wich und dankte auf den Rat des fränkischen Barons von Rotenhan, des Führers der fränkisch-protestantischen Opposition, und unter harter Kritik des Fürsten Leiningen, eines pfälzisch-fränkischen Standesherrn, ab. Die Zeit war über den König und seine Staatsauffassung hinweggegangen. Er rettete aber seine Dynastie und übergab die Krone seinem Sohn Max II., der nun die Reformen durchführte, die der Vater sich nicht hatte abtrotzen lassen wollen.

Noch am 6. März 1848 hatte der alte König die Reformen angekündigt und sich auch für eine Volksvertretung beim Bund, also für eine Parlamentarisierung des Bundestages in Frankfurt, ausgesprochen. Das Volk war begeistert, er aber dankte ab und beendete damit das von ihm selber heraufgeführte Zeitalter staatlich-kirchlicher Restauration. Mit seinem Sohn Max II. (1848–1864) übernahm der Liberalismus für lange Zeit die geistige und auch politische Führung. Das neue Ministerium Maurer-Zu Rhein = »das Ministerium der Morgenröte« leitete liberale Reformen ein, und der neue Landtag vom Herbst 1847 hatte eine liberale Mehrheit. Pressefreiheit, Justizreform, Aufhebung der grundherrlichen Gerichtsbarkeit (Patrimonialgerichtsbarkeit) und Grundentlastung beseitigten übriggebliebene Reste des Feudalismus und der Restauration. Der Bauer wurde dadurch Eigentümer des von ihm bebauten Bodens. Zunftzwang und Konzessionssystem, Beschränkung des Heimat- und Aufenthaltsrechtes, Fesseln von Handwerk und Gewerbe, Hemmschuh industrieller Entwicklung, wurden erst durch die

»Sozialgesetzgebung« der sechziger Jahre (besonders unter dem Ministerium Hohenlohe 1868) beseitigt. Das Wahlgesetz von 1848 hob die Beschränkung auf Klassen und Stände auf und führte das parlamentarische System ein; das moderne bayerische Staatsvolk entstand. Es wurde die Ministerverantwortlichkeit eingeführt und dem Landtag das Initiativrecht zugebilligt.

Bayern entsandte seine Abgeordneten in das *Frankfurter Parlament,* Konservative und Liberale. Neben dem Kirchenhistoriker Ignaz Döllinger und dem Führer der gemäßigten Linken und Präsidenten der Abgeordnetenkammer Hermann von Rotenhan saßen dort auch Liberale aus der Pfalz und Franken, die wegen ihrer politischen Gesinnung in bayerischer Kerkerhaft gesessen hatten und in die Emigration gegangen waren. Der liberal-konservative Fürst Karl von Leiningen (zu Amorbach) war 1848 erster Präsident des Frankfurter Reichsministeriums; er trat für Einheit und Größe eines zukünftigen Reiches selbst in republikanischer Form ein. König Max II. folgte den Verhandlungen in Frankfurt mit wachsendem Unmut; in der geplanten Reichseinheit sah er eine Gefahr für seine Souveränität, für seine *Triasidee,* die das dritte Deutschland der Mittel- und Kleinstaaten neben Österreich und Preußen formieren wollte. Nach seiner Auffassung konnte das Reich nur durch Vereinbarungen, Bündnisse zwischen Fürsten und Parlamenten entstehen. Sein nationaler Sinn sträubte sich gegen einen Ausschluß Österreichs. In Frankfurt stimmten nur wenige bayerische Abgeordnete für die Reichsverfassung, aber die liberale Mehrheit des bayerischen Landtags trat auf Antrag des Pfälzers Kolb dafür ein; die bayerische Regierung lehnte trotz Protestversammlungen in Bamberg und Kaiserslautern ab. Ein Aufruhr in der Pfalz wurde durch preußische Truppen unterdrückt. Minister Zwehl, beauftragt, geeignete Mittel zur Hebung des bayerischen Nationalgefühls und zur Verschmelzung Alt- und Neubayerns vorzuschlagen, empfahl seinem König die baldige Lösung der deutschen Frage, in anderen Formen, als dies 1866 und 1870 geschah. Das Angebot der kleindeutschen Kaiserkrone an den König von Preußen durch die Nationalversammlung scheiterte daran, daß der Monarch aus den Händen von Revolutionären diese Würde nicht entgegennehmen wollte und er allein die Kaisermacht Österreich für legitimiert hielt. Trotz des Scheiterns ihrer Revolution hatten die Liberalen die zündende und zukunftsweisende Parole vom »starken Staat« ausgegeben, der die deutsche Frage mit Macht lösen könnte. Dazu war eine

Verwandlung des Geistes *defensiver Politik,* der den Deutschen Bund auch nach der Neuordnung von Olmütz (1850) noch bestimmte, und des weiterwirkenden metternichschen Systems ins *Aggressive* notwendig. Otto von Bismarck, preußischer Bundestagsgesandter, preußischer Patriot und gemäßigter Machiavellist, ließ sich dadurch anregen, darüber nachzudenken, wie Preußen aus der selbstgewählten Unterschätzung seiner Machtstellung ausbrechen, seine eigene Macht organisieren, um das Potential der Mittel- und Kleinstaaten erweitern, Österreich ausschließen, den nationalen Machtstaat schaffen und die Hegemonie der preußischen Militärmacht sichern könne. Er verband sich dazu mit dem Nationalismus der Liberalen, die in der Umarmung Bismarcks ihre große Idee der *Freiheit* vergaßen und sich ausschließlich auf ihre zweite Idee, die *Einheit,* festlegen ließen, um dann entlassen zu werden, nachdem sie ihre Schuldigkeit getan hatten. Doch vorerst funktionierte in den fünfziger Jahren wieder der *Deutsche Bund,* und die Triasidee wurde von Bayern aus stark ventiliert; ja es schien, als sollte alles beim alten bleiben. Doch hat gerade in diesem Jahrzehnt der *Krimkrieg* Rußland so stark geschwächt, daß Bismarck, der genau wußte, daß Preußens Machtstellung von der Anlehnung an das größere Rußland abhing, es wagen konnte, in dieser politischen Konstellation sein Abenteuer in Szene zu setzen. Das eigentliche Hindernis auf dem Weg zum nationalen Machtstaat war der Deutsche Bund, in dem das Dritte Deutschland der Mittel- und Kleinstaaten verankert war. Ihr Potential brauchte Bismarck, um seine Machtkonzeption am Leben zu erhalten. Deshalb desavouierte er dieses Deutschland des Staatenbundes, trat aus ihm aus und löschte ihn gleichzeitig mit dem Ausschluß Österreichs durch den Sieg von Königgrätz und den Prager Frieden 1866 aus. Für Bayern folgten die *einzigen* vier Jahre seiner Geschichte (1866–1870), in denen es de iure voll souverän = ohne Eingliederung in einen übergreifenden Staat oder Bund lebte. In Wirklichkeit aber war es durch ein zunächst geheimgehaltenes Schutz- und Trutzbündnis bereits fest an den preußischen Wagen gekettet.

3.
Bayern, Bismarck und der deutsche Nationalstaat

Seit der Aufnahme seiner Tätigkeit als preußischer Gesandter am Bundestag in Frankfurt baute Otto von Bismarck den Glauben Preußens ab, daß es verletzlich sei und mit den anderen Monarchen zusammenarbeiten müsse. Die Lähmung preußischer Macht im Menschenalter nach dem Wiener Kongreß war verursacht durch die Einigung zwischen Liberalismus und Nationalismus; denn Preußen wollte keine nationale Politik treiben, weil es den Liberalismus fürchtete und bekämpfte. Bismarck, angeregt durch das Eintreten der Nationalliberalen und Liberalen für die Lösung der deutschen Frage durch den starken Staat, sprach Preußen unabhängig vom Liberalismus eine nationale Aufgabe zu; ja, er wollte damit die liberalen Tendenzen unterlaufen und überflüssig machen, da er eine deutsche Einheit auf dem Wege einer demokratischen Verfassung ablehnte. Sein konkretes Ziel war darum der Sturz des metternichschen Systems, um Preußens Kräfte zu befreien und dann von oben her durch Preußens Macht die Einheit zu verwirklichen. Da Preußen aber die Hilfe des ganzen Deutschland brauchte, um seine Grenzen zu verteidigen und seinen Bestand zu sichern, mußte Preußen das Dritte Deutschland absorbieren und nicht umgekehrt Deutschland plus Österreich Preußen. Bismarck zog Realitäten Prinzipien oder Vorurteilen vor, seine dynamische Politik vertraute lieber dem Augenblick als der Doktrin; das bestimmte auch die Wahl seiner Mittel; so suchte er nicht nur im Sechsundsechziger Krieg hinter dem Rücken Österreichs eine Revolution in Ungarn anzuzetteln, die dank seinem raschen Sieg nicht ausbrach; er bearbeitete auch in Bayern die öffentliche Meinung, kaufte sich mit den Geldern des Welfenfonds den baubesessenen König und seinen Oberstallmeister von Holnstein, ließ einen Mann seines Vertrauens, den fränkischen Fürsten Chlodwig von Hohenlohe-Schillingsfürst, zum leitenden Minister bestellen, setzte seit 1867 als seinen »Statthalter in Bayern« den preußischen Gesandten von Werthern-Beichlingen wie eine Spinne ins bayerische Netz und setzte nach der Rückkehr des Grafen Bray-Steinburg auf den bayerischen Gesandtenposten in Wien den ihm unbedingt ergebenen und bei den Versailler Verhandlungen 1870 schon bewährten Unterfranken Lutz als Leiter der bayerischen Politik durch. Der konservative, aber undoktrinäre Bismarck hielt es für möglich, eine konservative Innen- mit einer revolutionären Außenpolitik zu verbinden; er lehnte die Theorie ab, daß Preußen die Vorherrschaft in Deutschland nur im Bunde mit den Kräften erlangen könne, die im Gegensatz zu seiner inneren Struktur stünden. Er hielt es durchaus für möglich, durch liberale Institutionen die Autorität des Königs zu stärken, und gab darum seinem Nationalstaat als erstem Land in Europa ein allgemeines Wahlrecht. Bismarcks nüchterner und beherrschter Machiavellismus setzte auf den einzigartigen Patriotismus Preußens und traute ihm die Kraft zu, die Vorherrschaft zu erringen und die politische Integration durchzusetzen. Die Macht seines Staates und ein gutes außenpolitisches Konzept versetzten ihn in die Lage, seine Überzeugungen auch den künftigen Partnern mit Gewalt aufzudrängen. In drei aufeinanderfolgenden Kriegen, 1864, 1866 und 1870/71 hat er die »Form der deutschen Geschichte ins Aggressive verwandelt« (Schieder).

Die Problematik eines deutschen Nationalstaates ist durch die bürgerliche Revolution von 1848 bloßgelegt worden. Der Nationalstaat, den die Frankfurter Nationalversammlung forderte, stellte den Bestand der beiden deutschen Großmächte Österreich und Preußen in Frage. Da das Habsburger Reich nur zu einem Sechstel aus Deutschen bestand, hätte eine nationalstaatliche Integration entweder das Aufgehen ihrer Nationalitäten im deutschen Reich oder die Auflösung des Vielvölkerreiches zur Folge gehabt. Preußen aber konnte und wollte in der Situation des stärksten deutschen Staates mit der größten deutschen Bevölkerung für die Integration nicht den Preis seines Aufgehens im Nationalstaat, in einem demokratischen Deutschland zahlen, wie 48er es wollten. Eine organische Gliederung Gesamtdeutschlands hätte die Auflösung der völlig unorganischen preußischen Ländermasse erfordert. Die liberale Illusion vom mächtigen, starken, gefürchteten kleindeutschen Nationalstaat forderte nicht nur die Quadratur des Zirkels, sondern war eine unhistorische und undiskutable Konstruktion, die Bewegungen auslöste, die nicht zu verwirklichen waren. Das bismarcksche Reich war vielleicht die am ehesten mögliche pragmatische Aushilfslösung, die mit den Realitäten rechnete, aber die innere Struktur deutscher Politik nicht ungestraft verwandelte, war auf die Person des großen Staatsmannes allein zugeschnitten und mit zu vielen Widersprüchen durchgesetzt, erkauft und belastet. Zu seiner Lösung gab es nur *eine* echte *Alternative, die Reform des Deutschen Bundes,* die aber kaum durchzusetzen war, da sie dem allgemeinen Trend der Zeit und Europas, dem Nationalismus der Liberalen und dem preußischen Großmachtstreben widersprach. Durch den Bund mit Bismarck verloren die Liberalen ihr Gesicht, ihre innere Kraft und ihren Einfluß auf die Deutschen; sie gaben die Gesamtnation und den Teil preis, der in Kleindeutschland nicht hineinpaßte, sie gaben aber auch ihr höheres Ziel, die Freiheit, zugunsten der Einheit preis. Deshalb siegte der preußische Konservativismus über den Liberalismus im kleindeutschen Reich und bestimmte dessen Geist und Gestalt. Bismarck räumte dem weithin entmachteten Bürgertum das große Feld der wirtschaftlichen Expansion ein; da sich dieses Bürgertum aber mit der Tradition des preußischen Staates verband, wurde es ebenso aggressiv und zum politischen Mitträger des Imperialismus. Bismarck und die Nationalliberalen wollten nichts mit der übernationalen Tradition des alten Reiches zu tun haben. Der Kanzler verstand sein »Reich« als »werbendes Element für Einheit und Zentralisation«, die der Nachfolgestaat, die Weimarer Republik, durchsetzte, ohne daß das Aufgehen Preußens in der deutschen Republik erfolgte. Als der Staatsstreich Papens dieses 1932 vollzog, da bedeutete es das Ende des bismarckschen Nationalstaates. Die nationale Machtballung, die Bismarck im Herzen Europas schuf, war nur im Rahmen seiner europäischen Befriedungspolitik für die anderen Mächte akzeptabel. Preußen war die »konzentrierteste staatliche Machtballung der deutschen Geschichte auf militärischer Grundlage« (Schieder); sein Aufstieg zur Großmacht hat das alte Reich gesprengt, seine Hegemonie die innere Form des neuen Reiches geprägt. Trotzdem war seine Basis für eine Großmachtpolitik zu schmal, selbst, als das Potential des Dritten Deutschland hinzukam; es mußte deshalb dauernd mobilisieren und seine moralischen, wirtschaftlichen und militärischen Kräfte und Reserven ständig überbeanspruchen. Ohne Anlehnung an Rußland konnte es sich deshalb auf die Dauer in der Reihe der europäischen Großmächte nicht behaupten. Nur Rußlands Schwächung im Krimkrieg 1853/56 erlaubte es Bismarck, Preußens Großmacht wieder selbständig und flott zu machen und den nationalen Machtstaat zu schaffen. Die Folgen der Nichterneuerung des Rückversicherungsvertrages mit Rußland durch das wilhelminische Deutschland führten zur Entente Cordiale und zum Ersten Weltkrieg, in dem das alte Rußland zusammenbrach und Deutschland besiegt wurde.

Ein historisches Urteil muß feststellen, daß die bismarcksche Reichsgründung im großen und ganzen die nationalen und politischen Sehnsüchte und Bedürfnisse der Deutschen befriedigte und auch in Bayern Loyalität fand. Das belegen drei Tatsachen: 1) die Zustimmung der Sozialdemokraten zu den Kriegskrediten 1914 trotz Sozialistengesetzgebung und nach dem Sieg des

Revisionismus innerhalb der Partei; 2) die Überzeugung der süddeutschen sozialdemokratischen Minister, vielleicht weniger Kurt Eisners, bei den Stuttgarter Verhandlungen Ende Dezember 1918, daß sie einen Teil des Bundesrates des bismarckschen Reiches repräsentierten und fortsetzten; 3) der Versuch einer Restauration des Bismarck-Reiches durch den bayerischen Ministerpräsidenten Held (1924–1933) in den Verfassungsreformverhandlungen während der Weimarer Republik. Trotzdem ist Bayern nicht mit fliegenden Fahnen und ohne Widerstand in das bismarcksche Reich eingetreten, mindestens war seine Haltung zwiespältig. Es hat nicht zur rechten Zeit seine Truppen mobilisiert und sich auch nicht genügend intensiv oder geschickt um eine Sammlung der süddeutschen Kräfte gegen den zu erwartenden preußischen Schlag bemüht. Der leitende sächsische Minister Beust hatte sich vergebliche Mühe gegeben, vor allem Bayern zu einer mutigen Gegenwehr anzustacheln. Darum vereinigte Sachsen im Kriegsfall sein Heer nicht mit dem österreichischen in Böhmen, sondern lieferte isolierte Geplänkel in Nordbayern und wurde geschlagen, nachdem der Norden sich Preußen hatte beugen müssen. In Wirklichkeit hatte der damals zum zweiten Male amtierende leitende Minister von der Pfordten, ein Thüringer, keine entschiedene Stellung bezogen, bis zuletzt mit Bismarck verhandelt und weiter laviert. Der siegreiche Kanzler zwang ihn zum Schutz- und Trutzbündnis mit Preußen, der König aber entließ ihn am Ende des Jahres 1866 und berief an seine Stelle im Einvernehmen mit Bismarck Hohenlohe. Der Kanzler, der den Norddeutschen Bund unter preußischer Führung gründete, ließ im Prager Frieden mit Rücksicht auf die Interessen Frankreichs die vage Möglichkeit der Gründung eines süddeutschen Bundes offen, tat aber in Wirklichkeit alles, um ihn zu verhindern. Als es 1866 zu einer Auflösung des Zollvereins kam, versuchte Bayern einen süddeutschen Zollverein zu gründen; seine Vorstellungen fanden aber nicht den Beifall der süddeutschen Staaten. Im Jahre 1867 sträubte sich die bayerische Regierung zuerst gegen die Errichtung eines *Zollparlaments*, stimmte aber dann doch zu.

Als der Deutsch-Französische Krieg 1870 nicht unerwartet ausbrach, faßte der kranke König, wie so oft auf Schloß Berg mit seinem Kabinettssekretär und nicht unbeeinflußt, über den Kopf der Minister hinweg den einsamen Entschluß, den Bündnisfall als gegeben anzusehen, und wich dann in die Berge aus, um nicht mehr gefragt werden zu können. In der Volksvertretung hätte dagegen die seit der letzten Wahl siegreiche Majorität der »Patriotenpartei« unter der Führung des Landshuter Archivars Jörg um ein Haar den Antrag auf Anerkennung des Bündnisfalles und die Bewilligung der Kriegskredite zu Fall gebracht, also das Land für neutral erklärt, wenn nicht am Ende doch eine Fraktionsminorität unter Führung des Geschichtsprofessors Sepp, sicher nicht ohne starke Beeinflussung, sich dafür ausgesprochen und Bayerns Kriegseintritt dadurch entschieden hätte. Hohenlohe hatte angesichts des Ausganges der Wahlen entlassen werden müssen. Ihm folgte der bayerische Gesandte in Wien, Graf Bray-Steinburg, der in entscheidender Zeit die Schicksale des Landes leitete. In der Donaustadt wirkte damals *Beust,* der eigentliche deutsche Gegenspieler Bismarcks. Kaiser Franz Josef hatte den sächsischen Minister nach Königgrätz als Reichskanzler und Leiter der österreichischen Außenpolitik berufen. Man hat ihm von deutscher Seite seine diplomatische Aktivität zur Sicherung des europäischen Friedens im Bunde mit Frankreich und Italien vor 1870 als aktive Revanchepolitik gegen Preußen angekreidet. Der Vorwurf besteht zu Unrecht, da Beust ein sehr vorsichtiger Politiker war, der die Verhältnisse in Süddeutschland auf Grund seiner Erfahrungen sehr realistisch einschätzte und die Schwierigkeiten sah, mit Hilfe Frankreichs den Einfluß Preußens auf diese Staaten einzudämmen. Die Haltung Österreichs und Beusts gegenüber dem deutschfranzösischen Konflikt und dem raschen Sieg der deutschen Armee war von der Sorge um die Störung des europäischen Gleichgewichts diktiert. Rußland wie Österreich befürchteten im August 1870 eine bedrohliche Wirkung des siegreichen »Teutonismus« und eine gefährliche Anziehungskraft des starken deutschen Nationalstaats. Bismarck bediente sich der Einflußnahme des Königreichs Sachsen auf Bayern, um dieses für den Eintritt sturmreif zu machen. Man kann auch von einer wirksamen Einflußnahme der süddeutschen Staaten auf die deutsche Politik Bayerns sprechen. Dem diente vor allem die Mission Delbrücks (22. September 1870) nach München. Bismarck hatte gemeinsames Schlachtenglück und das Kriegserlebnis sehr wohl in seine Pläne einkalkuliert. Karl Brater, der Gründer der bayerischen Fortschrittspartei, hatte lange vorausgesagt, daß der französische Krieg der wirksamste Zauber zur Behebung der deutschen Verfassungsnot sein werde. Auch die dreijährige Militärdienstzeit wurde neben den Universitäten der wichtigste Faktor in der Erziehung des Bayernvolkes zu nationalstaatlichem Denken bis 1914.

Bismarck mußte nach dem Sieg von Sedan schnell handeln, denn der Krieg in Frankreich ging allmählich in einen Volks- und Kleinkrieg über, auf den die preußische Armee nicht vorbereitet war. Für den Kanzler aber kam alles darauf an, die Bayern freiwillig für den Eintritt zu gewinnen, da Gewaltanwendung das Prestige des Nationalstaates schwer belastet und die Praktiken Bismarcks offengelegt hätte. Der überraschende Sieg von Sedan aber ließ es auch Bray-Steinburg geraten erscheinen, Verhandlungen einzuleiten, um nicht am Ende isoliert zu sein. Diese fanden im November in Versailles statt und gingen darum gut für Bismarck aus, weil er die Verhandlungspartner, die süddeutschen Staaten, trennte und niemals gemeinsam auftreten ließ. Vor allem separierte er Bayern von den anderen Süddeutschen. Baden war schon seit längerem bereit, mit fliegenden Fahnen in das deutsche Reich hineinzumarschieren. Hessens öffentliche Meinung zwang den heftig widerstrebenden Minister Dalwigk zur Unterschrift. Württemberg schwankte, obwohl es seine Interessen schwer gefährdet sah. Bayerns Regierungschef Bray, begleitet von Lutz und dem Kriegsminister Prankh, dem Reorganisator der bayerischen Armee nach preußischem Muster, wollte unter keinen Umständen den Eintritt als Anschluß an Bismarcks Norddeutschen Bund vollziehen, sondern dachte sich 1) ein Verfassungsbündnis mit dem Bund oder 2) die Errichtung eines neuen deutschen Bundes unter Auflösung des Nordbundes oder 3) einen engeren und weiteren Doppelbund, also einen Bund Süddeutschlands mit dem Nordbund, als die drei möglichen Alternativen. Der Kanzler aber bestand auf der Grundlage des Nordbundes und dem Eintritt in denselben. Bayern berührte damit das *föderative Kernproblem des deutschen Bundesstaates*. Daß Bayern sich nicht durchsetzte und der Weimarer Staat zum Zentralismus ausschlug, war die Folge von Bismarcks Haltung und der preußischen Vormachtstellung. So wurde das föderative Staatsprinzip, seine gewichtausgleichende Funktion und eine klare Abgrenzung von Macht und Kompetenzen zwischen Bundesspitze und Bundesstaaten verhindert, und zwar mit Zustimmung der Süddeutschen (ohne Bayern), die bejahten, daß der Norddeutsche Bund durch ihren Eintritt in einen Deutschen Bund umgewandelt und so die Verfassung des Norddeutschen Bundes zur Deutschen Bundesverfassung wurde.

Da Bayern die Idee des Doppelbundes schließlich aufgab, setzte Bismarck seinen Weg eines einheitlichen Verfassungsbündnisses aller Süddeutschen auf der Grundlage der Verfassung des Norddeutschen Bundes durch, die auch die Verfassung des mit Bayern zu schließenden Deutschen Bundes sein sollte. Nun war er auch bereit, auf die *bayerischen Sonderwünsche* einzugehen. Das Deutsche Reich entstand als *Bundesstaat mit Kollektivsouveränität*, die im Bundesrat (Staatenhaus) der ehemals souveränen Fürsten verankert war. Bayern gab der Kanzler eine *Ausnahmestellung* innerhalb des Bundes und beließ ihm ein hohes Maß staatlicher Selbständigkeit und politischen Einflusses. Das Königreich erhielt einen militärischen Sonderstatus; seine Armee blieb ein selbständiger Körper und unterstand im Frieden dem Oberkommando des bayerischen Königs. Bayern überließ dafür die Außenpolitik der Zentralgewalt, das heißt Bismarck persönlich; als Entschädigung erhielt es den Vorsitz im Bundesratsausschuß für auswärtige Angelegenheiten, der nie zusammentrat, und das Privileg, diplomatische Vertretungen zu unterhalten; in einem Geheimvertrag wurde ihm das Recht zugestanden, zu allen Friedensverhandlungen einen eigenen Bevollmächtigten zu entsenden, was 1917 zu Brest-Litowsk der Fall war. Preußen verzichtete auf alle Ansprüche auf die Kunstschätze der Düsseldorfer Galerie (Alte Pinakothek), die es sich im Art. XIII des Friedensvertrages mit Bayern 1866 vorbehalten hatte. Bayern behielt seine Verwaltungs- und Steuerhoheit, ebenso die Eigenregie von Eisenbahn, Post, Telegraphenwesen unter Beschränkung der Aufsichts- und Gesetzgebungsgewalt des Bundes. Die direkten Steuern flossen den Bundesstaaten, die Verbrauchssteuern der Zentrale zu; dagegen erhielt Bayern die Einnahmen aus Bier- und Branntweinsteuer. Das Reich wurde zum Kostgänger bei den Bundesländern. In der Weimarer Republik war es umgekehrt. Das Land wahrte sein besonderes Heimat- und Niederlassungsrecht, sein eigenes Heeresfinanzwesen und seine besondere Militärgesetzgebung. Das blieben wesentliche Grundlagen und Forderungen bayerischer Verfassungs- und Staatspolitik bis heute.

In der seit Sedan sehr lebhaften Kaiserdiskussion erwartete Bismarcks eigene *Kaiserpolitik* von Bayern besondere Hilfe, die Bray zusagte. Doch hatte König Ludwig II. von sich aus gegen Geldzahlungen und die Versicherung der Verschwiegenheit gegenüber den bayerischen Ministern dem Kanzler die königlich-bayerische Initiative bereits angeboten. Diese merkwürdige

Arabeske aber konnte nicht vertuschen, daß alle Beteiligten wünschten, die Kaiserwürde wiederherzustellen und den Namen Bund durch »Reich« zu ersetzen. Die bayerischen Forderungen nach finanziellen Subventionen erfüllte Bismarck durch Zahlungen in die Privatschatulle des baubesessenen Monarchen; er wollte damit dem depossedierten König, der sich dem Kaiser unterstellte, eine angemessene Abfindung zahlen, die in einem Geheimvertrag festgelegt war. Wenn diese finanzielle Kompensation als Rückerstattung für die bayerische Kriegsentschädigung von 1866 gedacht war, dann mußten freilich die Summen in die Staatskasse fließen. Um der nationalen Einheit willen war der Kanzler zu diesem »Geschäft« bereit; die Provision an den Oberstallmeister von Holnstein, der den König zum Kaiserbrief bestimmte, gegen den Widerspruch des Hofes und des bayerischen Hochadels, hat sich für den Reichsschmied bezahlt gemacht. Das Schreiben, in dem Ludwig II. dem preußischen König die Kaiserkrone antrug, hat Bismarck entworfen, der König mit geringen Veränderungen zu Papier gebracht und Holnstein am 2. Dezember 1870 in Versailles übergeben; Prinz Luitpold überreichte es am Tage darauf dem preußischen Monarchen. Der »Kaiserbrief« nannte als Grund für den Kaisertitel die Ausdehnung der Präsidialrechte des preußischen Königs auf alle deutschen Staaten durch den Beitritt der Süddeutschen zum deutschen Verfassungsbündnis. Diese Rechte werden im »wiederhergestellten« deutschen Reich im Namen des gesamten deutschen Vaterlandes auf Grund der Einigung seiner Fürsten ausgeübt, deren Bündnis dem Kaiser die Reichsgewalt übertrug. Das *bayerische Volk*, vertreten durch seine Kammerabgeordneten, aber zögerte die Unterzeichnung der Versailler Verträge vom 11. November, die der Norddeutsche Reichstag am 9. Dezember genehmigt und die anderen süddeutschen Staaten beschlossen hatten, in langen und heftigen parlamentarischen Kämpfen so lange hinaus, daß das Reich am 1. Januar 1871 ohne Bayern in Kraft trat; während die Kammer der Reichsräte sich am 30. Dezember 1871 mit großer Mehrheit für die Reichseinheit entschied, war es in der Abgeordnetenkammer lange ungewiß, ob die Verträge die für Verfassungsänderungen notwendige Zweidrittelmehrheit erreichen würden. Hier mußte erst Jörgs Widerstand überwunden werden; seine Warnung vor einer Mediatisierung und Unterwerfung Bayerns unter den preußischen Militarismus und Absolutismus bewirkte, daß nur eine knappe Majorität zustande kam. Die Prophezeiungen des frän-

kischen Edelmannes Arbogast Freiherrn von Franckenstein
sollten im 20. Jahrhundert bittere Wirklichkeit werden. Als der
preußische König am 18. Januar 1871 im Spiegelsaal des französischen Königsschlosses zu Versailles zum deutschen Kaiser
ausgerufen wurde, war der bayerische König nicht zugegen. Die
Verfassung des Reiches unterschied sich darin von der des
Norddeutschen Bundes, daß das lastende Übergewicht der
preußischen Hegemonie im Norddeutschen Bund durch ein
stärkeres politisches Gegengewicht der süddeutschen Staaten
aufgelockert und entschärft war, jedoch verloren letztere ihre
staatsrechtliche Unabhängigkeit und Vollsouveränität. Doch
hat das ein bayerisches Staatsbewußtsein und die Grundzüge
einer bayerischen Staatspersönlichkeit nicht aufgehoben. Bayern besaß im Bundesrat sechs Stimmen, im Reichstag saßen 48
bayerische Abgeordnete (von 382 bzw. 392).

Da der bayerische König bis 1918 unabhängig vom Willen
und der Zusammensetzung der Volksvertretung seine Kabinette
und Minister berief, konnte seine moralische Initiative immer
den Kurs bestimmen. Da König Ludwig II. (1864 bis 1886)
krank war und seit 1870 als bestimmende Kraft ausschied, nach
seinem Tode sein Onkel Prinzregent Luitpold (1886–1912) infolge seines hohen Alters das Regieren den Präsidenten des Geheimen Rates (Widenmann) überließ, wurde Bayern im wesentlichen von einer anonymen *Ministeroligarchie* geleitet, die
durch Kabinettssekretäre und Ratspräsidenten sich die aller-
höchsten Unterschriften für ihre Verordnungen beschaffte. So
spielte *Minister Lutz* über zwanzig Jahre eine führende Rolle;
der hervorragende Jurist war seinem Meister Bismarck in der
Führung des Kulturkampfes in Bayern mit Kanzelparagraph
usw. weit überlegen. Seine Nachfolger bis 1918 waren Crailsheim, Podewils, Hertling und Dandl. Es bildete sich eine gesellschaftliche *Führungsschicht* besonders unter dem Prinzregenten
aus, die auch das Geld- und Industriebürgertum einschloß und
sich selber ergänzte. Ihre Grundeinstellung war *nationalliberal*,
also bismarckisch, wenn auch ohne aggressive Ziele. Bayern
wurde von 1848 bis 1912 liberal geführt, und zwar besonders
auch auf der unteren Ebene der Bezirksamtmänner. Dabei war
die Einstellung des Volkes, wie sie sich in Wahlen und im Parlament kundtat, mehrheitlich konservativ-patriotisch und vom
bayerischen Zentrum geprägt, das eine Honoratiorenpartei war,
in der von 1870 bis 1890 noch kräftig der standesbewußte Adel
den Ton angab und die hohe Geistlichkeit mitregierte, während

der niedere Klerus das bäuerliche Volk auch landwirtschaftlich (Vereine) betreute. Hätte Lutz nach Bismarcks Rat der Volksvertretung offen die Lage des Staates dargelegt, wie sie sich aus der Krankheit des Königs bis zur Unhaltbarkeit entwickelt hatte, dann wäre der Skandal vermieden worden, den der unaufklärbare Tod Ludwigs II. im Volk hervorrief. So mußte Lutz vor Kammer und Öffentlichkeit zu Ausflüchten greifen, die niemand für wahr hielt und die den Prinzregenten lange schwer belasteten, weil man persönlichen Ehrgeiz als Triebfeder seiner Bereitschaft zur *Regentschaft* annahm, als sein Neffe zur Abdankung gezwungen wurde. Das Gutachten, das der Psychiater Gudden abgab, war vom Standpunkt der heutigen Medizin falsch und nicht auf Grund von Autopsie gemacht. Das heißt nicht, daß Ludwig II. nicht schon seit 1870 regierungsunfähig war. Sein Bruder Otto starb in geistiger Umnachtung. Erst langsam verschwinden die Bilder des unglücklichen Monarchen aus oberbayerischen Häusern. Das Volk spürte das Fehlen einer monarchischen Initiative von 1864 bis zum Ausbruch des Ersten Weltkrieges kaum, und sein Zorn entlud sich auf die Beamten und auf Bismarck. Darum gab es auch hierzulande eine königlich-bayerische Sozialdemokratie bis über Hitler hinaus und feierten die Volkslieder den Krieg von 1870/71 als eine bayerische Heldentat. Doch unter der Decke und in einem scheinbar milden Klima reckten sich die neuen gesellschaftlichen und wirtschaftlichen Kräfte der technisch-industriellen Gesellschaft und Kultur und traten seit dem Epochenjahr 1890 immer stärker auch auf die politische Bühne. Der Eintritt der Sozialdemokratie in den bayerischen Landtag (wie gleichzeitig in den Reichstag) und die Bildung des Bauernbundes wirkten wie ein Paukenschlag.

4.
Wirtschaft, Gesellschaft, Kirche und Kultur in Bayern
Die Kulturpolitik König Ludwigs I. und Max II.

Das 19. Jahrhundert war auch in Bayern durch den allmählichen Übergang von der Handwerks- zur Industriekultur, das Aufkommen und den Sieg des liberalen Geistes und der bürgerlichen Gesellschaft sowie die immer breiter gelagerte und verstärkte Polarisierung der Geister und die Konfrontation der weltanschaulich-geistigen Lager und gesellschaftlichen Gruppen geprägt. Idealismus, Marxismus, Kommunismus, Nationalismus und Internationalismus, Stände und Klassen, Kapitalismus und Proletariat, Wissen und Glauben, Kirche, Welt, Freiheit und Ultramontanismus prallten aufeinander und machten sich in Revolutionen von unten und oben und im revolutionären Klassenkampf Luft, der die Ära der Geheimbünde und Intrigen ablöste. Bayern war auf seine Art in alle diese großen Bewegungen eingebettet und nahm daran aktiv teil, wie die bayerische Revolution von 1918 ganz augenfällig zeigt, selbst wenn diese weithin eine Angelegenheit der Landeshauptstadt *München* war. Aber gerade diese war ein wohlvorbereiteter Nährboden, ohne selber die führende Industriestadt des Landes zu sein, und die Könige, vor allem Ludwig I. (1825–1848) und Max II., hatten ihrer Residenzstadt eine besondere Pflege angedeihen lassen. Sie trat als »Symbol« des modernen bayerischen Staates in den Vordergrund, während sich über alte geschichtsträchtige Stätten (Regensburg, Passau, Landshut, Oberpfalz, Bayerischer Wald, Reichsstädte Frankens und Schwabens, die alten Klosterlande) zusehends der Schleier des Vergessens breitete und kein Fortschritt sie in ihrem Dornröschenschlaf störte. Diese *Verengung gesamtbayerischer Geschichte auf eine Stadt* ist erst seit 1918 überwunden worden, als Stadt und Land politisch andere Wege gingen, auch Nürnberg und Augsburg anders als München dachten und das »Land« aufstand, um die Hauptstadt zu befreien.

König Ludwig I. (* 1786 in Straßburg, † 1868 in Nizza) gab dem modernen bayerischen Staate, dem Kinde der Aufklärung, eine geschichtliche Seele und ein kulturelles Profil; er erfüllte den Staat mit dem, was Nietzsche dem deutschen Nationalstaat absprach, als er bemerkte, daß ihm Geist und Seele fehlten, daß er reine Macht sei. Ludwig I., der Sohn Max I., war sowohl, trotz Verfassung, souveräner Monarch und hausväterlich-absolutistischer Regent trotz pflichtbewußtem Beamtentum, als auch der große *Kunstmäzen,* der seiner Residenzstadt ihr modernes klassizistisches Gesicht gab und in *Ludwigstraße* und *Königsplatz* eine Schaubühne seiner Staatsauffassung schuf. Seine »Teutschheit« wollte nicht den nationalen Einheitsstaat, sondern selbständige Vielheit in einer lose geordneten Einheit. Dieser romantische Geist war auch Philhellene mit einer klassizistischen Vorliebe und zeigte sich sprunghaft im Denken und Handeln; man kann seinen Charakter nicht in einem gängigen Begriff ausdrücken; denn der souveräne Autokrat gegen die anderen beanspruchte für sich uneingeschränkte Geistesfreiheit. Die Walhalla bei Regensburg ist ein Denkmal seines romantisch-teutschen Geschichtsbewußtseins wie seines freiheitsdurstig-klassizistischen Philhellenismus, die Befreiungshalle bei Kelheim ein Monument seiner großdeutschen Gesinnung (1864). Er verband Freigebigkeit mit größter Sparsamkeit und machte so München zum Mittelpunkt des künstlerischen Deutschland. Der Monarch stand der kirchlichen Erneuerungsbewegung als Romantiker nahe; deshalb knüpfte er enge Beziehungen zum Regensburger Bischof Johann Michael Sailer (†1832) und berief 1837 Carl von Abel zu seinem leitenden Minister (1837–1847). Bis 1830 hatte er den politischen Liberalismus nachdrücklich vertreten, ohne liberal zu sein. Dann förderte er die *Spätblüte der Romantik* in München aus Gemüt und Glauben, Kunst, Geschichte, Volkstum, von der sich Clemens Brentano und Gottfried Keller angezogen fühlten. Er berief Görres nach München und gab dessen kämpferischem Katholizismus und bewußter kirchlicher Haltung die Bahn frei; Sailers »Irenismus« war tot. Gegen den aufgeklärten Geist Montgelas', der in Staat und Intelligenz wirkte, bauten Görres, Ringseis, Seinsheim, May nach und neben Zirkel, Kornmann, Sambuga eine geistige Opposition auf, die zugleich die Kehrseite von David Friedrich Strauß' ›Leben Jesu‹ (1835), Ludwig Feuerbachs und Bruno Bauers radikaler Kritik an der Bibel, also der fortschreitenden Säkularisierung und Entchristlichung des Geistes war. Männer wie Abel übersahen, daß im Protestantismus, in Männern wie Roth, Thomasius, Harleß, Hofmann, Lehmus, ebenfalls starke konservativ-kirchliche Kräfte dadurch geweckt wurden. König Ludwig fühlte sich nicht als Organ eines absoluten, unpersönlichen Staates, er suchte die historischen Kräfte zu wecken, indem er im Lande und seinen Städten historische Denkmale setzte. Er förderte deshalb die historischen Vereine und wies ihnen die Aufgabe zu, staatspolitische Gesinnung im Volke zu wecken. Er rief den Benediktinerorden wieder zurück, übertrug ihm die Aufgabe gymnasialer Bildung und gründete als erstes Kloster Metten. Der christlich-patriarchalische Staat des »neubayerischen« Monarchen ist gescheitert, und der Sieg des Liberalismus verschaffte dem toten Montgelas einen späten Triumph, allerdings in dem Sinne, daß fortan in Geist und Politik Bayerns das rationale und das geschichtliche Erbe des großen Staatsbaumeisters und des großen Kulturpolitikers organischer verbunden weiter lebten.

Bayerns Anteil am Fortschritt der Wissenschaft in dieser Zeit war ansehnlich, aber seine eigene *industrielle Entwicklung* blieb bis auf wenige Städte (Augsburg, Nürnberg, Schweinfurt, Würzburg) bis in die Mitte des 20. Jahrhunderts gehemmt. Wegen der Standortferne der Rohstofflager und Energiequellen, wegen seiner ausgesprochenen Binnenlage und des Fehlens bequemer Zufuhr- und Absatzmöglichkeiten konnte sich eine Großindustrie schwer entfalten. Die natürliche Großhandelsstraße der Donau kam nicht zur Wirkung, da der Zollverein die Verbindungen zur Wirtschaft der Donaumonarchie weitgehend abschnitt. So blieb die Wirtschaft des Landes weitestgehend auf Wald, Salz, Vieh, Getreide, Wein beschränkt; die mittel- und kleinbäuerlichen Betriebe beherrschten die *Landwirtschaft* gerade nach der Enteignung des geistlichen Besitzes; der Getreidehandel schrumpfte zusehends ein, und das Land wurde ein Absatzgebiet für fremde Fertigwaren. Draußen in den Dörfern entwickelte sich ein *ländliches Proletariat* der Taglöhner, das seit der Jahrhundertmitte in die Städte abwanderte. Damals ging eine erste Welle von industriellen Unternehmungen durch einige Städte Bayerns. In Nürnberg errichtete Klett 1844 eine Maschinenfabrik, die seit dem Eintritt seines Schwiegersohnes Cramer 1847 den Firmennamen Cramer-Klett trug. Wilhelm Sattler, Erfinder des Schweinfurter Grüns, war Industrieller und Großkaufmann in einem, der Idealtyp des neuen Unternehmers, der, vom Glauben an die nationale Sendung des liberalen Bürgertums beseelt, sich auch der Politik verschrieb, für Einheit und Freiheit kämpfte. König und Bauer gründeten in Oberzell bei Würzburg die erste und größte Schnellpressenfabrik nach englischen Erfahrungen und Methoden. In München vertraten das Großbürgertum Maffei (Lokomotiven, 1838) und die Inhaber der Großbrauereien. Hier entstand auch die angesehene Werkzeugmaschinenfabrik von Mannhardt. 1840 war die Maschinenfabrik Augsburg errichtet worden, die den Maschinenbedarf der aufblühenden süddeutschen Textilindustrie deckte und 1873 mit dem Unternehmen von Cramer-Klett vereinigt wurde. Die Zahl der Arbeiter bei Cramer-Klett stieg von 1843 bis 1860 von 70 auf 2500. Ludwig I. verfolgte mit Unbehagen die Gründung von Fabriken, da er in der (organisierten) Arbeiterschaft Störenfriede des sozialen Aufbaus sah. Vor der Begründung einer selbständigen Arbeiterbewegung schlossen sich die Arbeiter in Bayern dem Linksliberalismus und der Demokratie an.

Deutschland pflegte die modernen Geisteswissenschaften, Frankreich entwickelte die exakte Methode und begründete wissenschaftlich die Technologie, England war seit der zweiten Hälfte des 18. Jahrhunderts die Wiege des modernen Industrialismus und der technischen Kultur. Zum Siegeszug von Kohle, Stahl und Maschine in Wirtschaft, Gesellschaft und Politik haben in der ersten Hälfte des 19. Jahrhunderts einige Bahnbrecher in *Naturwissenschaft und Technik* beigetragen, und die Zeitschrift des Polytechnischen Vereins hat seit 1815 offiziöse und private Pläne und Ideen verbreitet. Der obengenannte Amerikaner *Thompson* aus Massachusetts, Graf von Rumford, Staatsrat Karl Theodors, verheiratet mit der Witwe des französischen Chemikers Lavoisier, der Mann, der die Kartoffel in Bayern einführte, war an Medizin, Chemie, Physik interessiert, die in den bayerischen *Klöstern* des 18. Jahrhunderts und ihren Sammlungen schon eine von außen befruchtete Heimstatt hatten. Der Beginn der Ära des technischen Fortschritts ist an die Namen *Utzschneider*, einen organisatorisch begabten frühen Managertyp, an den genialen Konstrukteur *Reichenbach* und den bahnbrechenden Forscher *Fraunhofer* geknüpft. Dieses Dreigestirn begründete Münchens führende Stellung in der Feinmechanik des 19. Jahrhunderts. Der Mannheimer Reichenbach (1772–1826) kannte den technisch-industriellen Aufschwung Englands, der große Unternehmer Utzschneider entdeckte in dem armen Glaserlehrling Fraunhofer aus Straubing (1787–1826) das Genie des optischen Instrumentenbaus (Werkstätten in München und Benediktbeuern). Mit *Karl August Steinheil* trat ein weiterer genialer Erfinder in die Fußstapfen von Reichenbach und Fraunhofer, der Münchens optischen Erzeugnissen den Weltmarkt gewann. Fraunhofer wurde der Begründer der wissenschaftlichen Optik, mit Gauß einer der Wegbereiter des technisch-wissenschaftlichen Geistes in Deutschland. Reichenbach verhalf hier der *Maschine* zum Siege. Durch die Erfindung des Steindrucks durch Senefelder aus Königshofen eroberten die Münchner lithographischen Werkstätten von Piloty und Söhle, Hanfstaengl (seit 1833) und Cotta (seit 1845) den europäischen Markt und wurde München führend in der graphischen Kunst. Den elektrischen Telegraphen entwickelte 1809 der Münchner Gelehrte Soemmering, und der Erlanger Schlossersohn *Ohm*, später in Nürnberg und München, nach Gauß und Weber einer der ersten Physiker seiner Zeit, löste das Problem des Durchgangs des Stroms durch einen Körper.

Trotz dieser bedeutenden Naturwissenschaftler und Technologen im ersten Viertel des 19. Jahrhunderts konnte Bayern mit dem allgemeinen technischen Fortschritt nicht mithalten. Es fehlte an Kapital, Arbeitskräften und Kohle. Bauern, Handwerker und Gewerbetreibende sahen in der Maschine den Feind des Mittelstandes. Lediglich König (Thüringer) und Bauer (Schwabe) in Würzburg hatten einen nicht geringen Anteil an der Frühentwicklung des Maschinenbaus in Deutschland durch die Erfindung der *Schnellpresse*. Den Erzguß brachten zwei Fürstenfeldbrucker, Stiglmayr und Ferdinand von Miller, in München zu hoher Blüte (München Bavaria). Zwar hatte Bayern in der Oberpfalz und Oberbayern (Burglengenfeld, Amberg, Sulzbach-Rosenberg, Peißenberg und Penzberg) ein Bergbau- und Hüttenwesen, aber trotzdem reichten die heimischen Vorkommen nicht im entferntesten aus, um eine Großindustrie aufzubauen. Doch ermöglichten es die *Maschinenfabriken* Augsburgs, Münchens und teilweise Nürnbergs der bayerischen und süddeutschen *Textilindustrie*, sich auf Maschinenbetrieb umzustellen. Die Verarbeitung von Baumwolle, Kammgarn und Tierwolle verdrängte die einst blühende Leinenweberei. Der um die Stadt Augsburg hochverdiente Freiherr *von Schäzler* begründete dort 1837 die mechanische Baumwollspinnerei und Weberei. Andere Stätten der Textilindustrie Schwabens waren Kaufbeuren, Immenstadt und Kempten. Augsburg hatte bereits um die Jahrhundertwende in Schüle einen Pionier dieses Produktionszweiges. Der Aufschwung der Chemie setzte erst ein, als der große Agrikulturchemiker Justus von Liebig († 1873) 1852 nach München zog und das Anilin als Basis für die Farbenherstellung bekannt wurde. Die 1865 in Mannheim begründete Anilin- und Sodafabrik siedelte dank der Förderung der bayerischen Regierung in das pfälzische Ludwigshafen über. Der Mediziner Pettenkofer (* 1818) entwickelte in München die chemische Technik, wurde aber seit 1851 zum großen Hygieniker und Physiologen. In Oberfranken blühte die Porzellanmanufaktur besonders auf. Lothar Faber führte in Stein bei Nürnberg die moderne Technik der Bleistiftindustrie ein. Nürnberg, Fürth, Erlangen und Zwiesel wurden Hauptzentren der Glaserzeugung (Spiegel- und Tafelglas). Münchens, Kulmbachs und Nürnbergs charakteristischer Industriezweig wurde das Brauwesen, das den in der Holledau und um Spalt produzierten Hopfen neben dem böhmischen Saazer Hopfen verarbeitete. Gabriel von Sedlmayr zählt zu den Pionieren der modernen bayerischen Brauindustrie (Spatenbrauerei).

König Ludwig I. interessierte sich wenig für Technik, höchstens dafür, wie Kunst und Technik zu verbinden seien, doch hatte er großes Verständnis für die Hebung und Belebung des *Verkehrs*. Der »Ludwigshafen« am Rhein, der rasch aufblühte, ist ein Werk seiner Initiative. Der Ludwig–Donau–Meinkanal war seine Lieblingsidee. Das Bankhaus Rothschild in Frankfurt organisierte 1834 die Finanzierung; als der Kanal 1846 eröffnet wurde, hatte ihn die Bahn bereits überflüssig gemacht. Den *Eisenbahnbau* haben private Unternehmer begonnen. 1835 rollte der erste deutsche Zug mit einer englischen Lokomotive auf dem Schienenweg zwischen Fürth und Nürnberg; der Bahnbau war ein Werk des Nürnberger Kaufmanns Scharrer. Der Ausbau des bayerischen Eisenbahnnetzes wurde dem Hofarchitekten Klenze übertragen. Als erster deutscher Staat führte Bayern durch Abel das Staatsprinzip für Eisenbahnen durch. In zwanzig Jahren waren alle wesentlichen Linien ausgebaut. Um den Mangel an technischen Nachwuchskräften zu beheben, wurde 1868 die Technische Hochschule in München eröffnet. Das Bankwesen war im Lande nicht sehr hoch entwickelt. Der Staat ließ am Anfang des Jahrhunderts seine Geschäfte immer noch durch Hofbankiers, vor allem Seligmann-Eichthal und Hirsch besorgen. Zur Deckung des Bedarfs der Landwirtschaft und des Gewerbes wurde 1835 die Bayerische Hypotheken- und Wechselbank als AG unter staatlicher Aufsicht gegründet. Sie wurde seit 1850 durch die in Ansbach 1780 begründete und über Nürnberg (1806) nach München verlegte Staatsbank aus ihrer Vorrangstellung verdrängt. Bayern und Württemberg schlossen 1828 den Süddeutschen Zollverein und traten 1833 dem Deutschen Zollverein bei; beide schlossen sich einem geeinten deutschen Wirtschaftsgebiet an und strebten aus dem Engpaß veralteter Territorialwirtschaft heraus. Das gewerbliche Franken verspürte den Wandel von Wirtschaft und Leben stärker als das agrarische Altbayern. Die Auflösung der Residenzen durch die Säkularisation und Mediatisierung ließ reiche Quellen bürgerlichen Wohlstandes versiegen. Die Eisenbahn gefährdete Mainschiffer und Fuhrleute (Framnersbach bei Lohr am Main). Viele Franken und auch Schwaben wanderten deshalb in den vierziger Jahren nach Amerika aus. Die Teuerungsjahre 1843, 1846 und 1847 bereiteten den Boden für revolutionäre Stimmungen.

Aus der Übernahme eines reichen Kulturerbes von den säkularisierten und mediatisierten Kulturherden des ganzen Landes und dem plötzlichen Fehlen zahlreicher Auftraggeber, Mäzene und Träger von Kunst, Wissenschaft und Volksbildung, aus der kulturellen Entleerung der Lande erwuchsen dem Monarchen und dem Gesamtstaat vielfache Aufgaben der *Kulturpflege* und *Kulturpolitik*. Ludwigs Kunstmäzenatentum sprang in die Bresche, wenngleich sein Hauptinteresse der Landeshauptstadt, ihren Sammlungen, Museen, Prachtbauten galt. Er stellte der Architektur (Klenze, Gärtner, Ziebland, Ohlmüller) und der Plastik (Rauch, Thorwaldsen, Schwanthaler, Stiglmayr, Miller) große neue Aufgaben, Cornelius, Schnorr von Carolsfeld, Rottmann, Kobell, Heß und Adam, Schwind und Spitzweg wirkten und wetteiferten als Meister der Farbe. München war noch nach der Mitte des Jahrhunderts ein europäisches Zentrum der Malerei, wo sich um den Historienmaler Piloty Schüler aus Ungarn und dem Balkan wie auch aus Frankreich und Paris scharten. Lenbach, der Malerfürst, und Leibl fanden erst späte Anerkennung. In der Prinzregentenzeit fand der erregende Kampf der Geister um eine neue Kunst seinen Ausdruck in der Münchener »Sezession«, die dem französischen Impressionismus den Weg nach Bayern bahnte (1893; Uhde). Seit 1914 aber setzte sich der Expressionismus durch. Adolf von Hildebrand war damals ein Meister der Plastik; das Baugeschehen der Hauptstadt bestimmten Thiersch, Fischer und Bestelmeyer. Ludwig II. hinterließ aus seiner Traumwelt von Kunst und Musik den Bayern und den Touristen seine »Wunderschlösser« Neuschwanstein, Linderhof und Herrenchiemsee. München und Bayreuth wurden Zentren der Operndichtung des königlichen Freundes Richard Wagner.

König Max II. ließ sich die Pflege von *Wissenschaft* und *Bildungswesen* vor allem angelegen sein, in der er neben seinem Vater etwas Eigenes zu leisten vermochte. Der Staat gründete 1855 das Nationalmuseum in München, das als wittelsbachische Kunstsammlung gedacht war, 1852 das Germanische und 1869 das Gewerbemuseum, beide in Nürnberg. Es blühten die Wissenschaften unter namhaften Vertretern wie Justus von Liebig, dem bayerischen Mundartforscher Andreas Schmeller (Bayerisches Mundartwörterbuch), dem Kirchenhistoriker Ignaz Döllinger, dem Kulturhistoriker Wilhelm Heinrich Riehl, dem Mediävisten Giesebrecht, dem Orientalisten Fallmerayer, dem bahnbrechenden Byzantinisten Karl Krumbacher aus Schwaben. Der König stand in engstem Kontakt mit dem Welthistoriker Leopold von Ranke und dem Zeithistoriker Sybel. Mit ihnen schuf er 1858 die »gesamtdeutsche« Historische Kommission bei der Bayerischen Akademie der Wissenschaften. Seinen Namen trägt das Maximilianeum, heute repräsentative Stätte des bayerischen Parlaments, ehedem fürstliche Stiftung für die begabtesten Söhne des Landes zum Zwecke der Elitebildung für den Nachwuchs an Beamten und Wissenschaftlern. Max II. scharte Dichter um sich, deren Kreis Geibel aus Lübeck und Heyse aus Berlin zugehörten. Der schöpferische Romantiker Franz Lachner aus Rain am Lech hat als glänzender Leiter des Münchener Hoftheaters (1836–1867) das Musikleben der Hauptstadt stärkstens beeinflußt und zusammen mit dem Kirchenkomponisten Kaspar Ett dem »galanten« Mannheimer Stil und seiner Theatralik abgeschworen. Münchens Musikleben zog nicht nur Wagner an, dem Ludwig II. zum Aufstieg verhalf, es wirkten hier später auch Pfitzner, Haas, Rheinberger; ja, es wurde Richard Strauss hier geboren, und es fand Carl Orff eine Heimstatt für seine Musik. Die Musikkultur Münchens besitzt eine ruhmreiche Tradition; ihre historische Grundlegung verdankt sie Adolf Sandberger.

Eine eigene Note trug das *Staatskirchentum* im Bayern des 19. Jahrhunderts. Das Konkordat, das nicht ganz korrekt zustande gekommen war und der Verfassung von 1818 einverleibt wurde, weil die zu weit gehenden kirchlichen Rechte durch die Verfassung aufgehoben waren, gewährte dem Monarchen das Recht, die Bischofsstühle des Landes im Einvernehmen mit dem Papst zu besetzen. Die Kirche hat mit wenigen Ausnahmen die Vorschläge der Könige respektiert, und die Bischöfe waren loyale Anhänger des Thrones; nur ganz wenige, wie Bischof Senestrey von Regensburg, verfochten ihre eigene Meinung. Einer der stärksten Verfechter des Ultramontanismus war Ignaz von Döllinger, auch wenn er um die Zeit des ersten Vatikanischen Konzils eine große Wende vollzog. Auf der ersten deutschen Bischofskonferenz in Würzburg im Oktober 1848 hatte der Kölner Erzbischof Kardinal Geißel die Trennung von Kirche und Staat verfochten. Dagegen setzte sich Döllinger mit seinem Gedanken von der »Freiheit der im Staate bevorrechteten Kirche« durch. König und Minister entfalteten, von Döllinger beraten, eine heftige diplomatische Aktivität gegen das Vaticanum von 1870, da sie im Unfehlbarkeitsdogma eine Gefahr für die Freiheit und Souveränität des weltlichen Staates sahen.

Sie ahnten nicht, daß die römische Kirche nach dem Verlust des Kirchenstaates und ihrer weltlichen Macht sowie auf der Flucht vor der Säkularisierung des Geistes und der Entchristlichung der Welt einen Damm gegen die stets unterschätzten Sturmfluten der religiösen und weltlichen Bewegung errichten mußte, um überleben zu können. Der »Gefangene im Vatikan« erkannte erst achtzig Jahre später, daß er eine falsche defensive Position bezogen hatte. Der »Kulturkampf«, den der bayerische Minister Lutz eine Zeitlang ventilierte, entfachte den politischen Widerstand der Katholiken im Lande und schob ungewollt dem Klerus eine führende Rolle in der Mehrheitspartei des Zentrums zu, die er bis in die Weimarer Republik hinein behauptete.

5.
Bayerns Weg von der konstitutionellen Monarchie zur parlamentarischen Demokratie
1890–1933

Seit dem Epochenjahr 1890 intensivierte sich in schnellerem Tempo mit der Industrialisierung, mit dem Konkurrenzkampf um die Weltmärkte, mit der Wendung zum Imperialismus auch das politische Leben im Reich und in Bayern, es formierten sich die neuen Volks- und Massenparteien, und es begann deren Ringen um den Staat und die Gesellschaft. Der Konservativismus beherrschte den Nationalstaat, der Liberalismus wurde abgebaut oder zerfiel, die Sozialistengesetze hatten die Arbeiterbewegung verlangsamt und entschärft, aber nicht aufgehalten. Als Bismarck von der politischen Bühne abtrat, da bestiegen sie erstmals Abgeordnete der *Sozialdemokratischen Partei,* auch in Bayern (1893). Die Außenhandelsverträge, die Bismarcks Nachfolger Caprivi schloß, entfachten die Sorge der deutschen und bayerischen Bauern um den Getreidepreis und provozierten deren Zusammenschluß im bayerischen *Bauernbund,* der sich zugleich eine antiklerikale und antiaristokratische Note gab. Im bayerischen *Zentrum* traten die Adeligen zurück, und im Wandlungsprozeß zur »Volkspartei« setzte sich der linke Flügel durch, dessen Führer *Georg Heim* wurde, um den sich der niedere Klerus, die »roten Kapläne« in den christlichen Bauernvereinen, Arbeiterführer wie Karl Schirmer und Journalisten wie der Rheinhesse Heinrich Held sammelten, die seit 1900 auch zum Kampf gegen die liberalen Rathausregime in den Städten bliesen und sie wegwählten. In der Sozialdemokratie bekam unter der Führung *Georg von Vollmars* eine gemäßigte, undoktrinäre, realistische Richtung, der Revisionismus, die Zügel in die Hand; Vollmar trat 1891 für Dreibund, Vaterlandsverteidigung und Rechtsstaat und gegen reine Agitation ein. Zentrum und Sozialdemokratie gingen Wahlbündnisse ein und setzten gemeinsam 1906 ein allgemeines, gleiches und geheimes Wahlrecht durch. Dann gingen sie wieder auseinander. Unter dem Franken Müller-Meiningen senior hatte sich der *Linksliberalismus* in Bayern formiert, der bessere Ansatzpunkte für eine Annäherung zwischen Sozialdemokratie und Liberalismus im parlamentarisch-politischen Kampfe bot. Im Zentrum setzte ein Stimmungswechsel ein, man drängte den »übelsten Demagogen« Heim in den Hintergrund und in die Isolation; ein hochklerikal-aristokratischer rechter Flügel, dessen Exponenten der Passauer Dompropst Pichler, der Münchener Philosophieprofessor *Georg von Hertling* und der Graf von Preysing waren, nahm das Ruder in die Hand und blieb politisch bestimmend bis zum Ende der Monarchie 1918. Seit 1920 schlug sich auch Heinrich Held auf diese Seite und wurde 1914 Fraktionsvorsitzender des bayerischen Zentrums in der Abgeordnetenkammer. Dadurch wurden die lange überfälligen Reformen der Reichsratskammer verhindert, die ein heftiger Zankapfel zwischen den Parteien waren. Ungutes Klima innerhalb der Parteien und zwischen ihnen verhinderte auch, daß nach dem Tode des Prinzregenten 1912 die Umwandlung der Regentschaft seines Sohnes Ludwig III. (1912–1918) in ein legitimes Königtum glatt vonstatten ging.

Seit der Mitte des ersten Jahrzehnts des 20. Jahrhunderts fristete in München der Neukantianer, Idealist, Pazifist und Preußengegner *Kurt Eisner* als sozialistischer Journalist und Theaterkritiker ein kärgliches Leben. Im gleichen München verlebte Lenin fast zwei Jahre stiller Vorbereitung auf die Revolution in Rußland. Mehr als 20000 Menschen dieser Stadt protestierten gegen die Niederschlagung der Revolution in Petersburg 1905. Hier lebte und wirkte eine aktive russische Studentenkolonie. Als Redakteure des ›Simplizissimus‹ schrieben und zeichneten *Ludwig Thoma* und *Th. Th. Heine* aufgeklärte und bissige Satiren auf den Borussianismus und Berlin, auf ihre Gesellschaft. Gerhart Hauptmann hat dieses Kunstblatt »die schärfste und rücksichtsloseste satirische Kraft Deutschlands« genannt. Das

»*klassische Schwabing*« der neunziger Jahre und des »Fin de siècle«, das mit der Zeitschrift ›Die Gesellschaft‹ des Franken Michael Georg Conrad anhub und in der Wochenschrift ›Jugend‹ Georg Hirths ein großes Sprachrohr fand, verfocht nicht nur literarischen und künstlerischen Avantgardismus und verkündete das moderne Lebensgefühl, es lehrte die Deutschen auch die Sozialkritik und extravagante Pikanterie der modernen französischen Literatur. Um den Verleger Albert Langen sammelten sich bis dahin unbekannt gebliebene junge Autoren wie Wedekind und Wassermann, Thomas und Heinrich Mann, Korfiz Holm und Ludwig Thoma, hochbegabte Zeichner und Graphiker wie eben Th. Th. Heine allen voran. Unüberhörbar und unabsehbar war der unbändige Freiheitsdrang, der hier voll antibürgerlicher Affekte, voll Haß gegen gesellschaftliche, moralische, bildungsmäßige Konventionen, voll Abneigung gegen Parteien und Organisationen entbunden wurde. Es sprach sich hier ein lauter Protest gegen den übermächtigen Ungeist des Zwangs- und Zweckdenkens, des Jagens nach Erfolg und Profit aus. Das war nicht Bohème wie später. In aller Stille wurde in München der geistige Boden gelockert und das gesellschaftliche Erdreich für den *Umbruch* erweicht und vorbereitet, der dann scheinbar über Nacht im November 1918 revolutionär kam, als die Umstände dafür günstig waren.

Die inneren Ereignisse während des Ersten Weltkrieges haben diese günstigen Umstände geschaffen. Nach einer überschäumenden Welle nationaler Begeisterung, die alle erfaßte, weil sie glaubten, zu einem heiligen Verteidigungskrieg für das Vaterland gezwungen zu sein, setzte sehr bald, gerade in Bayern, eine große Ernüchterung und Enttäuschung ein, die mit der rasch zunehmenden Verschlechterung der Ernährung um sich griff. Die Kriegswirtschaft war in Berlin zentralisiert, das Land wurde seiner Lebensmittel völlig entleert; man hungerte. Das war ein günstiger Nährboden für den Preußenhaß, der jetzt erst aufkam, für Friedenssehnsucht und Defaitismus, den die Urlauber von der Front verstärkten. Da halfen keine Kriegszieldiskussion und kein nationaler Propagandafeldzug. Immer entschiedener wurden die Vorwürfe gegen den König, den man als treuen Paladin des Kriegskaisers und der allmächtigen Heerführung anprangerte; immer öfter forderte man die Abschaffung der Monarchie und den parlamentarischen Volksstaat, die Republik. In der Sozialdemokratie vollzog sich eine Spaltung in einen mehrheitlichen und einen unabhängigen Flügel. *Kurt Eis-*

ner wurde der Führer des letzteren. *Erhard Auer* und *Jaffé* die Häupter der MSPD. Eisner wurde eingesperrt, als die erste große Streikwelle zu Beginn des Jahres 1918 niedergehalten wurde. Nach dem Scheitern der Frühjahrsoffensive und dem Ausscheiden Georg von Vollmars wurde eine Nachwahl nötig, für die Kurt Eisner wieder freigelassen wurde. Bayern kam immer mehr in Frontnähe, denn vom Balkan her drang eine alliierte Armee gegen das von Truppen entblößte Königreich vor, die Situation wurde dramatisch, als die Habsburger Donaumonarchie zusammenbrach und alle Möglichkeiten für einen raschen Durchmarsch der Truppen zusagen mußte. Es kam alles darauf an, einen schnellen Waffenstillstand herbeizuführen. Die Oktoberrevolution hatte zwar Rußland 1917 als militärische Macht ausgeschaltet; indem es aber seine politische Schwäche durch den Appell zur Weltrevolution ausglich, war es doch in allen folgenden Umstürzen immer gegenwärtig und wirksam, auch in Bayern durch Spartakus und Räteregierung. Der amerikanische Präsident Wilson und die Alliierten gaben nie klar zu verstehen, mit wem sie Waffenstillstand und Frieden abzuschließen gedachten. Sicherlich wollten sie es nicht mit Kaiser Wilhelm tun. Da sie aber den Kommunismus in Deutschland nicht wünschten, hatten sie kein Interesse an einer Beseitigung der Monarchie. Deshalb versuchten König Ludwig III. und sein Minister Dandl über einen Unterhändler mit dem amerikanischen Bevollmächtigten Herron in der Schweiz über Möglichkeiten zu verhandeln, durch Schritte des bayerischen Monarchen Kaiser Wilhelm zur Abdankung zu veranlassen, um die Bahn für Waffenstillstand und Frieden freizumachen. Der König gab seine Zustimmung zu einer *Parlamentarischen Mehrheitsregierung* in seinem Lande; er gab Berlin und der Obersten Heeresleitung in seiner letzten Rede vor dem Staatsrat (4. November 1918) die Schuld am Versagen. Kurt Eisner hatte sich mit den Führern des anfänglich radikal-bayerischen Bauernbundes, den Gebrüdern Gandorfer, abgesprochen und konnte wenigstens mit der wohlwollenden Neutralität der radikalisierten Bauern bei einem Umsturz rechnen.

Die *Revolution* kam am 8. November und war zweifellos vorbereitet, keine Überraschungsaffäre. Nach einer Massenkundgebung auf der Theresienwiese in München glaubte der Führer der Mehrheitssozialisten Erhard Auer die Massen in der Hand und den Umsturz abgewehrt zu haben, als er mit ihnen einen Protestmarsch zum Münchener Friedensengel durchgeführt hatte und alles in Ruhe auseinanderging. Er hatte aber nicht bemerkt, daß Kurt Eisner von der gleichen Theresienwiese mit kaum tausend Leuten in anderer Richtung, nach Westen und Norden, abgezogen war; diese Gruppe löste die Kasernenbesatzungen auf und rief die Revolution aus. Jetzt trat die Schockwirkung ein; der bayerische Kriegsminister brachte persönlich keine Kompanie zum Schutze des Regimes zusammen. Der König verließ München und entband Beamte und Offiziere vom Diensteid, die Beamtenschaft erklärte sich bereit, auch unter der neuen Führung mitzuarbeiten, Kurt Eisner nahm Abstand von Sozialisierungsmaßnahmen und radikalen Schritten. Er hatte die erste Phase der unblutigen Revolution gewonnen, Bayern war *Republik* geworden, ein entscheidendes Ziel der radikalen Sozialisten war erreicht. Die Duldung durch die Bauernschaft im Lande verlor Eisner bald, je mehr der Krieg verschwand; die Bauern waren am Frieden, wenig an Revolution interessiert. Eisner suchte vor allem die Ernährungslage zu bessern, indem er in den Nachbarländern Lebensmitteltransporte zu organisieren versuchte (Friedrich Wilhelm Förster als bayerischer Gesandter in der Schweiz). Eisners Beziehungen zu Berlin waren nicht gut, er vertrat einen extrem föderalistischen Kurs. Die Avantgarden und Helfer in und nach der Revolution waren die Arbeiter- und Soldatenräte, daneben agitierte der kommunistische Spartakusbund. Eisner schwankte zwischen parlamentarischer Demokratie und Rätesystem. Eine Entscheidung in der sich zuspitzenden Radikalisierung nahm ihm die Mordkugel ab, die ihn in München nahe seinem Amtssitz am Promenadeplatz tötete. Er war auf dem Weg zum Landtag, um abzudanken, da die ersten Wahlen gegen ihn und seine Partei (USPD) entschieden hatten. Bayern war dabei, ein parlamentarisch-konstitutioneller Freistaat im Rahmen der Weimarer Republik zu werden.

Die Bildung der Regierung übernahmen die Mehrheitssozialisten unter dem Ministerpräsidenten Johannes Hoffmann, dessen Regierung aber nach dem fränkischen Bamberg und unter den Einfluß der gemäßigten Sozialdemokratie Nürnbergs ausweichen mußte, um ohne Druck handeln zu können. In der Landeshauptstadt, die zusehends vom Lande isoliert wurde, ergriffen die Radikalen das Ruder und bildeten mehrmals ihr *»Rätesystem«* um. Eine führende Rolle übernahmen Levin und Leviné neben Landauer, Mühsam und Toller, den intellektuellen Anarchisten. Ihre Geiselmorde empörten Stadt und Land. Regierung und Wehrverbände organisierten den Marsch auf München und beseitigten sehr brutal die *Rätediktatur,* wie das Protokoll des Münchener Polizeipräsidenten Pöhner berichtet. Die Ruhe in der Stadt und auf dem Lande war damit noch lange nicht wiederhergestellt; denn jetzt setzte die Reaktion der nationalen Wehrverbände und paramilitärischen Organisationen ein, in denen sich auf ihre Art die Erbitterung und Enttäuschung über die Niederlage Luft und das Schlagwort von der »Dolchstoßlegende« breit machte, das das innere Klima gerade Bayerns vergiftete. Durch den »bayerischen Kapp-Putsch« drängte der Franke *Gustav von Kahr* im Zusammenwirken mit der bewaffneten Macht Johannes Hoffmann aus der Regierung und übernahm sie selber. Die Koalition von Mehrheitssozialisten und Bürgertum zerbrach. In rascher Folge kamen hintereinander die Regierungen Kahr, Lerchenfeld, Knilling und das Generalstaatskommissariat Kahrs, lauter *Beamtenkabinette* der Bayerischen Volkspartei und ihres neugeborenen Führers *Heinrich Held,* der seine Partei, die Nachfolgerin des bayerischen Zentrums, möglichst von der Verantwortung für die Politik in unruhevollen Zeiten entlasten wollte. Man sagt, daß Georg Heim zusammen mit Sebastian Schlittenbauer die *BVP* als späten Racheakt am rechten Flügel des Zentrums, das ihn, den Führer der christlichen Bauernvereine, ausgebootet hatte, gegründet habe. Das Land steuerte einen monarchistisch-konservativen und nationalistischen Kurs im Zeichen vaterländischer Verbände, Kampfbünde und Aktivistengruppen. Hitler, Ludendorff und die Kampfbünde drängten ungestüm auf den Umsturz hin, sie wollten auf Berlin marschieren und wie Mussolini in Italien die Macht ergreifen. Die Politik der »Ordnungszelle« Bayern, wie sie die Konservativen betrieben, hat im Grunde den Hitlerputsch vom 9. November 1923 vorbereiten helfen. Der aber scheiterte am Widerstand der Reichsregierung in Berlin, ihrem Einfluß auf die Reichswehr in Bayern und der realistischen Haltung Kahrs und des bayerischen Volkes; dieses bekam allmählich den Radikalismus von allen Seiten satt und hatte unter einer stetig anschwellenden Inflation bitter zu leiden, was freilich auch wieder zur Radikalisierung beitrug. Als Hitler nach einem Monsterprozeß in München, der ihm erst die Möglichkeit der großen politischen Schau bot, in der Festung Landsberg verschwunden war und mit Heinrich Held als Ministerpräsidenten die BVP im Bunde mit der zumeist protestantischen Deutschnationalen Volkspartei (DNVP) das bayerische Ruder bis zur Machtergreifung Hitlers 1933 in die Hand nahm, da kehrte nach der Abwehr der Inflation und mit einer raschen Stabilisierung der (Welt-)Wirtschaft im Lande eine kurze politische Ruhepause ein, die man zu nutzen suchte.

Gleich zu Beginn seiner Regierung regelte Held im Konkordat vom 29. März 1924 und in zwei Staatsverträgen mit der evangelischen Kirche vom November des Jahres das Verhältnis zu den christlichen Kirchen. Als letzter Rest äußerer Souveränität verblieb Bayern das Recht, mit der römischen Kurie diplomatische Vertretungen zu wechseln. Der damalige römische Nuntius Eugenio Pacelli bestieg später den päpstlichen Stuhl als Pius XII. Dieser letzte Papst alter, absolutistischer Kirchenautorität war durch alle Zeiten ein besonderer Freund der Deutschen. Das *Hauptproblem*, dem sich der bayerische *Freistaat* gegenübergestellt sah, war die Durchsetzung seiner *föderalistischen Politik* in einem weithin seit 1919 zentralistischen Deutschen Reich = dem Bundesstaat der Weimarer Republik. Die Regierung Held betrieb deshalb eine Politik der *Verfassungsreform* des Reiches und des *Finanzausgleiches* zwischen Bund und Ländern; sie tat dies mit dem Ziel der *Restauration* = Wiederherstellung der Verfassung des bismarckschen Reiches, in dem das Land staatsrechtlich eine Sonderstellung eingenommen hatte. Die bayerische Verfassung vom 12. August 1919, die der Würzburger Staatsrechtslehrer Piloty im Entwurf ausgearbeitet hatte, war erst nach der Verfassung von Weimar vom März des Jahres in Kraft getreten und mußte sich an deren zentralistische Form halten, da der Grundsatz galt, daß Bundesrecht Landesrecht bricht. Die wichtigsten bayerischen Reservatrechte, Post-, Bahn-, Telegraphenverwaltung, Gesandtschaftsrecht, Militärhoheit im Frieden, Steuerhoheit, waren aufgehoben, und die Steuerreform Matthias Erzbergers machte die Länder zum Kostgänger des Reiches, das fortan die Steuern in eigenen Finanzämtern einhob und verwaltete, den Ländern aus dem gesamten Reichssteueraufkommen einen festzustellenden Steueranteil gewährte, d. h. die Verbindlichkeit des Reiches in einem Finanzausgleich einlöste. Da die Zentrale den Ländern immer mehr Aufgaben zuteilte, das Reich selber aber die vordringlichsten Reparationsforderungen zu erfüllen und seine Aufbauarbeiten zu finanzieren hatte, war der Länderanteil immer zu klein. Dem Lande verblieb die Kulturautonomie, die in unseren Tagen ein Finanzproblem geworden ist, das Budgetfestsetzungsrecht des Landtags, die Verwaltungshoheit und die Vertretung im *Reichsrat*, der Nachfolgeorganisation des bismarckschen Bundesrates, mit dem Unterschied, daß die Souveränität jetzt beim Volke und seinen Repräsentanten im Reichstag und nicht mehr beim Kollektiv der Länder lag. Das bedeutete eine entschiedene politische Schwergewichtsverlagerung vom Landtag in das Gesamtparlament und in die Reichsregierung. Die alten Bundesstaaten waren zu »Ländern« herabgedrückt. Bayern war durch einen Reichsgesandten beim Reiche eigens vertreten und unterhielt auch noch Vertretungen bei einzelnen deutschen Ländern.

Obwohl die *SPD* in der Revolutionszeit eine feste eigene Haltung bewahrt hatte, als die konservative und nationale Gesellschaft München mied und auf dem Lande abwartete – auch Held war für Monate im heimatlichen Taunus untergetaucht –, blieb sie seit 1920 in der Opposition und setzte sich immer entschiedener von der Rechten ab. Die BVP, die stärkste Partei des Landes, die einzige ausgeprägte und starke Landespartei in Deutschland zwischen 1918 und 1933, orientierte sich zwar seit 1925 stärker nach rechts, distanzierte sich jedoch auch vom Nationalsozialismus. Ihr rechter Flügel unter Schäffer und Loibl gab den Ausschlag bei der Entscheidung Hindenburgs, sich 1925 nach Friedrich Ebert zur Reichspräsidentenwahl zu stellen; die linke Mehrheit der BVP aber folgte dem Wahlaufruf nicht und wählte den in Bayern von Heim und Schäffer diffamierten Zentrumspolitiker Marx. Die BVP blieb in allen Wahlen bis 1933 eine konstante politische Größe und hielt sich am Ende auch in einem Minderheitenkabinett Held am Ruder. Sie profitierte davon, daß es in Bayern noch immer eine starke monarchistische Strömung gab, die allerdings keine wirkliche Chance einer Restauration der Monarchie hatte, da diese die Weimarer Republik zum Existenzkampf herausgefordert hätte. Aber es gehörten ihr doch Männer von der Reputation eines Kardinal Faulhaber an, die sich mit dem »Unrecht« der Revolution und ihrem republikanischen Kinde kaum oder nie aussöhnen konnten. Dies machte die Konfrontation mit Konrad Adenauer, dem rheinischen Zentrumsmann, klar, der dem Erzbischof auf dem Münchener Katholikentag 1920 öffentlich nach seiner eigenen Predigt sagte, daß dürre Äste fallen müßten, damit neues Leben in neuen Blättern sprießen könne. Doch rückte eine monarchistische Restauration als letzter Rettungsanker gegen Hitlers Machtergreifung in greifbare Nähe, als die regierende BVP erwog, Kronprinz Rupprecht das Generalstaatskommissariat anzubieten. Das Projekt scheiterte an dem Entschluß des Königssohnes, eine Allparteienregierung zu bilden; gerade das aber hätte das Minderheitskabinett Held aus den Angeln gehoben, und dies lehnte der Politiker ab. Die Sozialdemokraten aber gaben die Wahlparole aus, lieber einen Wittelsbacher als Hitler zu unterstützen. Als Papen in seinem Putsch von 1932 das von den Sozialdemokraten unter Braun verteidigte Übergewicht Preußens im Reich, ein Erbe Bismarcks, zerstörte und damit die Auflösung in Provinzen einleitete, trat die bayerische Regierung unter Held für die Erhaltung der preußischen Stellung ein und klagte vor dem Staatsgerichtshof in Leipzig; sie fürchtete mit Recht auch für Bayern eine Provinzialisierung; aus dem gleichen Grunde waren auch die Verhandlungen im Verfassungsreformausschuß nicht vorwärtsgekommen.

Daß dies der entscheidende Punkt auch für Bayern war, zeigten die Maßnahmen, die Hitlers Machtergreifung und der pseudohistorischen Szene von Potsdam folgten. Der Diktator löste die Parteien auf und verfügte am 30. Januar 1934 das Ende der deutschen Bundesstaaten, deren Hoheitsrechte auf das Reich übergingen. Am 9. März 1933 hatte General von Epp im Namen der Reichsregierung die Polizeigewalt übernommen und fungierte als ohnmächtiger Reichsstatthalter in der »Hauptstadt der Bewegung«. Himmler und Heydrich übten die Polizeigewalt aus, Adolf Wagner führte als Innenminister und Gauleiter von Oberbayern ein brutales und undurchsichtiges Regiment. Der schwache Verwaltungsfachmann Siebert zog als Ministerpräsident in die Staatskanzlei ein, und Ernst Röhm hielt gegen Hitlers und der Reichswehr Interessen in Bayern die Terrorgewalt der SA-Sonderkommissare fast ein Jahr länger aufrecht als im übrigen Deutschland. Das kostete ihn den Kopf und brachte die Entmachtung der SA 1934; an deren Stelle schob sich als »Verfügungstruppe« der Partei die von Himmler straff geführte SS in den Vordergrund. Bayern sank zur Reichsprovinz, zur Verwaltungsgliederung herab, deren Formen sich im »Gau Bayerische Ostmark« abzeichneten. Die Gegner wurden in die Konzentrationslager verbracht; die KZ-Lager Dachau und Flossenbürg (Obpf.) haben viele Morde und ungezähltes Leid erlebt. In Nürnberg und München ging man unmenschlich gegen die Juden vor. Die »Hauptstadt« des berüchtigten Gauleiters Streicher erlebte fast alljährlich die Massenauftritte der Reichsparteitage. Bayerns Widerstand gegen das NS-Regime wurde zuerst getragen von den Kommunisten und organisiert von den Sozialdemokraten (vom böhmischen Neuern aus durch

W. von Knoeringen geleitet); nicht zu unterschätzen ist auch die Widerstandskraft der bayerischen Monarchisten. Seit dem Jahre 1933 aber hatte Bayern aufgehört, eine eigene Staatspersönlichkeit zu sein, es hatte keine Geschichte mehr.

6.
Das zeitgenössische Bayern nach 1945
Eine Einführung

Das entscheidende bayerische Ereignis nach dem Unconditional Surrender und dem Kriegsende mit Schrecken waren die Wiederherstellung des bayerischen Staates (Erklärung des amerikanischen Generals Eisenhower vom September 1945), diesmal vor dem Bonner Grundgesetz, und die Proklamation der Bayerischen Verfassung am 3. Dezember 1946, deren Väter Hoegner, Nawiasky und Hundhammer waren. Sie beruft sich auf eine mehr als tausendjährige bayerische Geschichte, die aber nur die Altbayern hatten, und legte im Art. 178 die deutsche Bindung fest. In den Teilungsplänen der Alliierten für Deutschland von Casablanca bis Potsdam war Bayern bei Stalin und Churchill als Glied einer Donauföderation mit Baden, Württemberg, Österreich, Ungarn und mit der Hauptstadt Wien aufgetaucht. Die Pfälzer schieden 1956 aus dem Bayerischen Staatsverband aus und wurden ein Teil des neuen Bundeslandes Rheinland-Pfalz mit der Hauptstadt Mainz. Sonst konnte Bayern seinen territorialen Bestand wahren, österreichische Wünsche auf Berchtesgaden und französische Pläne mit Lindau überspielen. Bayerns erster Ministerpräsident Schäffer schied ebenso wie Konrad Adenauer wegen Schwierigkeiten mit der Besatzungsmacht aus dem Amte. Sein Nachfolger Hoegner konnte den Wiederaufbau kräftiger durchführen. Als einziger der neuen Staaten der westdeutschen Bundesrepublik gab sich Bayern neben dem Landtag einen Senat mit dem Recht der Gesetzesinitiative, der Begutachtung von Gesetzesvorlagen und des Einwandes gegen die vom Landtag beschlossenen Gesetze. Ein Versuch, die bayerische »Staatspersönlichkeit« in einem Staatspräsidenten zu verankern, scheiterte. Doch wurde neben dem Senat das 1934 aufgelöste und 1948 wiedererrichtete »Oberste Landgericht« ein Symbol bayerischer Staatlichkeit.

Nach dem Willen der westlichen Alliierten konstituierte sich 1949 die westdeutsche Bundesrepublik; es formierte sich infolgedessen die russisch besetzte Ostzone als Deutsche Demokratische Republik; sie wurde zum Teil des Ostblocks, während die Bundesrepublik Mitglied des westlichen Verteidigungsbündnisses der NATO wurde. In der Hoffnung auf eine Wiedervereinigung legten die Ministerpräsidenten der westdeutschen Bundesländer Wert darauf, daß ein Parlamentarischer Rat und keine Nationalversammlung die Verfassung der Bundesrepublik ausarbeitete, die als Bonner ›Grundgesetz‹ mit vorläufigem Charakter in Kraft trat. Der bayerische Landtag lehnte dieses Grundgesetz mit der Maßgabe ab, daß er sich in die neue Bundesrepublik einfügen werde, wenn die gesetzliche Mehrheit der anderen Landtage dies beschließen werde. Das war auch der Fall. Zuvor hatte der bayerische Ministerpräsident Ehard seine Kollegen aus Ost- und Westdeutschland nach München eingeladen, um dort ein letztes Mal über die deutsche Einheit zu beraten. Wo die Sieger uneins sind, ist auch die Einigkeit der Besiegten schwach oder vergeblich. Die Erfolglosigkeit dieses Versuches war bald offenbar. Bayerns Außengrenze wuchs ganz bedeutend an. Starke amerikanische Streitkräfte blieben im Lande massiert. Bayern hat im Bundesstaat rechtlich die gleiche Stellung wie in der Weimarer Republik; es besitzt Kulturautonomie und neben der Verwaltungshoheit das Budgetrecht, d. h. die Verfügungsgewalt über die Verwendung der zugeteilten Steuergelder. Wieder spielt das Problem des Finanzausgleichs eine Rolle, die steuerschwächeren Länder kämpfen um eine unproportionierte Zuteilung. Das agrarische Bayern mußte sich um eine intensivere Industrialisierung bemühen, um mit den Erfordernissen seiner Aufgaben Schritt zu halten. Im Zeitalter des Riesenbedarfes für die Bildungs- und Schulpolitik ist Kulturautonomie zur vordringlichsten Finanzfrage geworden, bei der die Zentralisierung einsetzt und ihre Notwendigkeit zu erweisen sucht.

In der Vorläufigkeit der westdeutschen Bundesrepublik hat aber politisch wie psychologisch die innere Konsistenz dieses gefestigten und ausgewogenen Landes ein spürbares Eigengewicht, das die anderen in dieser Form nicht besitzen. Das drückt sich kulturell und geistig darin aus, daß die Metropole dieses Landes, unterdessen zum führenden Industrie-, Handels-, Verkehrs- und Touristenzentrum Bayerns und Süddeutschlands geworden, von In- und Ausländern als die »heimliche Hauptstadt Deutschlands« empfunden wird, die als Stadt der Museen, der Musikpflege, des Theaters, der Ausstellungen, der Gastronomie und Behaglichkeit nun auch zur Olympischen Stadt geworden ist. Das bayerische Volk, durch Millionen von Flüchtlingen und Heimatvertriebenen nach 1945 zum Schmelztiegel der Stämme und Menschen verschiedenster Herkunft geworden, hat seine Struktur auch durch die wachsende Industrialisierung gewandelt und sieht sich durch den Anschluß an die Europäische Wirtschaftsgemeinschaft auch in seiner traditionellen Agrarstruktur wesentlich verändert. Die Ausmaße und die Fremdeinflüsse des Prozesses haben sich bedeutsam erweitert. Die Zukunft wird zeigen, ob es noch eine individuelle bayerische Geschichte und ein besonderes bayerisches Menschsein geben kann und wird.

Zeittafel

488	Zusammenbruch der Römerherrschaft in Noricum
6. Jh.	Formierung des bayerischen Stammes und Stammesherzogtums unter fränkisch-merowingischer Herrschaft
um 555	Garibald Herzog der Baiuwaren
580	Garibalds Tochter Theodolinde mit Langobardenkönig Authari vermählt
593	erster bezeugter Vorstoß der Baiuwaren in das von Slaven besetzte Drautal
um 700	Thüringisch-fränkisches Herzogtum Hedens mit Zentrale Würzburg
um 700	mächtiges alemannisches Herzogtum unter Herzog Gottfried (Vater Herzog Otilos von Bayern)
um 700	Herzog Theodo von Bayern: starke, eigenwillige Politik
716	Romreise Herzog Theodos; Organisationsplan Papst Gregors II. für die bayerische Kirche
8. Jh.	Intensive Klostergründungstätigkeit in Bayern, Alemannien, Ostfranken
714–741	fränkischer Hausmeier Karl Martell: Wiederholte Angriffe und Einflußnahme der Karolinger auf Alemannien, Bayern und Ostfranken
ca. 736–748	Herzog Otilo, Schwager Pippins und Sohn Herzog Gottfrieds von Alemannien. Letztredaktion der ›Lex Baiuvariorum‹
738/9	Organisation der bayerischen Kirche durch Bonifatius und Otilo (Bistümer Regensburg, Passau, Freising, Salzburg)
741/742	Bistümer Würzburg und Eichstätt gegründet
748–788	Herzog Tassilo III. Expansion Bayerns nach Osten und Südosten. Endkampf zwischen Karolingern und Agilolfingern
788	Absetzung Tassilos III. auf dem Tag zu Ingelheim; Bayern fränkische Reichsprovinz
nach 790	Feldzüge Karls des Großen gegen die Awaren, Organisierung der bayerischen Ostmark (bes. im 9. Jahrhundert)
793	Auftrag Karls an Bistum Würzburg, die Rednitzwenden zu bekehren
9. Jh.	König Ludwig der Deutsche. Unter ihm und Kaiser Arnulf von Kärnten (887–899) Regensburg »Hauptstadt« des Ostfrankenreiches
906	Niederwerfung der älteren Babenberger: Verhinderung eines ostfränkischen Herzogtums

Ende 9. Jh.	
955	Ungarnstürme
907	Niederlage Markgraf Luitpolds und des bayerischen Heerbanns bei Preßburg. Sein Sohn Arnulf wird Herzog (907–937): Jüngeres Stammesherzogtum
919	Herzog Arnulf von Bayern erster deutscher Gegenkönig
947	Ende der Luitpoldingerherrschaft; Übergang des bayerischen Stammesherzogtums auf das Haus der sächsischen Ottonen (bis 1004)
952	Bayern erhält die Markgrafschaft Friaul mit Istrien und Verona: Größte Ausdehnung des bayerischen Stammesherzogtums
955	Schlacht auf dem Lechfeld. Ende der Ungarneinfälle Neue Expansion Bayerns in das Gebiet der Ostmark.
955–976 bzw. 985–995	Herzog Heinrich der Zänker
973/74–1226	Jüngere Babenberger als Markgrafen in bayer. Ostmark = Österreich
976	Kärnten scheidet aus dem bayerischen Herzogsverband aus und wird selbständiges Herzogtum
995–1004	Der spätere Kaiser Heinrich II. (1002–1024) Herzog in Bayern
um 1000	zahlreiche Wildbann- und Grafschaftsschenkungen an die Reichskirche im schwäbischen und fränkischen Raum
1003	Aufstand des Babenbergers Heinrich gegen König Heinrich II.
1007	Errichtung des Bistums Bamberg durch König Heinrich II. Reiche Ausstattung des neuen Bistums in Süddeutschland, besonders in Bayern und Kärnten
seit 1020	Bayern salisches Kronland
um 1045	Aussterben der Grafen von Ebersberg, des mächtigsten bayerischen Adelsgeschlechts der Zeit; jetzt allmählicher Aufstieg der Wittelsbacher
1057	Erlöschen der Babenberger zu Schweinfurt (Otto, Herzog von Schwaben). Erben z.T. die Grafen von Andechs und vermutlich die Grafen von Henneberg
1070–1101	Welf I. (IV.) Herzog von Bayern nach Absetzung Ottos von Northeim
1105/06	Nordgauadels-Verschwörung gegen Kaiser Heinrich IV.
1102–1146	Bischof Otto von Bamberg. Der erfolgreiche Territorialpolitiker legt den Grund für das spätere Hochstift Bamberg
1120–1126	Heinrich IX. der Schwarze
1126–1138	Heinrich X. der Stolze

Welfenherzöge in Bayern, Plan einer welfisch-supplinbürgischen Großmacht

1139–1141– 1156	Die Babenberger Leopold (IV. von Österreich) und Heinrich (XI.) Jasomirgott sind Herzöge in Bayern als Verwandte und Günstlinge der Staufer
1138–1158	Der Babenberger Otto Bischof von Freising (bedeutender Geschichtsdenker): ›Weltchronik‹ und ›Gesta Friderici I.‹
1140–1197	Aufbau eines staufischen Reichslandes von Nürnberg über Eger- und Vogtland bis zum Pleißenland um Altenburg
1156	Bayerische Ostmark wird Territorialherzogtum Privilegium minus
1156	Erstes Augsburger Stadtrecht
1156–1180	Heinrich XII. der Löwe (Welfe), Herzog in Bayern und Sachsen: größter politischer Konkurrent der Staufermacht
1158	Gründung Münchens durch Heinrich den Löwen
1168	Kaiserliches Herzogspriviley für den Bischof von Würzburg
12./13. Jh.	Staufische Städtegründungen und Städtepolitik in Franken und Schwaben (Zentralen Nürnberg, Eger, Rothenburg)
1180	Prozeß gegen Heinrich den Löwen; Übertragung des bayerischen Herzogtums an die Wittelsbacher; Erhebung der Steiermark zum Herzogtum
1180–83	Herzog Otto I. von Wittelsbach. (Haus Wittelsbach in Bayern 1180–1918)
1183–1231	Herzog Ludwig I. der Kelheimer, bedeutender Territorialpolitiker
Ende 12./ Anfang 13. Jh.	Walther von der Vogelweide (am Hof der Babenberger in Wien, auf Wanderschaft, um Würzburg); Nibelungenlied (Passau); Wolfram von Eschenbach: Parzival, Willehalm
1203–37	Bischof Eckbert von Bamberg, ein Andechs-Meranier, beginnt den Bamberger Dom, ein Juwel stauferzeitlicher Baukunst
um 1214	Die Pfalz kommt an das Haus Wittelsbach
1210–1272	Berthold von Regensburg: großer Dominikanerprediger
1242	Aussterben der Grafen von Bogen. Wittelsbacher erben die Besitzmasse
1246	Vermählung Elisabeths, der Tochter Herzog Ottos II., mit dem Staufer Konrad (= König Konrad IV.) – 1268 Konradinische Erbschaft der Wittelsbacher
1248	Aussterben der Andechs-Meranier. Die Wittelsbacher und die Burggrafen von Nürnberg (= Hohenzollern) erhalten große Teile ihres Besitzes

2. Hälfte 13. Jh.	München und Landshut werden Residenzen der bayerischen Herzoge
1255	Erste Teilung des wittelsbachischen Besitzes: Herzogtümer Ober- und Niederbayern
1261/62	Albertus Magnus (aus Lauingen): Bischof von Regensburg: großer scholastischer Gelehrter
1269	Belehnung der Wittelsbacher mit den bambergischen Lehen auf dem bayerischen Nordgau
13. Jh.	zahlreiche wittelsbachische Städtegründungen
seit 13. Jh.	kaiserliche Landgerichte Nürnberg, Rothenburg, Würzburg u. a.; kaiserliche Landvogtei in Schwaben
um 1280	Ausscheiden der Grafschaft Tirol aus dem bayerischen Herzogsverband
1293	Vilshofener Vertrag
1304–07	Handlungsbuch der Holzschuher in Nürnberg. Nürnberg wird im 14. Jahrhundert Handelsmacht
1302	›Schneitbacher Urkunde‹ (f. Oberbayern) ⎫ Anfänge der Ständeent-
1311	›Ottonische Handfeste‹ (f. Niederbayern) ⎭ wicklung in Altbayern
1314–1347	Kaiser Ludwig der Bayer (Herzog von Oberbayern, 1302–1347). Sein Hof in München wird Zentrum des geistigen Widerstands gegen die Kurie. Intensive Hausmachtpolitik Ludwigs
1322	Sieg Ludwigs des Bayern bei Mühldorf über Friedrich den Schönen von Österreich
1329	Wittelsbachischer Hausvertrag von Pavia: Herzogtum Bayern wird von Pfalz (mit Oberpfalz) personell getrennt
1351	Zweite Teilung des Herzogtums Bayern
14./15. Jh.	Rascher Ausbau der Hohenzollernherrschaft (= ehem. Burggrafen von Nürnberg) in Mittel- und Oberfranken, ferner des Territoriums der Reichsstadt Nürnberg (größtes reichsstädtisches Territorium im Reich); Schwächezeit des Hochstifts Würzburg; Niedergang der fränkischen Herrschaft der Grafen von Hohenlohe
1347/1378	Kaiser Karl IV.: »Landbrücke« (böhmische Lehen) zwischen Frankfurt/Main und Prag
1356	Goldene Bulle: Kurstimme nur für pfälzische Linie des Hauses Wittelsbach
1383/84	Handlungsbuch der Runtinger in Regensburg
1392	Dritte Teilung des Herzogtums Bayern: Bayern–Ingolstadt, Bayern–Landshut, Bayern–München
1415	Die fränkischen Hohenzollern werden mit der Mark Brandenburg belehnt
1430	Die Hussiten vor Bamberg; starker Einfluß des Hussitentums im oberpfälzischen und fränkischen Raum

1450–1479	Herzog Ludwig der Reiche von Bayern-Landshut
1464–1486	Markgraf Albrecht Achilles: Hegemoniepolitik in Franken
1473	Dispositio Achillea: Hausgesetz über die brandenburgischen und fränkischen Besitzungen der Hohenzollern
ca. 1389–ca. 1500	Martinskirche in Landshut (Zeit der großen Hallenkirchen in Bayern)
1472	Gründung der Universität Ingolstadt (Vorläufer der Universität München)
1459–1525	Jakob Fugger der Reiche in Augsburg: politischer Einfluß des Kapitals
1504/05	Landshuter Erbfolgekrieg. Wiedervereinigung des wittelsbachischen Altbayern, daneben: Herzogtum Pfalz-Neuburg
1506	Primogeniturgesetz der altbayer. Wittelsbacher
Ende 15., Anfang 16. Jh.	Adam Krafft, Albrecht Dürer, Mathias Grünewald, Peter Vischer, Veit Stoß, Tilman Riemenschneider, Hans Leinberger
1522	1. Religionsmandat in Altbayern: Beginn der Gegenreformation
1524/25	Reformation in Nürnberg
1525	Bauernkrieg (Schwaben, Franken)
1527–1543	Markgraf Georg der Fromme v. Ansbach: Einführung der Reformation, landesherrliches Summepiscopat
1549	Jesuiten in Ingolstadt
1550–1579	Herzog Albrecht V. von Bayern: Versuch bayerischer Großmachtpolitik im Zeitalter des konfessionellen Absolutismus: Besetzung zahlreicher Bischofssitze (1573 bis 1761: bayerische Prinzen Kurfürsten und Erzbischöfe von Köln)
1551	Jesuitenkolleg und Universität Dillingen: Gegenreformation des Bischofs von Augsburg
1573–1617	Julius Echter, Fürstbischof von Würzburg: Gegenreformation in Mainfranken (1582 Universität Würzburg)
1597–1651	Herzog Maximilian I. (seit 1623 Kurfürst)
1608/09	Union (Führer: pfälz. Wittelsbacher) und Liga (Führer: bayerische Wittelsbacher); Gefahr eines europäischen Krieges
1614	Pfalz-Neuburger-Linie der Wittelsbacher erhält Jülich und Berg
1616	›Codex Maximilianeus‹
1620	Schlacht am Weißen Berg (siegreicher Heerführer: Maximilian I.)
1623	Bayern erhält die Kurwürde
1628	Bayern erhält die Oberpfalz: dort Durchführung der Gegenreformation
1632	bayerischer Feldherr Tilly bei Rain am Lech tödlich ver-

	wundet. König Gustav Adolf von Schweden erobert München, beherrscht Süddeutschland
1634	Sieg der Kaiserlichen bei Nördlingen
1648	bischöfliche Universität Bamberg gegründet
1651–1679	Kurfürst Ferdinand Maria
seit 1663	Immerwährender Reichstag in Regensburg
1669	Letzter Landtag im Kurfürstentum Bayern. Dann nur noch Landschaftsausschuß
1701	Letzter Landtag in Markgrafschaft Ansbach (1778 letzter Landtag in Markgrafschaft Bayreuth; Stände in den geistlichen Fürstentümern Frankens im 18. Jahrhundert bereits ausgeschaltet)
1679–1726	Kurfürst Max Emanuel: Mißglückter Versuch bayerischer Großmachtpolitik (spanische Erbfolge, Koalition mit Frankreich)
1705/06	Volkserhebung in Bayern gegen Besatzungsmacht Österreich. Sendlinger Bauernschlacht
1743	Universität Erlangen gegründet
1693–1746	Schönbornzeit in Franken
1740	Wittelsbachische Erbansprüche auf Österreich (1742 Kurfürst Karl Albrecht: Kaiser Karl VII.; Bayern von Österreichern besetzt; 1745 Friede zu Füssen)
1759	Stiftung der Bayerischen Akademie der Wissenschaften
1776	Illuminatenorden von Weishaupt gegründet (Aufklärung)
1778	Bayerischer Erbfolgekrieg: Innviertel an Österreich abgetreten
1779–1795	Bischof Franz Ludwig von Erthal in Würzburg und Bamberg: Reformen im Sinne der Aufklärung
1791	Ansbach-Bayreuth preußisch (ab 1796 Reformen des Frh. von Hardenberg)
1791–1793	Trockenlegung und Kolonisierung des Donaumoos.
1799–1817	Montgelas leitender Minister in Bayern unter Maximilian IV. (I.) Joseph
1800	Universität Ingolstadt nach Landshut verlegt (seit 1826 in München)
1803–1816/18	großer Landgewinn Bayerns durch Säkularisation und Mediatisierung; Aufbau des neuen bayerischen Staates durch Montgelas
1. Jan. 1806	Bayern wird Königreich
1808	Aufhebung der Leibeigenschaft in Bayern; Konstitution
1812	30000 Bayern am Feldzug Napoleons gegen Rußland beteiligt und aufgerieben
1817	Sturz des Ministers Montgelas; Konkordat
26. Mai 1818	Bayern erhält eine oktroyierte Verfassung.
1825–1848	König Ludwig I.: neoabsolutistisches, patriarchalisches Staatsregiment; Klassizismus und Romantik in Bayern

1828	Zollverband zwischen Bayern und Württemberg (1834 zum Deutschen Zollverein erweitert)
1832	Hambacher Fest: republikanische Tendenzen. Bayerischer Prinz Otto König von Griechenland
1835	erste deutsche Eisenbahn Nürnberg–Fürth (1839 Bahnlinie München–Augsburg)
1843	Gründung Ludwigshafens am Rhein: Industriezentrum
1848	Ende der Ära Abel; Lola-Montez-Affaire, Ludwig I. dankt ab: König Maximilian II.
1854	Erste deutsche Industrieausstellung in München
seit 1854	Bayerische Triaspolitik
1858	Deutsche Kunstausstellung in München
1866	nach Niederlage gegen Preußen: Schutz- und Trutzbündnis mit Preußen
1868	Technische Hochschule München
1870	Bayern beteiligt sich am Krieg gegen Frankreich; Kaiserbrief Ludwigs II.
1871	Bayern im Deutschen Reich: Reservatrechte; allgemeine deutsche Ordnung von Maß, Münze und Gewicht
1876	Bayreuther Festspiele eröffnet
1906	Allgemeines direktes Wahlrecht
1918	Revolution, Bayern wird Freistaat
1919	Räterepublik in München; 14. August: Neue bayerische Verfassung
1923	Inflation; Hitlerputsch in München
1924	Neues Konkordat mit dem Hl. Stuhl; Vereinbarung mit der Evang.-luth. Kirche
1926	Eröffnung des Deutschen Museums in München
1933	Machtübernahme durch Hitler; Ende der Eigenstaatlichkeit Bayerns
1945	Zusammenbruch, Ende des 2. Weltkriegs, Bayern von Amerikanern besetzt
1946	Bayerische Verfassung
1949	Bundesrepublik Deutschland: Freistaat Bayern wird Bundesland

Personenregister

Ortsregister

Sachregister

Zum Thema Geschichte

Karl Bosl
Bayerische Geschichte
310 Seiten mit 40 Abbildungen und 5 Karten. Leinen

Christa Dericum
Maximilian I.
Kaiser im Heiligen Römischen Reich Deutscher Nation.
256 Seiten mit 42 Abbildungen,
davon 17 in Farbe. Leinen

Helmut Hiller
Friedrich Barbarossa und seine Zeit
Eine Chronik. 448 Seiten mit 26 Abbildungen,
davon 12 in Farbe, und 1 Karte. Leinen

Helmut Hiller
Otto der Große und seine Zeit
320 Seiten mit 32 Bildtafeln, davon 16 in Farbe. Leinen

Hannsjoachim W. Koch
Geschichte Preußens
480 Seiten mit 8 Karten. Leinen

Peter Lahnstein
Auf den Spuren von Karl V.
352 Seiten mit 38 Abbildungen, davon 11 in Farbe. Leinen

Hermann Schreiber
Auf den Spuren der Goten
351 Seiten mit 81 Abbildungen, davon 32 in Farbe,
und 2 Karten. Leinen

C. V. Wedgwood
Der Dreißigjährige Krieg
517 Seiten mit 8 Karten und 2 Tabellen. Leinen

List Verlag

Theodor Mommsen
Römische Geschichte

Vollständige Ausgabe in acht Bänden

dtv-bibliothek

Mommsens ›Römische Geschichte‹ gehört zu den Meisterwerken der Geschichtsschreibung; sie ist noch immer die umfassendste Darstellung der römischen Republik und der Provinzen in der Kaiserzeit in deutscher Sprache – ein Werk von souveräner Gelehrsamkeit und zugleich ein Werk der Weltliteratur, für das der Autor 1902 den Nobelpreis für Literatur erhielt.

Unsere Ausgabe bringt den ungekürzten Text des gesamten Werkes mit allen Anmerkungen und mit Seitenkonkordanzen zur Originalausgabe, außerdem zwei Vorstudien für den nicht erschienenen vierten Band. Band 8 enthält einen einführenden Essay von Karl Christ, Bibliographien, eine Zeittafel, eine Tabelle der Maße und Münzen, ein Abkürzungsverzeichnis, elf Karten und umfangreiche Register.

Bestellnummer 5955

dtv dokumente

Das Dritte Reich und seine Folgen

Erinnerungen und Berichte

Melita Maschmann: Fazit
Mein Weg in der Hitler-Jugend

Komman- dant in Auschwitz

Autobiographische Aufzeichnungen des Rudolf Höss
Herausgegeben von Martin Broszat

dtv dokumente

Politik und Zeitgeschichte

Erzählte Geschichte
Romane, Biographien

Henry Benrath:
Die Kaiserin
Konstanze

dtv

Jochen Klepper:
Der Vater
Roman eines Königs

dtv

Geschichte

Der Kleine Pauly
Lexikon der Antike in
fünf Bänden
5963

Theodor Mommsen:
Römische Geschichte
Vollständige Ausgabe
in 8 Bänden
Mit einer Einleitung
von Karl Christ
Originalausgabe
5955

Herbert Grundmann
(Hrsg.):
Gebhardt
Handbuch der
deutschen Geschichte
17 Bände
WR 4201–4217

Hermann Kinder/
Werner Hilgemann:
dtv-Atlas zur
Weltgeschichte
Karten und chrono-
logischer Abriß
Originalausgabe
2 Bände
3001, 3002

Georg Iggers:
Deutsche Geschichts-
wissenschaft
Ein kritischer Rückblick
WR 4059

Konrad Fuchs/
Heribert Raab:
dtv-Wörterbuch
zur Geschichte
Originalausgabe
2 Bände
3036, 3037

Jochen Schmidt-Liebich:
Daten englischer
Geschichte
Von den Anfängen bis
zur Gegenwart
Originalausgabe
3134